논어사색

논어 사색

어떻게 살 것인가, 마음을 살리는 고전 읽기

공자 | 조성진 옮김

달팽이서재

들어가며

"오직 어진 사람만이 사람을 좋아할 수 있고, 사람을 미워할 수 있다 (唯仁者能好人 能惡人)." 〈리인〉편 3장의 일반적인 해석이다. 처음 이 문장을 읽고 나서 든 생각이 기억난다. '누군가를 미워하는 나와는 달리 어진 사람이라면 사람을 미워하지 말아야 하는 것 아닌가? 그게 더 높은 경지가 아닐까?'

'어질다'라는 말을 표준국어대사전에서는 "마음이 너그럽고 착하며 슬기롭고 덕이 높다."라고 풀이한다. 그러니 그렇게 생각한 것도 이상할 게 없다. 〈옹야〉편 21장에는 "어진 사람은 산을 좋아한다."라는 문장도 있다. 또한 〈안연〉편 10장에는 "그가 살기를 바랐다가 다시 그가 죽기를 바라는 것이 어리석음이다."라는 문장도 있다. 한곳에 모여 살면서도 서로 연결 지점 없이 제각각 사는 우리들의 삶처럼 《논어》의 문장들도 한 책으로 묶여 있기는 해도 제각각 따로 놀고 있다는 인상이 짙던 때의 생각이다.

그 뒤로 삼십여 년의 시간이 《논어》와 함께 지나갔다. 읽어내려고 애써 노력하지 않았기에 오래 읽을 수 있었고, 오래 읽다보니 생각할 여유가 생겼으며, 그렇게 생각하다 보니 파편의 문장들이 하나둘 이어지기 시작했다.

《논어》의 '仁'을 '어질다'는 단어로만 풀어 읽던 때를 지나 사람을 살리고자 하는 마음, 생명을 살리고자 하는 마음인 '살맘'으로 이해하면서 많은 문장들이 이어졌다. 그리고 그 연결이 나의 삶과 관계가 생기기 시작했다. 사색의 힘이다. 사색이란 생각으로 찾아낸다는 뜻이다. 내가 찾은 것은 문장과 문장, 문장과 의미의 연결이자, 《논어》의 의미와 내 삶과의 관계이다. 연결과 관계 그 이상도 이하도 아니다.

《논어》는 공자가 직접 쓴 책이 아니다. 공자가 죽고 나서 스승을 기리기 위해 제자들이 모여 생전에 주고받은 이야기를 정리한 책이 《논어》다. 편집과정에 공자의 제자의 제자까지 참여했으니 그 기간이 짧지 않았을 것이다. 당시에 책을 내려면 오늘날과 달리 엄청난 시간과 비용을 들여야 했다. 그래서 최대한 문장을 절제하고 뜻을 함축해서 적는다. 시간이 많이 흘러 이제는 그 절제된 문장에 응축된 뜻을 곧바로 찾기도 쉽지 않다. 사색하며 읽어야 하는 이유이자, 유명한 책이지만 정작 읽고 나서도 별거 없는 것처럼 보이기도 하는 까닭이다.

책은 멀고 삶은 가깝다. 사색으로 책과 가까워지면 멀리서 삶이 보인다. 우리를 둘러싼 관계가 무엇에 뿌리를 두고 있는지도. 공자의 얘기처럼 살리고자 하는 마음(仁)을 산처럼 굳세게 지켜가며 일신의 걱정에 흔들리지 않는 사람이 정녕 되고 싶다. 아니 그런 사람 곁에라도 살고 싶다. 그래서 '살맘을 품은 사람은 외롭지 않다.'라고 한 것이 아닐까? 《논어》를 읽으며 무엇을 지향하며 살지, 인간관계가 무엇을 지향해야 하는지, 어떻게 행동해야 하는지, 수많은 상황과 환경 속에서 무엇을 기준으로 삼아야 하는지를 사색하며 배워가다 보면 삶의 저변을 채우는 희열이 우리를 기다리고 있을 것이다.

《논어》를 읽는 방식과 이유가 조금씩 다를 것이지만 다음과 같이 《논어》를 읽어보기를 권한다. 처음에는 자신에게 와닿는 문장을 중심으로 번역문만으로 의미를 사색하며 읽다가 전체 《논어》를 다 읽고 나서 반드시 재독해 보기 바란다. 특히 스승과 제자의 관계 등 인간관계나 시대적 배경을 염두에 두고 문장을 음미하기 바란다. 읽다가 이해되지 않는 문장을 만나면 억지로 이해하려고 하기보다는 일단 놔두는 편이 좋다. 《논어》의 문장은 한 가지로 해석되지 않는 경우가 많다. 여러 해석의 가능성을 차단할 필요는 없다. 《논어》를 재독하고 나면 여러 번역서를 함께 보는 것도 좋다. 보는 사람에 따라 의미가 조금씩 달라지기 때문이다. 그렇게 《논어》를 읽는 동안 아마도 저마다 자신의 삶과 연결되는 지점을 발견할 수 있을 것이다. 자신의 사색으로 읽어가는 동안 《논어》와 대화를 나누고 자기 자신과 대화하기 바란다. 대화는 연결을 이끌어낸다. 우리를 살리는 쪽으로.

《논어사색》은 한문에 익숙하지 않은 사람들을 위한 책이다. 번역문만으로 이해하기 어렵다고 판단한 곳에는 사색에 필요한 만큼의 해설을 달았다. 하지만 원문과 함께 심도 있게 읽고자 하는 독자를 위해서 원문에 대해서도 엄선하여 주석을 붙였다. 각 장 말미에서는 필자의 생각을 사색의 흔적으로 남겨두어 독자의 사색에 도움을 주고자 했으나 방해가 될 때는 읽지 않아도 무방하다. 이 책은 독자의 사색을 지지한다. 연결되지 않던 것들이 연결되어 생각의 지도가 펼쳐지고 파

편이 모여 무형의 배가 되어 삶의 바다를 누비는, 사색과 배움의 기쁨을 누리길 바라본다.

몇 년에 걸쳐 《논어》를 완독하며 깊은 대화를 함께 나누던 고전강독 모임 삼인행의 회원, 특히 길지혜 선생님, 이현희 선생님께 깊이 감사드린다. 그들과 나눈 대화와 지지가 없었다면 이 책은 세상에 나오지 못했으리라. 엉성한 글을 책꼴로 변모시키기 위해서 꾸준히 시간과 정성을 쏟아준 달팽이서재의 선견에게도 고마움을 전한다. 여전히 남아 있는 엉성함은 오롯이 나의 책임이지만 그 엉성함을 독자의 사색으로 채워주기를 염치 없이 바라본다.

삼각산 아래에서 조성진

차례

들어가며		4
진정 무엇을 배울 것인가	학이 1편	13
배움과 사색	위정 2편	32
존중과 조화의 관계를 위하여	팔일 3편	54
살맘을 마음의 중심에 두고	리인 4편	76
이런 사람 저런 사람	공야장 5편	95
서로를 살리는 관계	옹야 6편	118
말과 행동	술이 7편	141
살힘의 길	태백 8편	170
어떻게 행동할 것인가	자한 9편	186
가까이에서 본 공자	향당 10편	210

삶과 죽음	선진 11편	231
존재와 관계의 방정식	안연 12편	254
관계의 확장, 무엇을 지향할 것인가	자로 13편	275
세상을 대하는 자세	헌문 14편	297
살맘을 펴는 방법	위령공 15편	329
어긋난 행동에 대하여	계씨 16편	354
진짜를 가장한 가짜를 대하는 법	양화 17편	367
누구와 함께할 것인가	미자 18편	386
어떻게 사귈 것인가	자장 19편	397
작은 자아를 넘어서	요왈 20편	413

공자의 제자　　　　419

일러두기

1. 이 책은 《논어》를 완역하였다.
2. 이 책에서 인(仁)은 '살리고자 하는 마음'인 '살맘'으로, 덕(德)은 '살리는 힘'인 '살힘'으로 옮겼다.
3. 원문 해석이 다양한 경우, 통용되는 한자와 다르게 설명한 부분이 있다.
4. 번역문만으로 의미를 이해할 수 있도록 하였으나, 《논어》 전체의 맥락으로 이해해야 하는 부분은 해설에서 설명하였다.
5. 통용되는 해석과 다른 부분은 꼭 해설과 함께 읽기 바란다.

상논어

학이 1편

진정 무엇을 배울 것인가

《논어》는 자왈을 제외하고 편의 맨 처음에 나오는 두 글자를 편명으로 편집하였다. 《논어》의 첫 편인 만큼 공자가 평생 강조한 배움(學), 살맘(仁), 예(禮), 군자 등을 언급한 문장이 많다.

학이-1 배움과 벗과 군자다움

선생님께서 말씀하셨다. "배우고 제때 익힌다면 기쁘지 않겠는가? 벗이 먼 곳에서 찾아오면 즐겁지 않은가? 남이 알아주지 않아도 가슴에 응어리를 남기지 않는다면 군자답지 않은가?"

子曰, "學而時習之, 不亦說^열乎. 有朋自遠方來, 不亦樂乎. 人不知而不慍^온, 不亦君子乎."

'자왈'을 빼면 《논어》의 첫 문장은 '배움'으로 시작한다. 그런데 무엇을 배운다는 설명이 없다. 평소 제자들에게 다양한 상황에서 누차 얘기했기에 생략했을 것이다. 《논어》에서 배움은 당시의 통념을 그대로 받아들여 쓰이기도 하고, 공자가 자신만의 의미를 담아서 쓰기도 했으므로 독해에 유의해야 한다. 그 의미를 충분히 이해하려면 《논어》 전체를 통해 유추하는 수밖에 없으므로 천천히 살펴보기로 하자. 時習은 제때마다 배운 것을 반복해 연습한다는 뜻이다. 說은 悅과 같아 희열을 뜻한다. 朋은 단순히 벗을 가리키는 것이 아니라 삶의 뜻을 같이하는 사람을 말한다. 樂은 외적으로 드러난 즐거움이라는 점에서 說과 비교된다. 知는 '알아보아 써주는 것'이니 자신의 능력과 뜻을 알아보고 이를 펼칠 기회를 준다는 의미를 담고 있다. 《사기열전》에 "선비는 자신을 알아봐주는 사람을 위해 죽는다."라는 표현이 있는데 '알아본다'는 의미가 바로 이런 뜻이다. 慍은 怒보다는 怨의 의미에 가깝다. 慍의 오른쪽은 '욕조의 물을 끓여 사람이 거기에 들어가는 모습'으로, 慍은 곧 속을 끓이는 것이다. 여기서는 속을 끓여 가슴에 응어리가 생기는 것을 말한다. 군자는 원래 위정자의 신분을 가리켰으나 《논어》에서는 자기 자신밖에 모르는 소인과 대비되는 개념으로 곧잘 등장한다. 자주 나오는 말이므로 천천히 살펴보기로 하자. 〈위정〉 2편 12장 '군자'를 참고할 것.

자신을 수양하는 배움은 적절한 상황에 처할 때마다 연습하는 수밖에 없다. 끊임없이 자신을 다듬어나가는 기쁨은 일시적이지 않으며 우리 삶의 저변을 채우는 내적 희열이 된다. 이러한 희열은 삶의 지향점이 같은 사람들과 함께 나눌 때 외적 즐거움으로 표출되기 마련이다. 삶의 지향이 같은 벗이 먼곳에서 일부러 나를 찾아왔다는 말은 비록 몸은 떨어져 있어도 마음의 끈은 항상 연결되어 있었다는 뜻이다. 그런 벗을 만나니 기쁘지 않을 수 있겠는가? 나 혼자 잘 먹고 잘 살겠다는 생각을 가진 소인이 아니라 남과 내가 함께 잘 사는 길을 모색하는 사람이라고 하더라도 세상에 자신의 능력을 펼 기회를 얻지 못할 수도 있다. 그럴 때 우울해하거나 자신의 삶을 회의한다면 진정 남과 내가 함께 잘 사는 길을 모색하는 사람이라고 하기 어렵다.

 위 세 구절은 사람의 성장 과정으로 볼 수도 있다. 한창 공부할 때는 배우는 것에 치우쳐 그것을 행하는 힘이 부족하기 쉬우므로 배우고 나면 항상 이를 실습하는 데 힘을 써야 한다. 어느 정도 공부가 되고 나면 자의식이 강해지게 마련이므로 독불장군이 되지 않도록 경계해야 하며 뜻을 같이하는 사람들을 잊지 말아야 한다. 공부가 완숙해지면 자신의 능력과 뜻을 마음껏 펼치지 못해 속을 끓이기 쉽다. 성장 과정에서 균형을 잃지 않도록 경계하는 말로도 충분히 음미할 만하다.

 《논어》의 첫 문장은 담담하고 평범해서 강한 인상이 없다. 《장자》가 비범한 표현으로 평범한 현실을 꿰뚫었다면 《논어》는 평범한 문장으로 비범한 통찰을 보여준다. 그래서 글은 짧지만 곱씹어 읽을수록 맛이 있다.

학이-2 살맘의 뿌리 행동

 유 선생이 말하였다. "부모에게 효도하고 어른을 공경하는 사람이 윗사람을 해치기 좋아하는 경우는 드물다. 윗사람을 해치기 좋아하지 않으면서 질서를 어지럽히기 좋아하는 경우는 아직껏 없다. 군자는 근본에 온 힘을 쏟는다. 근본이 확립되면 따라야 할 길이 생긴다. 효도와 공경은 살맘(仁)을 펴는 뿌리라 할 것이다."

 有子曰, "其爲人也, 孝弟而好犯上者鮮矣. 不好犯上而好作亂者, 未之有也. 君子務本, 本立而道生. 孝弟也者, 其爲仁之本與."

 유 선생 곧 유자는 이름이 유약(有若)으로 공자 사후에 자하가 공자의 후계자로 내세우려 한 인물이다. 유약이 죽자 노나라 도공(悼公)이 조문할 정도로 공자의 제자와 노나라 사람들에게 인정받은 사람이다. 존칭의 의미를 살려 '유 선생'으로 옮겼다. 未之有는 부정어 뒤에서 有之가 도치된 형태다. 務는 전력(專力)을 다하는 것이다. 孝弟也者에서 也者는 강조하는 말이다. 其爲仁之本與에서 其~與는 판단, 추측, 감탄 등의 의미를 담을 때 쓴다. 仁은 생명을 아끼고 사람을 살리고자 하는 마음(살맘)이다. 爲仁은 그러한 살맘을 삶에서 펴는 것을 말한다.

    이 구절은 일반 백성을 두고 한 말이라기보다는 사회적 영향력이 큰 사람에게 하는 말이다. 공자가 살던 시대는 하극상이 빈번해 동생이 형을 죽이고 권력을 차지하거나 심지어 아들이 아버지를 죽이고 권좌에 오르는 일이 심심찮게 일어났다. 효(孝)는 자식이 부모를 아끼는 마음이다. 곧 사람을 살리고자 하는 마음인 살맘에 뿌리를 둔다. 제(弟)는 동생이 형을 아끼는 마음이다. 이 또한 뿌리는 살맘이다. 사람을 살리고자 하는 마음을 품고 있는 사람이 형이나 아버지를 죽이며 권좌에 오르는 일은 없다. 근본은 살맘인 것이다. 살맘을 확실하게 품고 있어야 따라야 할 길이 생기는 것이니 효도와 공경이 살맘을 펴는 뿌리라고 한 것이다. 공자의 가르침을 받은 유약이 자신의 제자에게 자식과 동생의 입장을 들어 말했다. 그의 스승인 공자는 '효'와 '제'가 개인을 넘어 사회적으로 중요한 덕목임을 강조하였다. 공자는 제자들을 통해서 정치에 새로운 바람을 불러일으키고 싶어 했을 것이다. 그렇게 보면 이 문장은 독해의 폭이 달라진다. 위정자 또는 위정자가 되려는 자, 곧 사회적으로 크게 영향력을 미치고자 하는 사람에게 한 말로 보면 말이다.

    살맘(仁) _____

글자의 어원이 그 글자가 지닌 다양한 함의를 다 보여주지는 않지만 경우에 따라서는 뜻을 이해하는 데 요긴할 수 있다. 살맘(仁)이 그렇다. 이 글자는 '사람'과 '둘'이 결합했다. 물론 이 어원설은 분명한 근거가 없는 듯하지만 인의 의미를 설명할 때 곧잘 인용된다. 두 사람은 인간관계의 최소 단위이다. 인은 사람 사이에서 근본이 되는 덕목으로, 옛사람들이 '인의예지신' 중 가장 근원으로 삼았다.

살맘은 공자와 제자 번지가 나눈 대화에서 '愛人' 곧 '사람을 아끼는 것'이라고 가장 쉽게 설명되어 있다. 이 '愛'는 '소중히 여기는 마음'이다. 소중히 여기므로 아끼는 것이다.

《맹자》에서는 측은하게 여기는 마음을 仁의 실마리라고 했다. 어떤 이를 보고 살기를 바라고 죽음을 안타깝게 여기는 마음이 생긴다면, 이것이 바로 仁의 실마리이며 대상과 마음으로 통한 것이다.

한유는 〈원도〉에서 "아끼는 마음을 넓혀가는 것이 인이다(博愛之謂仁)."라고 했다. 사람을 아끼는 마음, 안타깝게 생각하는 마음, 소중히 여기는 마음은 뿌리가 같다. 우리는 본능적으로 우리의 생명을 아낀다. 생명의 본질은 아끼는 것인데, 자신의 생명을 아끼는 마음을 가지고 타인의 생명을 소중히 여기는 쪽으로 확대하는 것, 이것이 바로 '박애'다. 마찬가지로 자신의 어버이를 소중히 여기는 마음에서 시작하여 다른 이의 어버이를 아끼는 마음으로 확대한다. 이렇게 아끼는 마음을 확대하다 보면 누군가 꽃이 핀 가지를 장난삼아 꺾을 때 안타까움을 느낀다. 살맘이 사물로 확대되었기 때문이다.

공자 이후에 살맘의 개념은 사람을 넘어서 생명체로, 더 나아가 자연계, 우주로 무한히 확대되었다. 후대의 사상가 중에는 그래서 살맘을 우주의 본질이라고 말하는 이도 있다. 《도덕경》의 "하늘과 땅은 인하지 않다(天地不仁)."라는 표현은 분명《논어》이후에 나왔을 것이다. 하늘과 땅은 인간과 달리 아끼는 마음을 '자신'으로부터 시작한다는 개념 자체가 없다. 공자에게 살맘은 인간이 끝없이 펴나가야 하는 무한한 과정에 있으므로 살맘을 품은 사람이라고 함부로 단정하여 말하기 어려웠을 것이다. 노나라의 실세 맹무백이 공자에게 제자 몇몇에 대한 평가를 물었을 때도 각각 나라의 정치를 맡을 만한 인물이지만 살맘을 품었는지는 모르겠다고 말한 것(《공야장〉 5편 7장)도 그런 맥락이 아닐까 싶다. 또《논어》에서 살맘에 관한 공자와 제자의 대화를 보면 살맘을 무엇이라 정의하기보다는 어떻게 해야 살맘인지에 초점이 있다.

유가에서는 인간은 태어나면서 하늘로부터 살맘을 부여받는다고 본다. 그러나 사람을 사랑하는 것은 하늘이 '사람을 사랑하라'라고 명령했기 때문이 아니다. '사람을 사랑하는 것' 자체가 하늘이기 때문이다. 이 명제는 고대 중국의 유가와 도가를 관통한다. 거대한 이야기이다. 하지만 살맘을 펴는 일은 멀리 있지 않다. 지금 나와 가까이 있는 사람을 아끼는 것이다. 존중하는 것이다.

학이-3 진실을 가장한 거짓

    선생님께서 말씀하셨다. "말을 교묘하게 하고 얼굴빛을 곱게 가장하는 사람들 가운데 살맘(仁)을 품은 사람이 드물다."

    子曰, "巧言令色, 鮮矣仁."

令色에서 令은 아름답다, 좋다의 뜻이다. 鮮矣仁은 仁鮮矣가 도치된 것으로 '드물다'는 말을 강조하기 위함이다. 진심이 없으면서 말을 좋게 가장하는 것이 '교언'이고, 진심 없이 표정을 좋게 가장하는 것이 '영색'이다. 둘다 진실을 가장한 거짓이다.

공자는 정치인과 기득권자에게 매우 비판적이었다. 말을 교묘하게 하고 얼굴빛을 곱게 가장하는 것은 개인의 영달에 목적이 있기 때문이다. 자신의 이익만이 중요하니 어찌 살맘(仁)을 품었다고 하겠는가? 살맘은 사람과 사람의 관계를 떠나서는 얘기할 수 없는데 '교언영색'에는 자신만 있다. 자신만을 위하는지 그렇지 않은지는 어떻게 알 수 있을까? 간단하다. 그 사람의 말이나 표정이 아니라 행동을 보면 된다.

학이-4 세 가지로 나를 돌아보다

증 선생이 말하였다. "나는 날마다 세 가지로 나를 돌아본다. 남을 위하여 일을 도모하면서 진심으로 했는지, 벗과 사귀면서 믿음직했는지, 배운 것을 제대로 익혔는지."

曾子曰, "吾日三省吾身. 爲人謀而不忠乎, 與朋友交而不信乎, 傳不習乎?"

三을 '세 번 돌아본다'로 풀이한 주석도 있다. 三은 十, 百, 千과 함께 많음을 뜻할 때 곧잘 쓰이지만 여기서는 뒤의 문장과 연결하여 '세 가지'로 풀이하였다. 謀는 주로 공적인 일에 관계된다. 忠은 술어로 진심으로 하다. 다른 사람과 일을 하면서 가짜 마음으로 하는 것은 아닌지 생각해본다는 것이다. 信은 술어로 믿음을 주다. 信은 사람과 사람 사이에 매우 중요한 덕목이다. 함께 일을 해도 믿음을 주지 못하는 경우가 얼마나 많은가? 벗은 자신을 잘 아는 사람이다. 나를 잘 아는 사람에게 믿음을 주지 못한다면 확실히 믿음직하지는 못한 사람이다. 믿음은 말과 행동의 일치를 통해서 쌓인다. 때문에 信은 말한 것이 실현된 경우를 뜻하기도 한다. 주희가 "실질을 가지는 것을 信이라고 한다(以實之謂信)."라고 풀이한 것도 같은 맥락이다. 傳不習乎는 증자 자신이 자신의 제자에게 공자의 말씀을 잘 전수하고 있는지 돌아본다는 것이다. 왕양명의 《전습록》이라는 책명은 여기에서 따왔다.

스스로 세 가지를 정해서 한번 돌아보자. 세 가지를 적어보고 증자와 어떤 공통점과 차이점이 있는지 살펴보자. 자신을 돌아봄에 혹시 자신만 있고 관계가 빠져 있지는 않는지.

학이-5 나라를 다스릴 때는

선생님께서 말씀하셨다. "나라를 다스릴 때는 일을 신중하게 처리하면서 믿음을 주어야 하고, 씀씀이를 절약하면서 관직의 자리를 아껴야 하며, 백성을 동원할 일이 있으면 때에 잘 맞추어 해야 한다."

子曰, "道千乘之國, 敬事而信, 節用而愛人, 使民以時."

道는 타동사, 목적어는 千乘之國이다. 道가 술어로 쓰이면 가다, 길을 따라가다 등 뜻이 여럿인데, 여기서는 導와 같이 인도하다의 뜻이다. 이 문장에서 인도하다는 결국 이끌다, 다스리다의 뜻이므로 다스리다로 옮겼다. 천승의 나라는 제후의 나라이다. 1승에는 말 네 마리가 끄는 마차에 3명의 무장 병사, 보병 72명과 인부 25명이 포함된다. 곧 1승에 100명이 뒤따른다. 민가 800가구에서 1승을 차출하였다.

敬의 개념은 인간이 하늘과 귀신에 대한 존경과 두려움을 느끼면서 생겼다. 그 대상이 하늘이나 귀신에서 생활태도와 인간관계에서의 인성으로 바뀌었고, 이후에 도리나 규범 등으로 개념화의 과정을 거친 후 인간의 내면을 향하게 되었다.

人과 民은 문맥상 위정자와 일반 백성으로 보는 것이 자연스럽다. 따라서 愛人은 위정자(의 자리)를 아끼는 것, 곧 자리를 마구 만들어 사람을 등용하지 않는 것이다. 이 구절의 時는 〈학이〉 1장의 時와 마찬가지로 '때때로'가 아니라 '제때'라는 뜻이다. 곧 백성에게 일을 시킬 때 시의적절해야 한다는 의미이다. 이 구절은 제후국을 다스리는 대략적인 방향을 말하고 있다.

일할 때 세세한 것에 신경 쓰다가 큰 방향을 놓치기도 한다. 항상 중요한 방향을 놓치지 말라는 메시지를 읽을 수 있다.

학이-6 글을 배우기보다 먼저 할 것들

선생님께서 말씀하셨다. "젊은이들은 집에서는 부모에게 효도하고 밖에서는 어른을 공경하며, 말과 행실을 조심하고 믿을 수 있게 행동하며, 다른 사람을 두루 친밀하게 대하되 어진 사람을 가까이 하라. 이렇게 행동하고도 힘이 남으면 그 힘으로 글을 배우는 것이다."

子曰, "弟子入則孝, 出則弟, 謹而信, 汎^범愛衆而親仁. 行有餘力, 則以學文."

앞서와 마찬가지로 孝와 弟는 술어다. 謹而信에서 謹과 信은 而의 앞뒤에서 술어로 쓰였다. 謹은 신중하다. 汎愛衆에서 愛는 친밀하게 대하다. 이 장은 글을 배우는 것보다 행동, 즉 실천이 더 중요하다는 뜻을 보여주고 있다. 배움은 글에만 있지 않다. 공자는 제자 안회가 배움을 좋아하였으며 그가 "노여움을 옮기지 않고, 잘못을 거듭하지 않았다."라고 했다. 글의 배움이 아니라 행동으로 드러나는 배움이다. 《논어》의 첫 문장과 함께 배움의 의미를 생각하게 하는 구절이다.

학이-7 배운 사람이란

자하가 말하였다. "평상시의 안색을 바꾸어 현인을 존중하고, 부모를 섬길 때는 모든 힘을 쏟으며, 임금을 섬길 때 몸을 바칠 수 있고, 벗과 사귈 때 말한 것을 믿을 수 있다면, 비록 '배운 게 없다'라고 스스로 말하더라도 나는 반드시 그를 배운 사람이라고 하겠다."

子夏曰, "賢賢易色. 事父母, 能竭갈其力, 事君, 能致치其身, 與朋友交, 言而有信, 雖曰未學, 吾必謂之學矣."

자하는 빈궁한 출신으로 공자보다 44세 어리다. 이름은 상(商).《논어》에 따르면 문학에 뛰어났다. 당시 문학이라고 하면 글을 두루 잘 알았다는 뜻이다. 자하는 공자 사후에 젊은 유약을 공자의 후계자로 세우려고 했지만 증삼(증자)의 반대로 무산되었다. 아마도 증삼과의 갈등으로 노나라를 떠나 다른 나라에서 학문을 펼친 듯하다. 賢賢易色은 해석이 분분한데, 어쨌든 방점은 賢賢에 두어야 한다. 앞의 賢은 타동사, 뒤는 목적어이다. 信은 말과 행동이 일치할 때 쌓이는 믿음이다. 말은 쉽고 행동은 어렵다. 그래서 말은 조심스럽게 하고 행동에는 주저함이 없어야 한다. 위 문장에서 말은 넓게는 자신의 신념이나 뜻을 가리킨다고 볼 수 있다.

학이-8 군자

　선생님께서 말씀하셨다. "군자는 진중하지 않으면 위엄이 없고, 배우면 고루해지지 않는 법이다. 진실과 신의를 중시하고 자기보다 못한 점으로 벗을 사귀지 말며, 잘못이 있으면 고치기를 꺼리지 마라."

　子曰, "君子不重則不威, 學則不固. 主忠信, 無友不如己者, 過則勿憚탄改."

主忠信부터 별도의 문장으로 보는 게 자연스럽다. 여기서 말하는 위엄은 내면의 힘이 쌓여서 겉으로 자연스럽게 드러나는 위엄이다. 억지로 가장하는 거짓 위엄이 아니다. 진지한 마음으로 삶을 살아가는 사람에게는 건강한 위엄이 따르는 법이다. 이는 곧 영향력이기도 하다. 하지만 진중한 말과 행동으로 영향력이 생겼다고 하더라도 끊임없이 배우지 않으면 자칫 자신의 견해를 확고히 지키기만 하여 고루해지기 쉽다. 이래서는 견해를 달리하는 사람과 소통하기 어렵다. 균형감각이 뛰어났던 공자의 태도로 미루어본다면, 군자가 진중하고 위엄만 있으면 고루해지기 쉬우므로 늘 공부해야 한다는 의미로 해석할 수 있다. 군자에게는 重과 學이 다 중요하다. 學은 배움의 필요성을 자각하는 데서 시작한다. 이러한 생각은 자신을 성장시키는 동시에 고루해지지 않게 한다.

主忠信은 충과 신의 가치를 마음속에 굳게 간직하라는 의미다. 뒤이어 나오는 구절과 연결하여 '충신의 덕목을 갖춘 사람을 주로 사귀어라'로 보아도 뜻은 자연스럽다. 이 경우 진심 어린 사람, 그리고 행동이 신실한 사람을 가까이 두어야 한다는 뜻이 된다.

벗을 사귄다고 하면 그의 장점을 보는 것이지, 나보다 못한 점을 보고 사귀지 않는다. 나보다 못한 점을 보고 사귄다면 그건 자신에 맞추기를 원하거나 다른 목적이 있는 것이다. 누구나 잘못할 수 있는데, 관건은 잘못을 분명하게 인지하고 고치려고 하는 데 있다.

학이-9 장례를 신중하게

증 선생이 말하였다. "장례를 신중하게 치르고 먼 조상까지 정성껏 제사 지낸다면 백성들의 살힘(德)이 도타워질 것이다."

曾子曰, "愼終追遠, 民德歸厚矣."

증 선생, 곧 증자는 증삼의 존칭이다. 증자의 제자가 칭한 의미를 살려 존칭의 의미대로 번역하였다. 문장에 축약이 많아서 풀어서 번역하였다. 民德이란 백성의 살힘(德)을 말한다. 덕을 쉽게 이해하자면 '살리는 힘', 또는 '사는 힘'이라 할 수 있다. 살힘에 대해서는 〈위정〉 2편에서 자세히 살펴보겠다.

장례를 신중하게 치르고 먼 조상까지 정성껏 제사를 지낼 수 있다면 백성이 살 만한 세상이다.

학이-10 온량공검

자금이 자공에게 물었다. "선생님께서는 어떤 나라든지 그 나라에 가시면 반드시 그 나라의 정치에 참여하셨습니다. 선생님께서 정치에 참여하기를 요청하신 겁니까, 아니면 그 나라에서 선생님과 함께하길 원해서입니까?" 자공이 말하였다. "선생님께서는 온화하고 담백하고 공손하고 검소하신 분이다. 사양을 하셨는데도 자연히 정치에 참여하시게 된 것이다. 선생님께서 정치에 관심을 두시는 것은 다른 사람들이 정치 권력을 추구하는 것과는 다르다."

子禽問於子貢曰, "夫子至於是邦也, 必聞其政. 求之與, 抑^억與之與?" 子貢曰, "夫子溫良恭儉, 讓以得之, 夫子之求之也, 其諸^저異乎人之求之與."

자금은 진항(陳亢)이다. 聞其政에서 정사를 듣는다는 것은 정치에 참여한다는 뜻이다. 良은 《논어집주》에서 易直으로 풀었는데 우리말로 하면 담백하다는 뜻이다. 《논어집주》는 溫良恭儉讓을 병렬관계로 보았다. 여기서는 정약용의 설에 따라 讓 앞에서 끊었다. 문장을 소리 내어 읽어보면 이렇게 끊는 것이 자연스럽다.

《논어》 전체를 보면 자공은 진심으로 공자를 존경한 것 같다. 공자가 주유천하(周遊天下)를 끝내고 노나라에 돌아온 뒤에 받은 제자 가운데는 공자의 명성과 추천을 통해서 출사를 하려는 인물도 있었을 테지만, 대체로 공자의 학문과 인품에 끌려 찾아온 사람이 많았을 것이다. 특히 초기 제자들은 공자의 이상과 인품에 이끌렸다. 그저 말을 앞세운다고 영향력이 생기지는 않는다. 이러한 영향력은 삶을 녹여내는 말과 말을 실천하는 삶을 통해서만 생긴다. 끊임없이 배우는 자세, 세상을 평화롭게 바꾸려는 아름다운 의지, 인간과 생명을 향한 사랑이 어우러졌을 때 가능하다. 그러므로 인간의 품격은 다른 이에게 보이는 것이 아니라 배어나오는 것이다.

학이-11 아버지가 살아 있을 때

선생님께서 말씀하셨다. "아버지가 살아 있을 때는 자식의 품은 뜻을 살펴보고, 아버지가 돌아가신 뒤에는 자식의 행동을 살펴보아야 한다. 그리하여 삼 년 동안 아버지가 하던 방식을 바꾸지 않아야 효성스럽다고 말할 수 있다."

子曰, "父在觀其志, 父沒觀其行. 三年無改於父之道, 可謂孝矣."

觀은 자세히 살펴보다. 志는 '心之所之', 곧 '마음이 가는 바'이다. 마음은 원래 갈피가 없다. 그런 마음이 방향을 잡는 것이 志이다. 志 자형의 윗부분은 走의 윗부분과 통한다. 옛날 자형을 보면 선비 士가 아니라 발걸음을 떼는 모양이다. 父之道에서 道는 작은 길이 아니다. 여러 사람이 함께 갈 수 있는 길이다. '아버지의 길'이란 아버지가 세운 대원칙을 말한다고 볼 수 있다. 윗대에서 갈고 닦은 대원칙을 곧바로 바꾸지 않음은 존중하기 때문이다. 하지만 영원히 바꾸지 말고 따르라는 뜻은 아닐 것이다.

공자가 살던 시대는 지금과 달리 아버지의 일을 자식이 물려받았다. 이 경우 아버지가 세운 대원칙이 자식의 마음에 들지 않을 수 있다. 그런데 아버지의 길을 아버지의 사후 곧바로 바꾼다면 아버지의 대원칙에 전혀 동의하지 않았다는 말이다. 물론 그럴 수 있다. 하지만 아버지의 대원칙이 있었으므로 자신에게 기회가 온 것이다. 더군다나 아버지의 길은 분명 그 나름 장점이 있다. 아버지가 행하던 잘못이야 곧바로 고쳐야겠지만, 최소한 아버지의 원칙은 존중해야 한다. 그렇다고 아버지의 원칙을 계속 고수하라는 말은 아니다. 삼 년 정도 아버지의 원칙을 존중하고 나서 바꾸어가라는 뜻이다. 아버지에 대한 존중과 자식의 주체성을 균형 있게 맞춰가라는 말로도 이해할 수 있다. 아무튼 아버지가 돌아가시고 곧바로 아버지의 원칙을 바꿔버린다면 아버지에 대한 존중(孝)은 아니다.

학이-12 예와 조화

유 선생이 말하였다. "예를 적용할 때는 조화가 귀중하다. 옛 왕들의 길은 그래서 아름다운 것이다. 작든 크든 모두 이러한 이치를 따랐다. 그렇게 해도 행해질 수 없는 바가 있으니, 조화가 좋은 줄 알고 조화를 이루려고 하면서 예로 알맞게 하지 않는다면 또한 행해질 수 없다."

有子曰, "禮之用和爲貴. 先王之道, 斯爲美, 小大由之. 有所不行, 知和而和, 不以禮節之, 亦不可行也."

禮의 어원은 신에게 바치는 제물로, 신에 대한 외경심을 표현한 것이다. 신에 대한 외경심을 물질적으로 표현하던 것에서 사람에 대한 존중으로 바뀌었다. 따라서 예의 본질은 敬이다. 살맘(仁)이 사람을 존중할 수 있는 내 마음의 씨앗이라면, 敬은 타인을 존중하는 마음의 표현이다. 이 마음이 예의 본질이다. 마음은 표현해야 비로소 전달된다. 예는 존중의 마음을 표현하는 것까지를 말한다. 표현은 대개 말과 행동, 물질을 통해서 하게 된다. 우리가 누군가에게 예를 차린다는 것은 그 사람을 존경, 존중한다는 뜻이다. 따라서 존중의 뜻을 담지 못한 말과 행동과 물질은 허례(虛禮)이다.

표현에는 일정한 형식이 뒤따르기 마련인데, 형식에 치우치면 번거로운 행위와 물질만 남아 결국 내용과 형식의 균형이 깨진다. 그래서 예는 和의 정신을 구현하는 樂과 짝을 이루어 균형을 유지한다. 고대부터 예의 의식에서 악이 빠지지 않은 까닭이다. 分의 예와 和의 악은 균형의 두 축이다. 禮之用和爲貴는 이러한 맥락으로 이해할 수 있다.

학이-13 존중받을 만하려면

유 선생이 말하였다. "약속한 것이 의로움에 가깝다면 그 말을 실천할 수 있고, 공손함이 예에 가깝다면 치욕을 멀리할 수 있다. 그렇게 하고서 마땅히 친하게 지내야 할 사람과의 친분을 잃지 않는다면 또한 존중받을 만하다."

有子曰, "信近於義, 言可復也. 恭近於禮, 遠恥辱也. 因不失其親, 亦可宗也."

信은 언약하다. 復은 실천하다. 因不失其親은 여러 해석이 있다. 관건은 因와 親을 어떻게 보느냐다. 보통은 주희의 해석을 따른다. 그럴 경우 "의탁하여도 그 친한 관계를 잃지 않는다면 또한 지도자가 될 수 있다."라는 뜻이 된다. 宗은 尊의 뜻이다. 어법으로 보면 可 뒤에 쓰여 술어가 되므로 높다, 높이다, 받들다, 존경하다의 뜻이 된다.

약속은 지켜야 한다. 하지만 그 약속이 의로움 곧 사람을 아끼는 마음에 가깝지 않다면 지키기 곤란하다. 약속이 순리에 어긋나면 그 약속을 실행하기는 어렵다. 사람은 공손해야 한다. 하지만 관계에서 적절한 균형을 유지하지 못하고 일방적으로 따르기만 한다면 상대에게 치욕을 당할 수 있다. 따라서 공손함은 서로를 존중하는 방식으로 적절히 균형이 잡혀야 치욕을 멀리할 수 있다. 사람은 가까이할 만한 사람을 가까이해야 한다. 이는 존중의 가치를 지키는 방법이다. 마땅히 가까이 지낼 만한 인물과 친분을 잃지 않는다는 것은 바꾸어 말하면 그가 존중받을 만하다는 뜻이다.

학이-14 배움을 좋아한다는 것

선생님께서 말씀하셨다. "군자는 먹을 때 배부름을 추구하지 않고, 거처할 때 편안함을 추구하지 않는다. 일에는 민감하고 말에는 신중하며, 삶의 길을 아는 사람에게 다가가 자신의 잘못을 바로잡는 사람이라면, 배우기를 좋아한다고 할 수 있다."

子曰, "君子食無求飽, 居無求安. 敏於事而愼於言, 就有道而正焉, 可謂好學也已."

敏은 행동을 민첩하게 한다는 말이 아니라 민감하게 받아들인다는 뜻이다. 민감하면 소홀히 하지 않으며 즉각 반응한다. 그만큼 의미를 두기 때문이다. 敏於事而愼於言을 줄여서 '敏事愼言'이라고도 한다.

배움은 우리를 성장하게 한다. 그런데 배움은 머리로만 하는 것이 아니며, 삶에서 드러나야 참 배움이 된다. 배부름과 편안한 거처 등 일신만을 위한 욕망은 성장을 방해한다. 배우기를 좋아한다는 말은 머리만이 아니라 몸으로 좋아한다는 뜻이다. 당장의 물질적 욕망에 휘둘리지 않는 참 성장을 이끄는 배움이 어떤 것인지를 이 구절은 잘 보여주고 있다.

학이-15 절차탁마

자공이 말하였다. "가난하면서도 남에게 아첨하지 않고 부유하면서도 다른 사람에게 교만하지 않다면 어떻습니까?" 선생님께서 말씀하셨다. "그 정도면 괜찮지. 하지만 가난하되 (삶의 길을) 즐기고 부유하면서도 예를 좋아하는 것만은 못하다." 자공이 말하였다. "《시》에 '자르는 듯 가는 듯 쪼는 듯 문지르는 듯하네'라고 하였는데, 이를 말씀하시는 것입니까?" 선생님께서 말씀하셨다. "사(賜)야, 이제 비로소 함께 시를 이야기할 수 있겠구나. 하나를 알려 주었더니 알려주지 않은 새로운 의미까지 아는구나."

子貢曰, "貧而無諂^첨, 富而無驕^교, 何如?" 子曰, "可也, 未若貧而樂, 富而好禮者也." 子貢曰, "詩云, 如切如磋^차, 如琢^탁如磨, 其斯之謂與?" 子曰, "賜也, 始可與言詩已矣. 告諸^저往而知來者."

如切如磋, 如琢如磨에서 切은 칼로 자르는 것, 磋는 줄 같은 것으로 가는 것, 琢은 정 같은 것으로 쪼는 것, 磨는 숫돌 같은 것으로 가는 것이다. 큰 것에서 작은 것으로 세밀하게 다듬어가는 과정을 말하고 있다. 諸는 之於의 축약형이다. 賜는 자공의 이름이다. 이름을 직접 부르는 것으로 두 사람의 관계를 짐작할 수 있다. 옛날에는 충분히 관계를 맺은 상태에서 연장자가 아니면 상대의 이름을 곧바로 부르지 않았다.

'끊임없이 갈고 닦으라. 온전함을 향한 끝없는 노력이 우리의 삶을 건강하게 하리라.' 절차탁마는 마치 우리에게 이렇게 말해주는 듯하다. 공자는 가난이나 부유함 그 자체를 목적으로 여기지 않았다. 삶의 배움과 지향의 과정에서 가난할 수도 부유할 수도 있으나 자신이 처한 곳에서 배움을 생각하고, 가난하지만 아첨하지 않는 경지에 그치지 말고 가난하면서도 삶의 길을 즐기는 쪽으로 성장하라고 가르친다. 부유하지만 교만하지 않는 정도에 그치지 말고, 예를 좋아하는 경지로 나아가도록 일깨워준다. 삶을 배움의 과정으로 생각하는 사람은 겸손할 수밖에 없다.

학이-16 걱정과 균형

선생님께서 말씀하셨다. "남이 자신을 알아주지 않는다고 걱정하지 말고, 내가 남을 제대로 알지 못하는지를 걱정해야 한다."

子曰, "不患人之不己知, 患不知人也."

걱정에는 비대칭적인 균형이 필요하다. 내가 남을 알아주는 것과 남이 나를 알아주는 것 중에서 내가 주도적으로 할 수 있는 것은 내가 남을 알아주는 것이다. 남이 나를 알아주는 것의 주체는 '남'이다. 그러니 내가 할 수 있는 쪽에 좀더 걱정의 무게를 두어야 한다. 의식적인 노력으로 내가 남을 알아주지 못할까 더 걱정해야 하는 이유는 대개 남보다는 자신을 걱정하기 때문이다.

위정 2편

배움과 사색

〈위정〉편을 〈학이〉편 뒤에 편집한 것은 '배우고 나서 정치에 들어간다(學而後入政)'는 사고방식 때문이다. 살힘(德)으로 정치를 하는 것, 살힘과 예, 배움과 사색의 균형, 공자 스스로 자신이 걸어온 길을 표현하는 구절과 효에 대한 문장이 여럿 보인다.

위정-1 덕으로 정치를 한다는 것

선생님께서 말씀하셨다. "덕(살힘)으로 정치를 하는 것은, 비유하자면 북극성이 제자리에 있고 다른 모든 별들이 북극성을 중심으로 둘러서 있는 것과 같다."

子曰, "爲政以德, 譬^비如北辰^신居其所, 而衆星共之."

其所에서 其는 宜, 當과 같다. 때문에 其所는 딱 맞는 자리를 뜻한다. 共은 술어로 뜻은 拱과 같다. 두 손을 맞잡고 경의를 표하는 것이다.

이 문장의 핵심은 '덕으로 정치를 하는 것'이다. 덕으로 정치를 한다는 것은 사람들, 곧 백성들이 살아갈 힘을 얻도록 하는 정치를 펴는 것이다. 당시의 위정자에게 백성은 일종의 재산으로 백성 개개인의 인

권이라는 개념은 없었다. 공자는 백성이 온전히 살아갈 힘을 얻도록 하는 정치를 편다면 북극성이 제자리에 있고 뭇별이 북극성을 중심으로 돌듯이 살힘(德)의 정치를 펴는 사람을 중심으로 다른 모든 사람이 움직일 것이라고 했다. 위정자는 이를 이상적인 얘기로 들었겠지만 공자는 그 이상을 결코 놓지 않았다. 북극성이 밤하늘의 나침판이듯 살힘은 위정자가 나아갈 길을 밝혀주기 때문이다.

살힘(德)

'덕을 베풀다', '덕을 입다'처럼 덕은 오늘날에도 흔히 쓰는 말이다. 어원으로 보면 直과 心이 결합한 형태다. 원래는 '솔직한 마음', '왜곡되지 않은 마음'을 뜻한다. 사람에게는 사람이 죽는 것을 안타깝게 생각하는 마음이 있다. 이 마음이 솔직한 것이다. 《논어》에서 덕은, 생명을 아끼고 사람을 살리고자 하는 마음인 살맘(仁)이 타인에 대해서 발동하는 것을 말한다. 따라서 덕과 인은 별개가 아니다. 내 마음속에 있는 살맘이 움직여 힘을 내는 것이 덕일 따름이다. 덕을 베푼다는 말은 어떤 이유든 살기 힘들어 하는 사람에게 말이나 행동, 또는 물질적인 지원을 통해 살아갈 힘을 보태어주는 것이다. 덕을 입는다는 것은 위로의 말이든 물질적인 지원이든 그로 인해 살아갈 힘을 얻는다는 말이다. 그래서 이 책에서는 덕을 '살힘'으로 풀어서 설명했다.

위정-2 생각에 거짓이 없는 시

선생님께서 말씀하셨다. "《시》의 시 삼백 편을 한마디로 아우르면 비뚤어짐이 없다는 것이다."

子曰, "詩三百, 一言以蔽폐之, 曰, 思無邪사."

蔽는 원래 가리다, 덮다의 뜻이다. 여기서는 포괄하다, 총괄하다의 의미이다. 思無邪라는 표현은 《시경》 '노송(魯頌)'에 그대로 나온다. '노송'은 노나라에서 칭송한 노래라는 의미이니 공자의 고향인 노나라에서 내려오던 표현을 그대로 썼다고 보면 된다. 思無邪에서 思는 아무런 뜻이 없는 글자다. 이는 용례가 적지 않다. 굳이 '생각하다'로 볼 필요가 없을뿐더러 중요한 글자는 無邪다. 邪의 반대말은 '正'이다. 邪는 곧 '不正'이다. 또한 邪는 私와 뜻이 통한다. 자신만 생각하며 남과 소통하지 못하는 비뚤어진 마음이다. 시에는 이런 마음이 없다는 말이다. 思를 뜻이 있는 글자로 보더라도 이 문장을 '비뚤어짐이 없기를 생각하라'는 명령문으로 보기에는 무리가 있다. 굳이 실사로 본다면 생각함에 있어서 비뚤어짐이 없다는 정도이다.

고대에 시의 본질은 개인의 감정을 다루는 것이 아니라 공을 논하고 살힘(德)을 기리며 마음이 치우치거나 비뚤어지지 않도록 하는 데 있다. 비뚤어짐이 없음은 마음이 바르다는 것이다. 시 삼백 편이 모두 '바름'으로 귀결된다는 말이다. 시가 모두 인간의 바른 성정에서 나온다고 보는 것이다. 시의 내용이 분노나 원망이라 하더라도 보편적 인간의 자연스럽고 바른 마음에서 나온 것이기에 비뚤어짐이 없다.

위정-3 살힘과 예로

선생님께서 말씀하셨다. "정치상의 명령으로 백성을 이끌고 형벌로 다스리면 백성은 형벌을 면하고 나서 부끄러워하지 않는다. 살힘(德)으로 이끌고 예로 다스리면 부끄러움을 알고 또한 잘못을 바로잡게 된다."

子曰, "道之以政, 齊之以刑, 民免而無恥. 道之以德, 齊之以禮, 有恥且格."

道는 여기서 導와 같다. 政은 법령과 금지령을 말한다. 齊는 가지런히 하다의 뜻이다. 신발을 가지런히 한다고 하면 신발을 정리한다는 말이다. 그래서 齊에는 정리하다, 다스리다의 뜻이 있다.《대학》의 '齊家'를 생각하면 된다. 다만 이 齊가 治와 다른 점은 어감에서 '일관성이 있다'는 것이다. 신발을 가지런히 한다는 말은 어떤 것은 정리하고 어떤 것은 정리하지 않는 것이 아니라 모두 다 정리한다는 말이다. 따라서 예로 다스리는 경우가 있기도 하고 없기도 한 것이 아니라, 예로 일관성 있게 대한다는 뜻을 내포한다. 格은 크게 두 가지로 해석된다. 하나는 '正'이고 하나는 '至'이다. 주희는《대학》의 '格物'을 의식하여 至로 해석해 '이르다'로 풀이한 반면 왕양명은 正으로 해석했다. 이 문장에서는 正으로 보는 것이 간명하고 자연스럽다.

살힘(德)과 예는 상호적이다. 반면에 정치적인 명령이나 형벌은 위정자가 백성에게 일방적으로 가하는 수단이다. 이러한 수단이 없을 수는 없겠으나 이에만 의존하면 상호 소통이 어렵고 자발적인 변화를 이끌어낼 수 없다. 그러니 형벌을 모면할 생각만 하고 모면하고 나면 아무런 부끄러움을 느끼지 않는 것이다.

예의 본질은 존중이다. 상대에게 마음을 주어야 상대를 진정 존중한다고 할 수 있다. 상대를 존중하며 한결같이 대한다면 상대는 비뚤어진 마음을 갖지 않는다. 그러니 잘못을 하면 부끄러움을 느끼고 잘못을 바로잡게 되는 것이다. 상대를 살리는 힘(德)을 펴고 존중의 마음(禮)을 일관되게 유지하는 것은 일방적인 형벌이나 정치적인 명령과는 다르다. 공자는 진정으로 백성을 살리는 정치와 그들을 존중하는 방식을 지향하였다. 처벌이나 명령은 지향점이 되기 어렵다.

위정-4 내가 걸어온 길

선생님께서 말씀하셨다. "나는 열다섯에 배움에 뜻을 두었고, 서른에 우뚝 섰으며, 마흔에 흔들리지 않게 되었고, 쉰에 하늘이 내린 사명을 알게 되었으며, 예순에 듣는 것을 자연스럽게 이해하게 되었고, 일흔에 마음 가는 대로 해도 법도에 어긋나지 않았다."

子曰, "吾十有五而志于學, 三十而立, 四十而不惑, 五十而知天命, 六十而耳順, 七十而從心所欲, 不踰유矩구."

志는 士와 心이 결합한 글자인데, 士는 선비가 아니라 走의 위쪽과 같아 걸음을 떼는 모양이다. 곧 志는 '마음이 어떤 방향을 잡는 것'이다. 志于學은 그러니까 '마음이 배움으로 방향을 잡는 것'이다. 오늘날 '지학'이라고 하면 열다섯 살을 가리킨다. 立은 우뚝 선 모양을 본뜬 글자다. 《논어》의 마지막 편인 〈요왈〉에 "不知禮, 無以立."이라는 구절이 있다. '예를 알지 못하면 제대로 설 수 없다.'라는 말이다. 예를 알았다는 것은 인간관계에서 상대를 존중할 줄 알았다는 말이다. 이 구절을 미루어 보면 공자는 서른이 되어서 어떤 상황에서든 상대를 존중할 줄 알아서 요즘 말로 사회생활을 제대로 할 수 있게 되었다는 뜻으로 이해할 수 있다.

惑은 或과 心이 결합한 형태다. 惑은 '이것인가 혹은 저것인가'라는 생각이 드는 것이니 쉽게 말해 갈팡질팡하는 것이다. 마흔은 자신의 삶의 지향을 의심해서는 안 되는 때다. 가난과 고난 속에서도 생명을 살리는 길(道)을 가려는 삶의 방향성을 의심한다면 이도 저도 아닌 삶이 되고 만다.

知天命에서 天命은 하늘의 명령이다. 하늘의 명령을 알았다는 것은 자신에게 주어진 상황을 순리로 받아들이거나 자신이 어떻게 살아야 하는지를 단순히 숙지하는 것이 아니라 평천하를 자신의 역할로 받아들이는 일종의 숭고한 '사명'을 알았다는 말이다. 이는 공자의 개인사와 연결하여 이해할 수 있다. 공자는 쉰이 넘어 자신의 뜻을 펼치기 위해 여러 나라를 돌아다녔다. 이는 결코 유쾌한 여행이 아니었다. 그는 일흔이 다 되어서야 고국인 노나라로 돌아왔다. 《논어》에는 命이 여전히 기존의 민간 신앙을 뜻하는 구절도 있다. 그럼에도 공자는 여기서 한 걸음 더 나아가 인간의 노력을 숭상하며 이 命을 인간의 '사명'으로 승화시켰다. 《논어》 마지막 편인 〈요왈〉 3장에서도 "천명을 알지 못하면 군자가 될 수 없다."라고 하였다. 세상에 대한 책임감을 가진 군자라면 의당 인간으로서의 사명을 저버려서는 안 된다는 뜻일 것이다.

耳順은 남이 하는 말을 거슬리게 듣지 않고, 말의 숨은 뜻이나 그렇게 말하게 된 심정, 이유 따위를 알아차리는 것이다. 은미한 표현에 큰 뜻을 담아 보여주던 공자는 다른 사람의 말을 잘 헤아렸을 것이다. 하지만 이순이 곧 상대의 마음을 따르는 것은 아니다.

矩는 원래 곱자로 사각형이나 직각을 만드는 데 쓰는 작업도구를 말하나 의미가 확장되어 법도를 가리키게 되었다. 하지만 이 문장에서는 외적으로 형식화된 법도가 아니라 여러 사람이 조화롭게 살기 위한 일종의 내적인 기준을 말한다.

이 장은 공자가 말년에 자신의 일생을 술회한 내용이다.

위정-5 효에 대해서 (1)

맹의자가 효에 대해 물었다. 선생님께서 말씀하셨다. "어긋나게 행동하지 않는 것이다." 번지가 수레를 몰고 있을 때 선생님께서 그 일을 말씀하셨다. "맹손씨가 나에게 효에 대해 묻기에 어긋나게 행동하지 않는 것이라고 말해주었지." 번지가 여쭈었다. "무슨 뜻입니까?" 선생님께서 말씀하셨다. "살아 계실 때는 예에 맞게 섬기고, 돌아가신 뒤에는 예에 맞게 장례를 치르고, 예에 맞게 제사를 지내는 것이다."

孟懿子問孝. 子曰, "無違." 樊遲御어, 子告之曰, "孟孫問孝於我, 我對曰, 無違." 樊遲曰, "何謂也?" 子曰, "生事之以禮, 死葬之以禮, 祭之以禮."

맹의자는 맹희자(孟僖子)의 아들이자 다음 장에 등장하는 맹무백의 아버지다. 맹희자는 맹씨 집안이 정변을 일으키기 한 해 전에 죽었는데, 죽기 전에 공자에게 배울 것을 유언하였다. 맹의자는 17세 때 양호와 함께 노나라 군주인 소공이 망명한 곳을 공격한 인물이다. 양호는 공자와는 뜻이 맞지 않는 사람이었다. 그러니 추측건대 맹의자 역시 공자와 지향점이 달랐을 것이다.

이 문장에서 맹의자는 그 뜻을 공자에게 재차 묻지 않았다. 아마도 다시 물었다면 '예에서 어긋나지 않는 것'이라고 했을지 모를 일이다. 맹의자는 아버지의 유언에 따라 공자에게 배우고는 있었으나 진정 배우려는 뜻은 없어 보인다. 당시 후소백(郈昭伯)은 노나라의 실권을 쥔 대부 계평자와 사이가 틀어지자 소공에게 계씨 집안을 타도하자고 권유하나, 계평자는 맹손씨, 숙손씨와 동맹을 맺어 소공을 타도하는 정변을 일으킨다. 이때 맹의자의 나이 15세였다. 2년 뒤 맹의자가 양호(양화)와 함께 소공의 망명지를 공격한다. 소공은 권신들을 제거하려 했으나 실패하고 쫓기는 신세가 되었다. 추측건대 맹의자는 아버지 맹희자를 제대로 모시지도 않고, 장례나 제사 또한 제대로 하지 못했을 가능성이 있다.

위정-6 효에 대해서 (2)

　　맹무백이 효에 대해 물었다. 선생님께서 말씀하셨다. "부모는 오직 자식이 아플까 그것을 근심하신다."

　　孟武伯問孝. 子曰, "父母唯其疾之憂."

其疾之憂는 憂其疾에서 其疾이 강조된 도치 형태이다. 맹무백은 맹의자의 아들이다. 이 문장은 마치 할아버지가 손자뻘에게 하는 말 같다. 시호에 武가 들어가는 걸로 짐작하건대 생전에 맹무백은 씩씩했던 모양이다. 伯이라는 글자로 보아 맏이다. 부모의 처지에서는 씩씩한 맏아들이 걱정되었을 것이다. 또는 부모가 자식이 병이나 나지 않을까 걱정하도록 하라는 뜻으로 보기도 하는데, 이때는 부모가 다른 걱정 없이 오직 자식의 건강만 걱정하도록 하라는 말이다. 둘다 문맥이 통한다.

위정-7 효에 대해서 (3)

자유가 효에 대해 여쭈었다. 선생님께서 말씀하셨다. "오늘날 효라고 하면 물질적으로 먹여 살리는 것을 말한다. 그러나 개나 말도 먹여 살리고 있으니, 공경하지 않는다면 무엇으로 짐승과 구별하겠는가?"

子游問孝. 子曰, "今之孝者, 是謂能養, 至於犬馬, 皆能有養, 不敬, 何以別乎?"

물질적인 봉양도 해야 하지만 본질은 부모를 공경하는 것이다. 이 두 가지의 균형이 맞아야 한다. 어느 한쪽만 강조할 수 없다. 평소 제자의 개인 성향에 맞추어 대답해주는 공자의 대화를 고려하면 자유는 물질적인 봉양은 하면서도 부모를 존경하는 마음이 부족했을 듯하다. 이런 제자를 위해서 공자는 본질을 보도록 가르친 것이다.

위정-8 효에 대해서 (4)

자하가 효에 대해 여쭈었다. 선생님께서 말씀하셨다. "항상 편안한 얼굴로 어버이를 대하기가 어렵다. 일이 있을 때는 아랫사람이 수고로운 일을 대신하고, 술이나 음식이 있을 때 윗사람이 먼저 드시게 하는 것 정도로 효도라고 할 수 있겠느냐?"

子夏問孝. 子曰, "色難. 有事, 弟子服其勞, 有酒食사, 先生饌찬. 曾是以爲孝乎?"

饌은 술어로 먹고 마시다. 효에 대한 문답이 연속으로 편집되어 있다. 공자는 제자를 가르칠 때 그들에게 가장 친근한 부모와 자식 사이에서 출발해 관계에 대한 인식과 실천을 일깨우고, 그러한 인식과 실천을 확대해 나가는 것이 살맘(仁)임을 설명하려 한 듯하다.

위정-9 바보 같은 안회

선생님께서 말씀하셨다. "내가 안회와 함께 하루 종일 이야기를 해도 그는 마치 어리석은 듯 내 말을 거스르는 적이 없었다. 그런데 뒤에 그의 생활을 보니 말한 내용을 충분히 실천하고 있었다. 안회는 어리석지 않다."

子曰, "吾與回言終日, 不違如愚, 退而省其私, 亦足以發. 回也不愚."

안회는 공자가 매우 아끼던 제자다. 젊은 나이에 죽었으나 공자뿐 아니라 제자 사이에서도 인정받았던 것 같다. 보통 어설피 알 때 시끄러운 법이다. 또한 배움은 삶으로 드러나야 함을 알 수 있다. 그런 의미에서 자신과 가까운 사람에게 인정받아야 진정한 인정이라고 볼 수 있다.

위정-10 사람을 살피는 법

선생님께서 말씀하셨다. "그 사람이 하는 행동을 보고, 그렇게 한 까닭을 살펴보고, 그가 편안하게 여기는 바를 잘 관찰하라. 사람이 어찌 자신을 숨기겠느냐, 사람이 어찌 자신을 숨기겠느냐?"

子曰, "視其所以, 觀其所由, 察其所安, 人焉廋^수哉, 人焉廋哉."

以는 爲와 통한다. 由는 어떤 이유에서 그렇게 했느냐는 것이다. 보는 것의 순서를 굳이 따지자면 視〈觀〈察 순이다.

그 사람이 하는 행동을 보고 그렇게 한 까닭을 살필 뿐만 아니라 그가 어떤 것을 편안하게 여기는지를 관찰한다. 편안하게 여기는 바를 보는 것은 체화되어 있는 삶의 방식까지 본다는 것이다. 이렇게까지 사람을 관찰한다면 어느 누가 자신을 숨길 수 있을까? 자기 자신도 이렇게 살펴야 한다.

위정-11 온고지신

선생님께서 말씀하셨다. "옛것에 온기를 불어넣어 새로운 것을 알아낸다면 스승이 될 만하다."

子曰, "溫은故而知新, 可以爲師矣."

溫은 여기서 목적어 故를 취하는 타동사다. 따뜻하게 하다, 데우다의 뜻이다. 옛것에 온기를 불어넣는 것이다. 今의 반대말은 古이고, 新의 반대말이 故이다. 여기서 新은 새것이다.

'온고' 즉 옛것에 온기를 불어넣는다는 말은 옛것을 그대로 받아들이지 않고 능동적으로 의미를 찾아낸다는 것이다. 옛것을 대하는 이가 적극적으로 의미를 찾지 않으면 옛것은 그저 오래된 것에 지나지 않는다. 그런 의미에서 '온고'는 '옛것을 본받는다'는 뜻의 '법고'와 다르다.

《맹자》〈이루〉편에 "사람의 병통은 다른 사람의 스승이 되기를 좋아하는 것이다."라는 구절이 있다. 이 구절과 함께 본다면 섣불리 남의 스승이 되려고 하기보다는 먼저 옛것에서 새로운 의미를 찾아내는 공부를 하라는 뜻이 된다. 그 정도 공부가 되어야 남을 가르칠 수 있다는 말이다.

위정-12 군자불기

선생님께서 말씀하셨다. "군자는 그릇 같은 존재가 아니다."

子曰, "君子不器."

어법으로 보면 器는 不 뒤에 쓰여서 술어다. 여기서는 형용사로 그릇 같다의 뜻이다. 그릇은 쓰임새가 정해져 있으니 군자는 그릇과 같은 존재가 되어서는 안 된다. 군자는 특정한 기능이나 기술에 치중할 것이 아니라, 남과 나를 아울러 헤아리고 사람 사이의 관계를 생각하며 서로 소통해야 한다는 의미일 것이다.

군자

군자는 원래 위정자로서 지위가 있는 사람을 가리켰으나 공자는 '살힘(德)이 있는 사람'으로 변혁했다. 이는 돈 많은 사람을 뜻하는 부자를 '삶을 아름답게 누릴 줄 아는 사람'으로 바꾸는 꼴이다. 서양에서는 '군자'를 'gentle man'으로 번역하기도 한다. 놀랍다. 원래 'gentleman'으로 붙여 쓰면 출생신분과 관련이 있다. 그런데 이를 띄어 쓰면 출생신분과 관련없이 올바른 태도와 교양을 지닌 사람을 지칭하게 된다. 《논어〉에서 군자는 소인과 대별되는 개념으로 등장한다. 소인은 쉽게 말해 자신의 이익과 안위만을 생각하는 사람이며, 군자는 나와 남을 두루 생각할 줄 아는 사람이다. 물론 공자가 최초로 군자의 함의를 바꾼 건 아닌 듯하다. 군자의 함의가 공자 이전부터 꾸준히 확대되어 오다가 공자에 의해서 세상에 대한 사명의식을 가진 도덕적인 주체라는 면이 강화된 듯하다.

모든 군주가 군자는 아니고, 모든 군자가 군주가 되지는 않지만, 분명 모든 군주는 군자여야 한다. 살힘이 있다면 군자라는 말은, 엄격한 신분사회에서 그 함의가 특별하다.

위정-13 말과 행동

자공이 군자에 대해 여쭈었다. 선생님께서 말씀하셨다. "군자는 행동을 먼저 한다. 말은 행동을 한 뒤에 하는 것이다."

子貢問君子. 子曰, "先行. 其言而後從之."

대개 행동보다 말이 앞서기 쉽다. 좀 과하다 싶은 정도로 행동에 무게 중심을 두어야 말과 행동에 균형이 생긴다. 그것이 말과 행동의 현실적인 균형이다.

위정-14 쏠리지 않게

선생님께서 말씀하셨다. "군자는 사람들과 두루 조화를 이루면서도 한쪽으로 인간관계가 쏠리지 않는다. 소인은 한쪽으로 인간관계가 쏠리면서 사람들과 조화를 이루지 못한다."

子曰, "君子周而不比, 小人比而不周."

周는 원래 두루 통하는 밭을 가리킨다. 여기서는 인간관계가 원만하다는 뜻이다. 比는 주체성과 자기 중심성을 잃고 쏠리는 것이고 周는 자기 중심성, 주체성을 가지고 있으면서 두루 통한다는 것이니 곧 어떤 이익이나 기득권에 따라 인간관계가 쏠리지 않는다는 것이다. 또한 어떤 경우에도 편견을 갖거나 출신, 배경에 따라 사람을 판단하지 않는다는 말이다.

위정-15 배움과 사색의 균형

선생님께서 말씀하셨다. "배우기만 하고 생각하지 않으면 제대로 사리판단을 하지 못하며, 생각만 하고 배우지 않으면 위태롭다."

子曰, "學而不思則罔망, 思而不學則殆태."

罔은 없다, 어둡다 등으로 해석되는데 원래는 그물을 뜻한다. 그물질을 한다는 것은 고기를 속이는 일이니 문장에 따라서는 속이다의 뜻이 된다. 그물을 덮어씌워 꼼짝달싹 못하게 하는 것이다. 여기서는 사리판단을 제대로 하지 못한다는 뜻이다. 〈옹야〉 6편 24장을 참고하라.

공자는 배움을 거시적인 관점에서 보기도 하지만, 제자들이 이해하기 쉽게 당시의 통념으로 얘기하기도 했다. 이 구절에서 學은 밖으로부터의 배움으로 일종의 본이다. 하지만 스스로 사유의 힘을 보태지 않으면 그 본을 가지고서도 현실에 잘 응용할 수 없다. 삶은 늘 유동적이며 본은 고정적이다. 思는 안으로부터의 배움으로 스스로 생각해내는 것을 말한다. 밖으로부터의 배움만 있어서는 배운다고 한들 그 배움이 자신의 것이 되지 못한다. 그래서는 배웠다고 해도 구체적인 상황, 문제 속에서 제대로 사리판단을 하기 어렵다. 반면 밖으로부터의 배움 없이 그저 혼자 생각하기만 해서는 자칫 자기 논리에만 빠지게 되어 위험할 수 있다. 때문에 學과 思 둘 중 어느 한 가지도 빠져서는 안 된다. 성장을 위한 두 바퀴는 바로 '배우기'와 '생각하기'이다.

　이 구절의 영어 번역문을 소개해 둔다. "To study and not think is a waste. To think and not study is dangerous." 罔의 해석이 재미있다. 이 구절을 읽노라면 떠오르는 문장이 있다. "이론 없는 실천은 맹목적이고, 실천 없는 이론은 공허하다."

위정-16 이단에 대해서

　선생님께서 말씀하셨다. "지엽적인 것을 너무 파고들면 해롭다."

　子曰, "攻乎異端, 斯害也已."

已는 별 뜻이 없다. 이단은 글자대로 이해하면 끝이 달라진 것이다. 완전히 다른 것은 따라서 이단이라고 할 수 없다. 어떤 맥락에서 이 말을 했는지는 알 길이 없다. 다만 이 구절을 보며 이런 강령을 떠올려본다. "지엽적인 것에 치중하지 말고, 본질에 집중하라!"

위정-17 안다는 것

선생님께서 말씀하셨다. "유야, 너에게 안다는 것을 알려주랴? 아는 것을 안다고 하고, 모르는 것을 모른다고 하는 것, 그것이 아는 것이다."

子曰, "由誨회女知之乎? 知之爲知之, 不知爲不知, 是知也."

자신을 돌아보는 것은 인간이 가진 가장 뛰어난 능력이다. 내가 무엇을 알고 무엇을 모르는지를 구분해야 제대로 알아가는 것이다. 한문을 배우는 사람이라면 누구나 한번쯤 망망한 글의 바다에서 조각배와 같은 사전에 의지해 의미를 찾아 헤매어본 경험이 있을 것이다. 글을 보고 내가 무엇을 알고 무엇을 모르는지를 파악해 무엇을 찾아야 하는지를 아는 정도라면 공부가 어지간히 되었다는 뜻이다.

메타인지라는 말이 유행한 적이 있다. 쉽게 말하면 인지활동에 대한 인지, 곧 내가 무엇을 모르고 무엇을 아는지를 파악하는 인지능력이다. 이 구절은 내가 아는 한, 메타인지에 대한 가장 간명하면서 가장 오래된 것이다.

위정-18 출세하는 법

자장이 출세하는 법을 배우고자 했다. 선생님께서 말씀하셨다. "많은 것을 듣고서 그중에서 의심스러운 것을 제외하고 나머지를 조심스럽게 말하면 허물이 적다. 또한 많은 것을 보고서 그중에서 위태로운 것을 제외하고 나머지를 조심스럽게 행동으로 옮기면 후회할 일이 적을 것이다. 말을 하고서 허물이 적고 행동하고서 후회할 일이 적으면 출세는 자연스럽게 뒤따를 것이다."

子張學干祿록. 子曰, "多聞闕궐疑, 愼言其餘則寡尤우. 多見闕殆, 愼行其餘則寡悔. 言寡尤, 行寡悔, 祿在其中矣."

'과유불급'이라는 구절에서 '過'의 평가를 받은 자장은 신분이 미천하였고 출세에 관심이 많았던 듯하다. 공자는 그런 자장에게 무엇을 먼저 해야 하는지를 알려주고 있다.

《대학》에 "무엇을 먼저 하고 나중에 해야 하는지를 알아야 길에 가깝다(知所先後則近道矣)."라는 구절이 있는데 바로 이를 잘 말해준다. 먼저 해야 할 것은 수신이다. 됨됨이가 제대로 되지 않으면 꾸준히 성장할 수 없는 법이다. 지극히도 간단하지만 지독히도 지키기 힘든 금언이다.

위정-19 백성을 따르게 하는 법

애공이 물었다. "어떻게 하면 백성이 잘 따를까요?" 공자께서 대답하셨다. "정직한 사람을 등용하여 올바르지 않은 사람 위에 놓으면 백성이 따릅니다. 올바르지 않은 사람을 등용하여 정직한 사람 위에 놓으면 백성이 따르지 않을 것입니다."

哀公問曰, "何爲則民服?" 孔子對曰, "擧直錯조諸저枉왕則民服. 擧枉錯諸直則民不服."

諸는 之於의 축약형이다. 애공은 공자 말년의 노나라 군주다. 군주가 백성을 복종시키는 것에만 관심이 있다. 그런데 공자는 군주가 아닌 백성의 입장에서 답하였다. 위정자가 제대로 못하면 백성이 복종하지 않을 수 있다고 하니 대답의 수위가 아슬아슬하다. 民服은 자연스러운 결과이지 인위적으로 강제한다고 되지 않는다. 이는 무엇이 선행되어야 하는지 보여준다. 결국 관리를 잘 임명해야 한다는 것이니 군주가 자신의 일을 제대로 하고서 백성이 따르기를 바라야 한다는 얘기다.

위정-20 백성을 이끄는 법

계강자가 물었다. "백성이 윗사람을 존중하고 참된 마음으로 열심히 일하도록 하려면 어떻게 해야 할까요?" 선생님께서 말씀하셨다. "정중한 태도로 대하면 백성이 존중하게 되고, 부모님께 효도하고 아랫사람을 사랑하면 마음에 거짓이 없어질 것이며, 능력 있는 사람을 등용하여 부족한 사람을 가르치면 백성이 열심히 일할 것입니다."

季康子問, "使民敬忠以勸, 如之何?" 子曰, "臨之以莊則敬, 孝慈則忠, 舉善而敎不能則勸."

忠은 진심을 말한다. 勸은 부지런해지다, 따르다, 인도되다, 힘쓰다 등의 뜻이 있다. 여기서는 다 뜻이 통한다. 계강자는 노나라 애공 때의 세도가 사람이다. 질문의 수준과 답변의 행간을 알아차려야 한다. 계강자는 자신이 어떻게 해야 하는지보다 백성이 자신에게 어떻게 해주길 바라는 관점에서 공자에게 물었다. 이에 대해서 공자는 계강자 자신이 백성에게 어떻게 해야 하는지를 말하고 있다. 자기 자신만 보면 균형을 잃는다. 계강자에게 백성의 관점을 얘기하여 관계의 균형을 잃지 않도록 하려는 데에 공자의 숨은 뜻이 있다.

위정-21 이 또한 정치

어떤 사람이 공자에게 말하였다. "선생께서는 어째서 직접 정치를 하지 않으십니까?" 선생님께서 말씀하셨다. "《서》에 '효로다, 오직 효로다. 형제간에 서로 아끼고, 이런 마음을 정치까지 확대하라.'라고 했소. 이 또한 정치를 하는 방법이오. 어찌 관직에 나가야만 정치를 한다고 하겠소?"

或謂孔子曰, "子奚해不爲政?" 子曰, "書云, 孝乎惟孝, 友于兄弟, 施於有政. 是亦爲政. 奚其爲爲政?"

오늘날 사적인 일이 공적 영역에 영향을 주면 대부분 부정적인 결과를 낳는다. 고대에는 반대로 사적인 일이 공적 영역에서 긍정적으로 작용하기도 하였다. 그런 의미에서 생활이 곧 정치인 셈이다. 유가에서 정치를 삶과 구분하여 보지 않는 데에는 이런 배경이 있다. 부모와 자식의 관계, 형제의 관계가 정치로 확대되는 것은 귀족사회에 국한되는 면이 있지만 공자는 정치의 뿌리가 자신을 둘러싼 가까운 관계에서 출발하여야 하고 가족을 아끼는 마음, 곧 살맘(仁)을 정치로 확대하는 것이 중요하다고 말하고 있다.

위정-22 신의가 없으면

선생님께서 말씀하셨다. "사람이 신의가 없으면 무엇이 가능한지 모르겠구나. 큰 수레에 끌채와 멍에를 고정하는 쐐기인 '예'가 없고, 작은 수레에서 끌채 끝에 멍에를 메는 '월'이 없으면 어떻게 수레를 끌고 갈 수 있겠느냐?"

子曰, "人而無信, 不知其可也. 大車無輗예, 小車無軏월, 其何以行之哉?"

輗는 소나 말이 끄는 큰 수레에서 끌채의 마구리와 멍에를 고정하는 쐐기를 말한다. 軏은 작은 수레에서 끌채 끝에 멍에를 매는 부분을 말한다. 둘다 바퀴나 수레에 비해 보잘것없어 보이는 부속이지만 수레를 움직이려면 없어서는 안 된다.

실력이 있어도 못 믿을 사람이 있고, 착해도 못 믿을 사람이 있다. 실력이 있어도 이를 펼치는 데 있어서 어딘가 걸림돌이 있는 사람이 있고, 착하기는 해도 무언가 할 때 미덥지 못한 사람이 있다. 믿음은 이렇듯 심성과 실력을 묶어내는 중요한 고리인 셈이다. 위 구절에서 예와 월처럼 말이다.

위정-23 역사의 흐름을 아는 법

자장이 여쭈었다. "열 왕조 뒤의 일을 알 수 있습니까?" 선생님께서 말씀하셨다. "은나라는 하나라의 예법을 따랐으니 거기에서 무엇을 보태거나 뺐는지를 알 수 있고, 주나라는 은나라의 예법을 따랐으니 거기에서 무엇을 보태거나 뺐는지를 알 수 있다. 누군가 주나라를 계승한다면 백 왕조 뒤의 일이라도 알 수 있을 것이다."

子張問, "十世可知也?" 子曰, "殷因於夏禮, 所損益可知也. 周因於殷禮, 所損益可知也. 其或繼周者, 雖百世可知也."

자장이 물은 의도는 열 세대가 지난 다음에 예악이 시대에 따라 변할 텐데 어떤 연속성을 기대할 수 있겠냐는 뜻이었을까? 예악이 시대에 따라 변한다고 생각하니 굳이 주나라 초기의 예악 문화를 공부해야 하는 이유를 분명하게 이해하지 못했을 수 있다. 이 때문에 공자가 이렇게 대답해준 것이리라. 예악의 가장 근본적인 정체성은 유지되고 있다고 말이다.

위정-24 하지 말아야 하는데 하는 것과 해야 하는데 하지 않는 것

선생님께서 말씀하셨다. "제사를 지내야 할 조상신이 아닌데도 제사를 지낸다면 이는 아첨이다. 마땅히 해야 할 일을 보고도 하지 않는다면 용기가 없는 것이다."

子曰, "非其鬼而祭之, 諂^첨也. 見義不爲, 無勇也."

鬼는 조상신을 말한다. 其鬼라고 했으니 자신에게 해당되는 조상, 곧 자신이 모셔야 하는 조상을 말한다. 자신이 할 일이 아닌데도 굳이 한다면 거기에는 어떤 의도가 있기 마련이다. 위 구절은 자신이 할 일이 아닌데도 하는 경우와 해야 하는데도 하지 않는 경우를 말하고 있다. 균형 잡힌 행동이란 하지 말아야 할 것은 하지 않고 해야 할 바는 하는 것이지, 이것과 저것 사이에서 적당히 재면서 어정쩡하게 처신하는 것이 아니다.

의(義)

《논어》에서는 義를 仁만큼 비중 있게 다루지는 않는다. 묵자가 득세한 뒤 맹자에 와서 인은 의와 결합하여 '인의'가 되었다. 義는 본래 임협, 의협과 관련이 있어 약자를 돕는다는 뜻에서 비롯되었다. 한유는 "아끼는 마음을 넓혀가는 것을 인이라고 하고, 행동을 하되 인의 마음에 맞게 하는 것을 의라고 한다."라고 하여 義의 의미를 간명하게 잘 보여주었다. 좁게는 불쌍하고 약한 사람을 돕는 것이고, 넓게는 살맘(仁), 곧 사람을 아끼는 마음에 맞게 행동하는 것이다.

팔일 3편

존중과 조화의 관계를 위하여

예와 악에 관한 언급이 많다. 공자가 생각하는 정치가 예악의 문화를 바탕으로 하는 것이므로 〈위정〉편에 이어서 편집한 듯하다. 예악이 무의미한 경우, 예의 실행에서 가장 중요한 것, 예에 어긋나는 예식, 예의 형식보다 내용을 보라는 메시지가 담긴 문장 등 제례와 예악에 관한 이야기가 집중적으로 나온다.

팔일-1 불의한 권력에 대해

공자께서 계씨에 대해 말씀하셨다. "뜰에서 천자의 의식인 팔일춤을 추게 하였다. 이것을 차마 한다면 무엇인들 차마 하지 못하리오?"

孔子謂季氏, "八佾^일舞於庭. 是可忍也, 孰^숙不可忍也?"

季氏는 노나라 대부 계손씨 집안 사람을 말한다. 佾은 줄을 지어 추는 춤. 예법에 따라 천자만이 가로세로 여덟 줄의 춤을 출 수 있고, 제후는 여섯 줄, 대부는 네 줄의 춤을 출 수 있다. 주나라를 세운 무왕이 일찍 죽자 동생인 주공(노나라의 시조)이 조카(훗날의 성왕)가 어른이 될 때까지 섭정하여 주나라의 기틀을 세웠다. 성왕은 삼촌인 주공의 덕을 기려 특별히 노나라에서 주공에게 제사드릴 때만 이 팔일무를 허용하였다. 그런데 팔일무를 대부의 집안에서 사용한 것이다. 忍은 不 뒤에 쓰여 술어로 차마 하다의 뜻이다. 《맹자》에서 仁을 "차마 하지 못하는 마음(不忍人之心)"으로 설명했다. 忍을 참다로 보기도 하는데, 이때는 공자가 주체이다. '(내가 이 꼴을 보는 것을) 참는다면 무엇인들 참지 못하리오?' 곧 계씨의 무례함을 참지 못하겠다는 말이다. 의례에 있어서 자신의 지위를 망각하고 하지 말아야 할 것을 한다면 다른 것은 보지 않아도 알 만하다.

팔일-2 월권의 징후에 민감

노나라 세 대부의 집안에서 제사를 지낸 뒤에 《시》의 '옹'을 노래하면서 제기를 거두었다. 선생님께서 말씀하셨다. "'(제사를) 돕는 사람은 제후들이요, 천자께서는 의젓하시도다.'라는 노래를 어찌 세 대부의 집 사당에서 쓰는가?"

三家者, 以雍^옹徹^철. 子曰, "相維辟^벽公, 天子穆^목穆, 奚^해取於三家之堂?"

三家는 노나라 환공(桓公)의 후손인 맹손(孟孫), 숙손(叔孫), 계손(季孫)에 속하는 집안이다. 삼환(三桓)이라고도 한다. 세 집안은 노나라를 실질적으로 지배한 세력인데, 서로 다투기도 하였지만 이익을 위해서는 협력하였다. 신분은 신하에 속하여 대부이다. 노나라 희공 이후로는 계손의 집안이 가장 세력을 떨쳤다. 雍은 현존하는 《시경》의 편명이다. 본문의 相維辟公, 天子穆穆은 '옹'이라는 시의 일부 내용이다. 徹은 撤(거둘 철)과 의미가 통하여 제기를 거두어들이는 의식을 뜻한다. 相은 돕다, 辟公은 제후, 穆穆은 태도와 차림새가 격식에 맞아 훌륭하다는 뜻이다. 일종의 마침 노래인데 내용을 보면 대부가 부를 노래가 아니다. 奚는 何와 같다. 1장과 문맥은 비슷하다. 힘을 앞세워 기존 질서를 흐트러뜨리는 모습을 비판하고 있다. 여기에는 어떤 공공성이나 대의도 없다.

팔일-3 예악이 무의미한 경우

    선생님께서 말씀하셨다. "사람으로서 살맘(仁)을 품지 못한다면 예의를 차린들 무엇하겠는가? 사람으로서 살맘을 품지 못한다면 음악을 한들 무엇하겠는가?"

    子曰, "人而不仁, 如禮何? 人而不仁, 如樂何?"

人而不仁의 人은 여기서 술어다. 而는 극소수의 예외를 빼면 앞뒤로 술어가 온다. 如何는 보통 어찌할까, 어찌하여, 왜, 어떠한가 등으로 해석된다. 如何의 목적어가 짧을 때는 如와 何 사이에 목적어가 오고, 목적절이 올 때는 如之何其~의 형태로 쓴다. 이에 비해 何如는 어떻게, 어찌 등으로 번역된다. 예란 상대를 아끼는 마음, 배려하는 마음이니 상대에게 마음을 주는 것이다. 살맘(仁)은 생명을 아끼고 사람을 살리고자 하는 마음이다.

    예악의 본질은 사람이 사람답도록 하는 것이다. 공자가 추구했던 예악 문화의 본질이 무엇인지를 다시 생각하게 하는 구절이다. 공자는 이상과 본질에 있어서는 결코 양보가 없었다. 그래서 '숭고한 실패자'라는 말을 듣는 것이리라. 불의한 성공보다는 숭고한 실패가 낫지 않은가?

어떤 문화가 있다면 그 문화의 본질이 무엇인지를 보아야 한다. 그것이 사람을 아끼는 문화인지 말이다. 사람을 아끼지 않는 문화를 누리면서 내 삶이 풍요롭다고 생각한다면 거짓된 문화에 속고 있는 것이다.

팔일-4 예의 실행에서 가장 중요한 것

임방이 예의 근본에 대해서 여쭈었다. 선생님께서 말씀하셨다. "중대한 질문이야. 예는 사치스럽기보다는 차라리 검소한 편이 낫고, 상례는 잘 치르기보다는 그냥 슬픔에 젖는 편이 낫지."

林放問禮之本. 子曰, "大哉問! 禮與其奢사也寧儉, 喪與其易이也寧戚척."

임방은 노나라 사람이다. 奢는 사치라는 뜻과 함께 많다의 뜻이 있고, 儉은 검소하다는 뜻과 함께 적다의 뜻이 있다. '많다'와 '적다'의 내용은 의례의 절차일 수도 있고, 예식의 비용일 수도 있다. 易는 쉽게 한다는 뜻이니 절차에 따라 잘 치른다는 뜻이다. 戚은 명사로는 도끼, 친척의 뜻이 있고, 여기서는 술어로 슬퍼하다.

禮之本에 대해서 물었다는 것은 예의 근원적인 정의가 아니라 예에 있어서 가장 중요하게 여겨야 할 부분이 무엇인지를 물은 것이다. 禮는 존중하는 마음을 뜻하지만, 《논어》에서는 그 마음이 겉으로 드러나는 것까지를 가리킨다. 예는 상대에게 마음을 주는 것인데, 형식을 갖추면 예식이 된다. 예식은 시간이 지나면 고정화되거나 자꾸 의식이 덧붙는 경향이 있다. 그래서 소박하게 시작했던 의식이 점점 성대해지다가 본질을 상실하기도 한다.

존중의 마음을 표현하는 과정이 번잡하거나 표현하는 데 물질이 너무 많이 든다면 예의 본질보다 형식에 치우치게 된다. 또한 예를 차리는 데 절차가 너무 복잡하고 비용이 많이 드는 경우 본질에서 멀어지게 마련이다. 상례에서 본질은 돌아가신 분을 존중하는 마음인데, 이때는 그 마음이 슬픔으로 표현된다. 예에서 존중의 마음이 없이 껍데기만 있는 경우 허례라고 한다. 위 문장은 예를 실행할 때 무엇이 가장 중요한지를 생각하게 한다.

팔일-5 질서의 중요성

선생님께서 말씀하셨다. "오랑캐에게 임금이 있는 것이, 중원의 여러 나라에서 제대로 된 임금이 없는 것과는 다르구나."

子曰, "夷이狄적之有君, 不如諸제夏之亡무也."

夏는 중하 지역을 말한다. 참고 어휘는 華夏, 中夏. 夏는 원래 얼굴이 큰 사람으로 거인을 뜻하다가 大를 가리키게 되었으며, 이후 왕성한 기운을 나타내기 위해 여름의 의미로 쓰였다. 참고로 廈는 큰 집을 뜻한다. A不如B는 대체로 'A는 B만 못하다'는 의미이지만 드물게 'A는 B와 같지 않다'로 해석되기도 한다. 전자로 보면 '오랑캐에게 군주가 있는 것이, 중원의 여러 나라에 임금이 없는 것만 못하구나.'라고 해석되어 오랑캐를 폄하하는 문맥이 된다. 후자로 보면 '오랑캐에게 군주가 있어서 중원에 임금이 없는 것과는 다르구나.'라는 뜻이 된다. 이 해석은 '유군'에 방점이 있다.

공자가 오랑캐를 폄하하기 위해서 이 말을 했다기보다는 중원에 제대로 된 임금이 없음을 한탄한 말로 보는 것이 자연스럽다.

팔일-6 권력의 무도함에 대해서

계손씨가 태산에 여(旅) 제사를 지냈다. 선생님께서 염유에게 말씀하셨다. "자네가 말릴 수는 없었는가?" 염유가 대답하였다. "저는 그럴 능력이 없습니다." 선생님께서 말씀하셨다. "아아! 태산이 (예의 본질에 대해서 물은) 임방만도 못하다는 말인가?"

季氏旅於泰山. 子謂冉有曰, "女弗能救與?" 對曰, "不能." 子曰, "嗚呼! 曾謂泰山不如林放乎?"

旅는 산에 지내는 제사이다. 제후가 자신의 봉토에 속한 산천에 지내는 제사로, 대부가 지낼 수 있는 것이 아니다. 염유는 공자의 제자인데, 노나라에서 출세하여 훗날 공자가 노나라로 돌아오는 데 기여하였다. 하지만 어느 시점부터 공자와 지향이 달라지더니 계씨의 가신이 되어서는 그의 불의한 일에 적극 가담하여 공자에게 비판받는다. 女는 이인칭. 救는 말리다. 曾은 '그래' 정도의 어감이다.

위 구절은 예의 본질을 물었던 때를 상기시키는 말로 보아 다음과 같이 해석하기도 한다. '일찍이 태산에 대해서 얘기했을 때 임방과 같은 입장이 아니었더냐!'

팔일-7 참다운 경쟁

선생님께서 말씀하셨다. "군자는 다투는 일이 없는데, 굳이 꼭 꼽으라면 활쏘기일 것이야. 서로 인사하고 자리를 양보하다 활쏘는 자리에 오르고, 진 사람은 내려와서 벌주를 마시니, 그 다투는 모습도 군자답지."

子曰, "君子無所爭. 必也射乎. 揖^읍讓而升, 下而飮. 其爭也君子."

射는 활쏘기이다. 揖은 손을 마주 잡고 공손하게 하는 인사이다. 서로 양보하다 오르니 상대방에게 예를 갖춘다는 뜻이다. 下而飮은 사선에서 내려와 벌주를 마신다는 뜻이다.

군자는 남과 경쟁하지 않는데 굳이 경쟁하는 바를 들자면 활쏘기를 말할 수 있다. 진정한 경쟁에는 상대를 존중하는 마음이 있다. 서로 예를 갖추어 경쟁하고 진 사람은 이긴 사람을 축하하며 벌주의 의미로 기분 좋게 술을 한잔함으로써 화합의 분위기를 유지한다. 활쏘기는 자신이 과녁을 맞추는 것이 중요하지 상대가 맞추지 못하는 것은 중요하지 않다. 군자는 상대가 아니라 자신과 다툰다. 이런 경쟁이라면 멋지지 않은가?

팔일-8 회사후소

자하가 여쭈었다. "'고운 웃음에 보조개 아름답고, 아름다운 눈에 눈망울 또렷하니, 흰 바탕에 아름다움 드러나네.'라는 시는 무슨 뜻입니까?" 선생님께서 말씀하셨다. "그림 그리는 일은 흰 바탕이 있은 다음이라는 말이지." 자하가 말하였다. "예(禮)는 나중이라는 말씀이십니까?" 선생님께서 말씀하셨다. "나를 북돋아주는 자는 상(商)이로구나! 비로소 함께 시를 말할 수 있겠군."

子夏問曰, "'巧笑倩^천兮, 美目盼^반兮, 素以爲絢^현兮.' 何謂也?" 子曰, "繪事後素." 曰, "禮後乎?" 子曰, "起予者商也! 始可與言詩已矣."

倩은 뺨이 예쁜 것이고, 盼은 흑백이 분명하여 예쁜 것이다. 絢은 아름답다. 자하는 학문에 뛰어나고, '과유불급'에서 '불급'으로 평가받은 인물이다. 제자 중에서 신분이 미천한 편이었다. 商은 자하의 이름이다.

위의 시는 사람의 외모를 표현하는 듯하지만, 자하가 그 의미를 예로 풀어서 이해하였다. 겉으로 드러나는 모습에 앞서야 하는 것은 무엇인가? 예의 본질은 존중이다. 존중의 마음은 시간과 공간에 따라 조금씩 다르게 드러날 테지만, 본질인 존중의 마음이 예의 외형보다 앞에 놓인다.

팔일-9 문화의 정체성을 찾아서

선생님께서 말씀하셨다. "하나라의 예에 대해 내가 말할 수 있지만 기나라의 예로는 확증하기가 어렵고, 은나라의 예에 대해 내가 말할 수 있지만 송나라의 예로는 확증하기가 어렵구나. 자료와 현인이 충분하지 않기 때문이다. 이것만 충분하면 내가 증명할 수 있을 텐데."

子曰, "夏禮吾能言之, 杞不足徵^징也. 殷禮吾能言之, 宋不足徵也. 文獻不足故也. 足則吾能徵之矣."

하나라를 무너뜨리고 은나라를 세운 뒤에 하나라 왕족을 모두 제거하지 않고 일부에게 땅을 주고 자신들의 정체성을 유지하며 살 수 있도록 해주었는데 그곳이 기나라다. 일종의 화합 정책이다. 송나라는 주나라가 은나라를 무너뜨리고 은나라 후예에게 봉한 나라이다. 文獻의 文은 글이고, 獻은 옛일을 잘 아는 현명한 사람이다. 기나라와 송나라에 관한 글이나 그 당시의 일을 알고 있는 현명한 사람이라는 뜻이다. 중요한 전승은 문자에만 의존하지 않는다. 당시에는 어쩌면 사람에 더 많이 의존했을 것이다. 다르게는 之를 '가다'로 해석하기도 한다. '하나라의 예를 내가 말할 수 있다. 하지만 기 땅에 가도 고증하기에 (증거가) 부족하다.'라고 보기도 하는데, 실제 공자가 갔는지는 알 길이 없다.

예의 정신은 존중이다. 그리고 예는 상호간에 성립해야 한다. 곧 예는 상호 존중의 정신을 담고 있다. 무력과 일방적인 권력의 행사에서 벗어나 존중의 문화로 사회를 변화시키고자 했던 공자는 주나라 예의 뿌리가 저 먼 옛날부터 이어져온다고 말한다. 주나라의 예가 특수한 것이 아니라 인류의 보편적 가치를 담고 있다는 뜻일 것이다.

팔일-10 예에 어긋나는 예식에 대해서

선생님께서 말씀하셨다. "체 제사를 지낼 때 술을 땅에 붓는 의식 이후로는 내가 보고 싶지 않구나."

子曰, "禘체自旣灌관而往者, 吾不欲觀之矣."

禘 제사는 천자가 조상에게 지내는 것으로, 여기서는 노나라에서 거행

한 체 제사를 말한다. 灌은 제사의 순서 가운데 대지를 상징하는 띠풀에 술을 부어 혼백(魂魄) 중에서 땅으로 꺼진 백(魄)을 불러들이는 의식이다.

노나라는 제후국이므로 원래는 체 제사를 지낼 수 없으나, 주나라 성왕이 주공 단(旦)의 공로를 기려 노나라 군주가 주공을 제사지낼 때 체 제사를 지낼 수 있도록 특별히 허용했다. 그런데 노나라에서 체 제사를 지내면서 문왕을 시조로 삼고 주공을 여기에 맞추어 함께 배열하였다. 이는 예에 어긋난다. 공자는 이를 알았기에 보고 있기 불편했던 것이다.

팔일-11 회피해야 하는 질문

어떤 사람이 체 제사의 의미에 대해서 질문하였다. 선생님께서 말씀하셨다. "모르겠소."
(그러고서는 제자들에게) "그 뜻을 아는 사람이라면 천하를 다스리는 일은 이것을 보는 것과 같겠지."라고 하면서 자신의 손바닥을 가리키셨다.

或問禘체之說. 子曰, "不知也."
"知其說者之於天下也, 其如示諸저斯乎." 指其掌장.

禘之說은 체 제사의 이론이나 그 의미이다. 혹자가 질문하기는 했으나 그에게 직접 대답해준 것이 아니라 대화 이후 제자들에게 한 말일 것이다. 혹자에게 모른다고 한 것은 천자가 아니면 체 제사를 지내지 않기 때문이다. 공자는 주제 넘은 질문에 모른다고 회피한 듯하다. 뒤는 제자에게 한 말로 추정된다. 체 제사에 대해 아는 사람이라면 세상 일을 훤히 알 것이라면서, 답을 피한 까닭을 설명해준 것이다.

다르게는 체 제사에서 가장 중요한 것은 천자가 모든 시종을 물리치고 심야에 홀로 조용히 치른다는 점이기 때문에, 체 제사에 대해서 어떤 말을 하더라도 이제는 근거가 희박해졌다는 의미로 이해하기도 한다.

팔일-12 신이 존재하는 듯이

조상에게 제사를 드릴 때는 조상께서 와 계신 듯이 하셨고, 여러 신에게 제사를 드릴 때는 신이 계신 듯이 하셨다. 선생님께서 말씀하셨다. "내가 직접 제사에 참여하지 않았다면, 제사를 지내지 않은 것과 같다."

祭如在, 祭神如神在. 子曰, "吾不與祭, 如不祭."

祭는 조상에게 지내는 제사이고, 祭神은 여러 신에게 지내는 제사이다. 공자는 제자가 귀신 섬기는 법을 묻자 "사람도 제대로 섬기지 못하는데 어찌 귀신을 섬길 수 있겠느냐."라고 했다. 이런 공자가 제사를 왜 이토록 중요하게 생각했을까? 당시 제사는 사회 구성원의 공동체 의식을 재확인하는 역할을 하였다. 또한 제례는 예악이 결합된 형태로서 문화 행사의 성격이 짙었다. 예악을 통해 사회를 변혁하려던 공자는 그런 맥락에서 조상신이나 귀신 자체를 믿었다기보다 제사의 사회적 의미에 주목했을 것이다. 설사 그것이 아니라 하더라도 조상신과 신을 공경하는 의식이었을 터인데 어찌 공자가 소홀히 했을까?

문장 중 '듯이(如)'는 음미할 만하다. 한 심리학자는 신이 있다고 생각하느냐는 질문에 이렇게 답했다고 한다. "저는 신이 있는 듯이 행동합니다."

팔일-13 은근한 회유에 대해서

왕손가가 물었다. "안방 귀신에게 잘 보이기보다는 부엌 귀신에게 잘 보이라는 말은 무슨 뜻입니까?" 선생님께서 말씀하셨다. "그렇지 않소. 하늘에 죄를 지으면 빌 데가 없지요."

王孫賈問曰, "與其媚^미於奧^오, 寧媚於竈^조, 何謂也?" 子曰, "不然. 獲罪於天, 無所禱^도也."

왕손가는 위나라 영공의 권신이다. 공자가 살던 시대에는 집 안의 다섯 귀신에게 제사지내는 풍습이 있었는데, 奧와 竈는 그중 두 가지다. '오'는 안방, '조'는 부엌이다. 안방이 명목상의 임금을 상징한다면 부엌은 실권자를 상징한다. 실권이 있는 자신에게 잘 보이는 것이 어떠냐는 뜻으로, 당시에 통용되던 속담을 통해 넌지시 공자를 회유하려고 한 것이다. 이에 대한 공자의 대답은 명확하다.

팔일-14 문화의 정통성을 찾아

선생님께서 말씀하셨다. "주나라는 하나라, 은나라를 본받아 문화가 찬란하도다. 나는 주나라의 문화를 따르리라."

子曰, "周監^감於二代! 郁^욱郁乎文哉! 吾從周."

監은 보다, 살피다, 거울삼다. 二代는 하나라와 은나라이다. 郁郁은 찬란한 모양이다. '주나라는 하나라와 은나라의 찬란한 문화 전통을 이어받아 그 문화가 빛난다. 무력에 의한 통치가 아니라 문화에 따른 사회의 변화를 중시하였으니 나는 이러한 주나라의 문화 전통의 맥락을 이어가겠노라.' 공자는 문화 전통의 정체성을 인지하고 문화를 통해 세상을 바꾸려는 이상을 품었다. 당시 군주들이 형벌과 정치적 명령, 무력 등 일방적인 수단을 신봉한 터라 공자는 생전에 꿈을 이루지 못했다. 개인을 넘어 인류의 보편적인 가치를 실현하고자 했던 공자의 뜻을 짐작하게 하는 구절이다.

팔일-15 물어보는 것이 예의

    선생님께서는 태묘에 들어가 일일이 물으셨다. 어떤 사람이 말하였다. "누가 추 땅 사람의 아들이 예를 안다고 하였는가? 태묘에 들어가 일일이 묻더라." 선생님께서 이 말을 들으시고 말씀하셨다. "그렇게 하는 것이 예다."
    子入大^태廟, 每事問. 或曰, "孰謂鄹^추人之子知禮乎? 入大廟, 每事問." 子聞之曰, "是禮也."

大廟의 大는 '태'로 읽는다. 태묘는 노나라 시조인 주공을 모신 사당이다. 남의 집에 가서는 화장실이 어디에 있는지 알면서도 어디에 있냐고 물어보고 가는 것이 예다. 상대를 존중하는 태도이기 때문이다.

팔일-16 본질의 중요성

선생님께서 말씀하셨다. "활쏘기를 할 때 과녁의 가죽을 뚫는 것이 중요하지 않음은 쓰는 힘이 다르기 때문이다. 이것이 옛날의 도리다."

子曰, "射不主皮, 爲力不同科. 古之道也."

主皮란 가죽을 주요하게 여기다, 곧 가죽을 뚫는 것을 주요하게 여긴다는 말이다. 科는 등급, 不同科는 등급이 같지 않다. 본질은 과녁을 맞추는 것이지 과녁의 가죽을 꿰뚫는 데 있지 않다. 볼펜으로 쓰든 만년필로 쓰든 무슨 상관이랴! 쓰면 되는 것을. 다시 본질을 생각하노라.

팔일-17 형식보다 내용

자공이 매월 초하루에 지내는 곡삭제에서 바치던 양을 쓰지 않으려고 하였다. 선생님께서 말씀하셨다. "사야, 너는 희생에 쓰이는 양을 아끼는구나. 나는 그 예를 아끼노라."

子貢欲去告^곡朔^삭之餼^희羊. 子曰, "賜也! 爾^이愛其羊. 我愛其禮."

천자는 제후에게 달력을 나누어 주고 아울러 정령(政令)을 내리는데, 이때 달력을 받은 제후가 종묘에 희생을 올리며 이를 알리는 예가 告朔이다. 餼羊은 종묘에 바치는 희생의 양. 愛는 아끼다, 안타깝게 여기다. 천자가 달력과 함께 내리는 정치적 명령은 대개 보편적 가치를 천명하는 대의를 담고 있다. 공자는 이러한 의미를 되새기고 이를 존중하는 뜻이 담긴 곡삭의 형식이 없어지는 것을 안타까워했다. 물질을 아낄 것인가, 존중의 마음을 아낄 것인가? 내용에는 형식이 있어야 한다. 그런데 형식은 시간이 지나도 일정한 틀을 유지하려는 성질이 있다. 나중에는 내용을 담지 못하고 형식만 남는 경우도 있다. 자공은 내용을 보지 못하고 형식만 주목해 이렇게 한 것이다.

팔일-18 오해에 대해서

선생님께서 말씀하셨다. "예를 다 갖추어 임금을 섬기는 것을 사람들은 아첨한다고 생각하는구나."

子曰, "事君盡禮, 人以爲諂첨也."

모든 사람이 자신의 진심을 알아주기 바라는 것은 욕심이다. 진심은 자연히 전달되기 마련이므로 혹 오해를 받더라도 너무 과민하게 반응할 필요는 없다. 공자는 기꺼이 오해를 감수했던 것이다.

팔일-19 의도에 맞춰주지 않는 답변

노나라 임금인 정공이 공자에게 물었다. "임금이 신하를 부리고 신하가 임금을 섬기는 일은 어떻게 해야 합니까?" 공자께서 대답하셨다. "임금은 예로 신하를 부리고, 신하는 진심으로 임금을 섬겨야 합니다."

定公問, "君使臣, 臣事君, 如之何?" 孔子對曰, "君使臣以禮, 臣事君以忠."

忠은 진심이다. 정공의 질문에서 자신의 입장으로 관계를 독점하려는 속내가 보인다. 임금의 입장에서 신하가 진심으로 자신을 섬기기만을 바란다. 공자는 오히려 임금의 입장과 신하의 입장을 아울러 대답하였다. 이렇게 함으로써 관계의 불균형을 막고자 했던 것이다. 관계는 상대가 있어야 성립한다. 이 관계를 독점하려고 들면 관계는 어그러진다.

공자는 정공의 질문에서 불균형을 보았을 것이다. 공자는 그러한 불균형을 알아채고 그의 의도에 맞는 대답을 해주지 않았다. 공자의 대답에서 균형이 느껴진다. 실제로 모든 관계가 공평하지는 않다. 그래서 나이, 지위 등에서 우위에 있는 사람은 더욱 상대를 존중하는 마음과 태도를 보여야 한다. 상대자는 하위에 있는 것이 불편하다고 해서 건성으로 상대를 대해서는 안 된다. 관계의 균형을 일깨우는 가르침이다.

팔일-20 감정의 균형

선생님께서 말씀하셨다. "《시》에서 '관저'의 내용은 즐거워하면서도 지나치지 않고 슬퍼하면서도 마음이 다치지는 않는구나."

子曰, "關雎저, 樂而不淫, 哀而不傷."

關雎는 《시경》의 편명으로 군자가 배필을 찾는 노래다. 淫은 너무 즐거워하여 정도를 넘는 것이다. 傷은 슬픔이 지나쳐 조화를 잃는 것이다.

즐거움이나 슬픔은 인간의 자연스러운 감정이다. 하지만 한쪽으로 너무 치우치는 감정은 우리를 무너뜨린다. 균형을 잃지 않는 감정은 상황이 지나고 나면 자연스럽게 소멸되어 뒤탈이 생기지 않는 법이다. 이와 달리 균형을 잃어 탈이 생긴 것이 淫과 傷이다.

팔일-21 꾸짖음의 격조

애공이 재아에게 사(社)의 나무에 대해서 물었다. 재아가 대답하였다. "하나라 사람들은 소나무를 심었고, 은나라 사람들은 측백나무를 심었습니다. 주나라 사람들은 밤나무[栗]를 심었는데, 백성이 두려워하도록[慄] 하기 위함입니다." 선생님께서 이 말을 들으시고 말씀하셨다. "이미 이루어진 일을 논란할 수 없고, 끝나버린 일이라 따질 수 없으며, 지나가버린 일이라 탓하기 어렵겠구나."

哀公問社於宰我. 宰我對曰, "夏后氏以松, 殷人以柏^백, 周人以栗^율, 曰, 使民戰栗." 子聞之曰, "成事不說, 遂^수事不諫, 旣往不咎^구."

社는 토지를 관장하는 신을 모신 곳으로 여기서는 그곳에 심는 나무를 뜻한다. 柏은 한국식 한자로 보면 잣나무지만 원래는 측백나무이다. 遂事는 일이 아직 이루어지지는 않았으나 세(勢)로 보아 그렇게 될 수밖에 없는 경우이다.

재아의 대답에 대해서 매우 안타까워하며 점잖게 꾸짖고 있다. 꾸짖는 말에 고매함이 느껴진다.

팔일-22 관중에 대해서

선생님께서 말씀하셨다. "관중은 그릇이 작다." 어떤 이가 물었다. "관중은 검소했습니까?" 선생님께서 말씀하셨다. "관중은 세 가정이나 두었고 가신의 일을 겸직시키지 않았으니 어찌 검소하다고 하겠는가?" "그러면 관중은 예를 알았습니까?" "나라의 임금이라야 병풍으로 문을 가리는 법인데, 관중도 병풍으로 문을 가렸다. 나라의 임금이라야 두 임금이 만나 연회를 열 때 술잔을 놓는 자리를 둘 수 있건만, 관중도 술잔을 놓는 자리를 두었다. 관중이 예를 안다면 누군들 예를 모르겠느냐?"

子曰, "管仲之器小哉!" 或曰, "管仲儉乎?" 曰, "管氏有三歸, 官事不攝섭, 焉得儉?" "然則管仲知禮乎?" 曰, "邦君樹塞색門, 管氏亦樹塞門. 邦君爲兩君之好, 有反坫점, 管氏亦有反坫. 管氏而知禮, 孰숙不知禮?"

三歸는 성이 각기 다른 세 여자를 아내로 둔다는 설에 따라 세 가정을 두었다고 풀었다. 혹은 나라의 임금만이 둘 수 있는 누각이나 창고의 이름으로 보기도 한다. 아무튼 국군(國君)만이 삼귀를 둘 수 있는데 대부의 신분으로 삼귀를 두었다는 뜻이다. 攝은 겸하다. 낭비를 줄이기 위해서 관리는 여러 일을 겸하기도 한다. 〈학이〉 1편 5장을 참고할 것. 樹는 술어로 세우다. 塞門은 문 가리개이다. 兩君之好는 두 나라 사이에서 맺는 우호조약이다. 反坫은 술잔을 올려두던 조형물이다.

관중(管夷吾, 미상~기원전 645년)은 공자보다 백여 년 앞서는 인물이다. 제나라 환공의 재상으로 40년간 있으면서 환공이 최초의 패자가 되는 데 기여하여, 중국 역사에서 이인자의 이상적인 모델이 되었다. 사회 생산력을 높인 성공한 정치가 관중과 문화의 힘으로 나라와 국민을 변화시키는 꿈을 가졌던 공자. 〈헌문〉 14편에서 공자는 관중을 난세의 인물로 평가한다. 하지만 그릇이 작은 관중이 예의 본질을 잘

몰랐다고 보았다. 관중은 그저 부국강병의 목적을 위해서 예를 수단으로 보았으리라. 약소국에게 아량을 베푼 듯이 보인 것도 그저 목적을 달성하기 위한 수단이고, 그 목적이라는 것은 거대한 이(利)에 불과하다고 본 것이다. 공자는 인간을 중시하고 사회 질서를 유지하는 예악 문화를 통해서 난세 이후의 사회를 그리고 있지 않았을까? 그에게 예악의 문화는 그저 향유의 의미만이 아니라 사회 운영의 시스템이자 그 안에서 개인의 자율성이 훼손되지 않는 소통의 장이다.

한 나라나 한 사람의 영향력으로 일시적인 평화를 구하는 것이 아니라 자율과 타율의 균형에 의한 의사소통과 문화의 시스템을 세우고, 그것이 생명을 아끼고 사람을 살리는 삶을 지향하도록 하는 원대한 이상을 꿈꾸었던 공자에게 관중은 이중적인 평가를 받기에 충분하다.

팔일-23 음악에 대해서

선생님께서 노나라의 태사에게 음악에 대해 말씀하셨다. "음악이 어떤 것인지 알 수 있겠습니다. 처음 시작할 때는 여러 소리가 함께 나오고, 이어서 소리가 뒤따라 나오면서 조화를 이루며, 음이 또렷해졌다가 번갈아 나오면서 이어져 한 곡이 완성되는 것이군요."

子語魯大태師樂악, 曰, "樂其可知也. 始作, 翕흡如也. 從之, 純순如也, 皦교如也, 繹역如也, 以成."

大師는 大라고 쓰고 '太'라고 읽는다. 음악을 관장하던 관리이다. 樂은 여기서는 연주, 노래, 춤 등을 망라하는 종합 예술로 보아야 한다. 翕은

슴과 뜻이 통하여 모든 악기가 다 함께 시작하는 것이다. 純은 합주하는 것으로 和와 뜻이 통한다. 皦는 독주를 하는 것으로 明과 뜻이 통한다. 繹은 서로 이어져 끊어지지 않는 것이다. 독창이나 독주가 이어진 것으로 추정된다. 成은 악곡의 한 악장이 끝나는 것이다.

팔일-24 세상의 목탁

의 땅의 경계를 지키던 관리가 뵙기를 청하며 말하였다. "군자께서 이곳에 오셨을 때 제가 만나뵙지 못한 적이 없었습니다." 선생님을 모시던 제자들이 뵙도록 안내하였다. 공자를 뵙고 나와서 말하였다. "여러분, 어찌 공자께서 벼슬이 없다고 걱정하십니까? 세상이 혼탁해진 지 오래되었습니다. 하늘이 앞으로 선생님을 세상의 목탁으로 삼으실 겁니다."

儀의封人請見현, 曰, "君子之至於斯也, 吾未嘗不得見也." 從者見之, 出曰, "二三子何患於喪乎? 天下之無道也久矣. 天將以夫子爲木鐸."

儀는 위나라 고을이다. 封人은 국경을 표시하는 나무를 담당하던 관리로 곧 국경지기이다. 請見의 見은 뵈다. 君子는 여기서 현인을 가리키는 말이다.

고대에 정치나 종교상 백성에게 알릴 일이 있을 때 관리가 목탁을 들고 다니면서 쳤다. 백성을 깨우는 사람으로 비유한 것이다. 세상 돌아가는 게 시원찮은 시대에 비록 공자가 자신의 숭고한 뜻을 펼칠 지위는 없지만, 하늘은 반드시 공자를 통해서 세상에 그 뜻을 알릴 것이라는 의미이다.

팔일-25 순임금과 무왕의 음악에 대해서

선생님께서 순임금 때의 음악인 소에 대해서 "음악이 매우 아름답고 그 내용이 참으로 좋구나."라고 하셨다. 주나라 무왕 때의 음악인 무에 대해서는 "음악이 매우 아름답지만 내용이 참으로 좋다고는 못하겠구나."라고 하셨다.

子謂韶, "盡美矣, 又盡善也." 謂武, "盡美矣, 未盡善也."

韶는 순임금 때의 음악이다. 盡은 매우. 武는 무왕 때의 음악이다.

위정자의 덕을 기리는 음악이기 때문에 그렇다. 생전의 업적에 대한 문화적 시호(諡號)인 셈이다. 이때 음악은 개인이 누리는 것이자 정치와 문화를 아울러 평가하는 유연한 공적 영역이다. 문화는 원래 공과 사의 융합이 아니던가? 무왕은 신하국의 입장에서 무력으로 은나라를 무너뜨리고 주나라를 세운 사람이다. 비록 그 당시 혼탁한 세상을 구원하였다고는 하나 온전히 칭송하기는 어려웠을 터. 공자는 무력으로 나라를 세운 무왕보다는 오히려 문화의 힘으로 주나라의 기틀을 마련한 주공을 높이 샀다.

인간은 감각을 통해서 외부와 반응한다. 아름다움은 일차적으로 감각에 호소하지만, 이성과 끊임없이 반응하면서 새롭게 형성되어 간다. 음악이 감각적으로 아름답게 들리더라도 내용과 균형을 이루어야 함을 말하고 있다.

팔일-26 본질을 잃어버린 경우

선생님께서 말씀하셨다. "윗자리에 있으면서 너그럽지 않고, 예를 행하면서 정중하지 않으며, 상례에 임하여 슬퍼하지 않는다면, 내가 무엇을 가지고 더 이상 자세히 보겠는가?"

子曰, "居上不寬, 爲禮不敬, 臨喪不哀, 吾何以觀之哉?"

이 셋은 본질을 잃어버린 경우다. 본질이 무엇인지 생각하고 그것에 집중하라는 말이다. 윗자리에 있는 사람이 아랫사람에게 관대해야 하는 까닭은 무엇인가? 윗자리는 사람을 아껴야 하는 자리이기 때문이다. 아랫사람이 윗사람에게 관대할 수는 없지 않은가? 윗자리에 있으면 자연스럽게 영향력이 생기게 마련이다. 영향력이 있는 자리이므로 항상 관대함에 대해서 생각해야 한다. 예를 행하는 데 있어서 본질은 정중한 마음가짐과 태도이며, 상례의 본질은 죽은 이를 슬퍼하는 것이다.

리인 4편   살맘을 마음의 중심에 두고

〈팔일〉편에서 예악에 관해 언급했다면 이 편은 예악의 문화가 살맘(仁)에 뿌리를 두어야 한다는 메시지를 담고 있다. 이 편의 전반부에는 살맘에 대한 이야기가 집중적으로 편집되어 있다. 후반부에는 도(道)와 의(義)를 비롯해서 군자와 소인, 배움과 효 등에 관한 이야기가 실려 있다.

리인-1 살맘을 마음의 중심에 두고

선생님께서 말씀하셨다. "살맘(仁)을 마음의 중심에 두고 살아야 아름다운 것이다. 선택의 순간에 사람을 아끼는 쪽으로 하지 않는다면 어찌 지혜롭다고 하겠는가?"

子曰, "里仁爲美, 擇不處仁, 焉得知?"

里는 여기서 목적어 仁을 취하는 술어로 뜻은 居와 통한다. 居는 임시 거처가 아니라 고정적인 거처를 말한다. 마음속에 거주하는 것이니 마음의 중심으로 삼는다는 뜻이다. 《맹자》에도 "살맘(仁)은 사람의 편안한 거처이다(仁人之安宅)."라는 표현이 나온다. 살맘을 추구하여 도달해야 하는 경지로 보고 행동하는 것을 넘어, 내 마음속에 살맘을 두고 사는 것이다. 知는 智와 통한다. 위와 똑같은 문장이 《맹자》〈공손추 상〉에 보인다.

리인-2 인자안인 지자리인

선생님께서 말씀하셨다. "살맘(仁)을 품지 못한 사람은 오랜 동안 곤궁한 상황에서 버텨내지 못하고, 오래도록 즐거움에 머물지도 못한다. 살맘을 품은 사람은 살맘 자체를 편안히 받아들이고, 지혜로운 사람은 살맘을 이롭게 여겨서 받아들인다."

子曰, "不仁者不可以久處約, 不可以長處樂. 仁者安仁, 知者利仁."

約은 곤궁한 상태를 가리킨다. 올바르게 행동하더라도 때로는 곤궁해지기도 하는데, 살맘을 품지 못한 사람, 곧 생명을 아끼고 사람을 살리고자 하는 마음을 품지 못한 사람은 곤궁한 상황을 견디지 못하고 곤궁함을 벗어나려 애쓰다 올바르지 못한 행동을 할 수 있다. 반대로 살맘을 품은 사람은 부득이하게 자신에게 닥친 곤궁함을 버텨내고, 자신만을 위한 즐거움을 추구하지 않고 정당한 즐거움 속에서 오래도록 있더라도 균형을 잃지 않는다. 살맘을 품은 사람은 살맘 자체를 편안하게 받아들이고, 지혜로운 사람은 살맘이 자신과 다른 사람에게 이롭다는 것을 안다.

리인-3 어떠해야 남을 미워할 수 있나

선생님께서 말씀하셨다. "오직 살맘(仁)을 품은 사람만이 남을 좋아할 수 있고, 남을 미워할 수 있다."

子曰, "唯仁者能好人, 能惡오人."

살맘(仁)은 인간관계를 초월하는 어떤 것이 아니다. 생명을 아끼고 사람을 살리고자 하는 마음이 살맘이고, 이 마음을 놓아버리지 않고 품고 있는 사람이 인자(仁者)다. 살맘을 품고 있어야 사람을 좋아할 수도 있고 미워할 수도 있는 법이다. 《대학》에 "백성이 좋아하는 것을 좋아하고, 백성이 싫어하는 것을 싫어한다."라는 문장이 있다. 개인적인 감정이 아니라 일종의 공공성을 바탕으로 한 감정이라는 말일 것이다.

살맘을 품은 사람에게 미움을 받는다면 더 볼 게 없다. 살맘을 품은 사람이 좋아해야 진정 좋아할 만한 사람이다. 우리 주위에 살맘을 품은 사람은 누구인가? 또 그 사람에게 미움받는 사람은 누구인가?

리인-4 살맘에 뜻을 두고 있다면

선생님께서 말씀하셨다. "진실로 살맘(仁)에 뜻을 두고 있다면 나쁜 짓을 할 리가 없다."

子曰, "苟志於仁矣, 無惡악也."

생명을 아끼고 사람을 살리고자 하는 마음을 품고서 나쁜 짓을 할 리가 있겠는가?

리인-5 부귀를 대하는 자세

선생님께서 말씀하셨다. "부귀는 사람들이 탐내는 것이다. 그러나 정당한 방법으로 얻은 것이 아니라면 그것을 누려서는 안 된다. 빈천은 사람들이 싫어하는 것이다. 하지만 빈천하게 될 만한 행동을 하지 않았는데도 그렇게 되었다면 억지로 벗어나려고 하지 마라. 군자가 살맘(仁)에서 벗어나 어찌 군자로서의 명성을 떨치겠는가? 군자는 한 끼의 밥을 먹는 순간에도 살맘에서 벗어나지 말아야 하고, 아무리 급한 때라도 반드시 살맘을 품어야 하며, 위태로운 순간이 닥쳐도 반드시 살맘을 품어야 한다."

子曰, "富與貴, 是人之所欲也. 不以其道得之, 不處也. 貧與賤, 是人之所惡오也. 不以其道得之, 不去也. 君子去仁, 惡오乎成名? 君子無終食之間違仁, 造次必於是, 顚전沛패必於是."

其道의 其는 宜나 當의 의미가 있다. 딱 거기에 해당하는 길을 말한다. 뒤의 其道는 (가난해지거나 신분이 낮아지는 것에) 딱 해당하는 길을 말한다. 處는 누리다. 次는 임시 거처이다. 造次는 임시 거처를 지어야 할 만큼의 비상 상황을 뜻한다. 顚沛는 넘어질 때이니 곤궁과 좌절의 상태를 말한다.

부귀를 얻는 것과 빈천에서 벗어나려는 데에 급급하면 사람을 살리고자 하는 마음과 어긋나는 행동을 하기 십상이다. 아무리 급한 상황이든 위태로운 순간이든 사람을 살리고자 하는 마음을 저버려서는 안 된다.

리인-6 살맘을 좋아하는 사람

선생님께서 말씀하셨다. "나는 여태껏 살맘(仁)을 좋아하는 사람과 죽일맘(不仁)을 미워하는 사람을 보지 못했구나. 살맘을 좋아하는 사람은 더 말할 게 없다. 그런데 죽일맘을 미워하는 사람은 스스로 살맘을 펴는 데 있어 죽일맘을 품은 사람에게 영향을 받지 않도록 해야 한다. 하루라도 살맘에 힘쓰는 자가 있던가? 나는 능력이 모자라는 사람을 아직 보지 못하였다. 어쩌면 있을지도 모르겠으나 나는 아직 보지 못하였다."

子曰, "我未見好仁者, 惡오不仁者. 好仁者, 無以尙之. 惡不仁者, 其爲仁矣, 不使不仁者, 加乎其身. 有能一日, 用其力於仁矣乎? 我未見力不足者. 蓋有之矣, 我未之見也."

죽일맘(不仁)을 미워하는 사람은 살맘(仁)을 좋아하는 사람에 비해서 살맘에 맞는 행동을 하고 있는지 분명하지 않다. 살맘을 좋아하는 사람은 반드시 죽일맘을 미워하지만, 죽일맘을 미워한다고 반드시 살맘을 좋아하는 것은 아니다. 이런 단계에서는 그래서 나쁜 영향을 받지 않도록 조심해야 한다.

"저는 능력이 모자라서 남을 배려하지 못하겠습니다."라고 말하는 사람이 있다면 어떻게 받아들여야 할까?

리인-7 사람의 허물

선생님께서 말씀하셨다. "사람의 허물은 각기 종류에 따라 달라진다. 그러므로 어떤 부분에서 지나쳤는지를 보면 곧 그가 어느 정도 살맘(仁)을 품고 있는지를 알게 된다."

子曰, "人之過也, 各於其黨. 觀過, 斯知仁矣."

過는 지나침이다. 사람을 너무 배려하지 않아서 생기는 지나침도 있고, 사람을 너무 배려하다가 생기는 지나침도 있기 마련이다. 어떤 마음에서 행동하다가 '지나치게' 되었는지 관찰해보면 그 사람이 살맘을 품었는지 그렇지 않은지 알 수 있다.

일본의 오규 소라이는 독특한 해석을 내놓아, 黨을 마을로 해석했다. 그리고 觀過의 過는 아랫사람의 허물, 知仁의 仁은 임금의 仁으로 풀이했다. "사람은 허물이 각각 그 마을에서는 있기 마련이니, 아랫사람의 허물을 살펴보면 그 위정자의 살맘(仁)을 알 수 있다." 일리 있는 해석이다.

리인-8 아침에 도를 들으면

선생님께서 말씀하셨다. "아침에 세상에 도가 실현되었다는 말을 듣게 된다면, 그날 저녁에 죽어도 여한이 없겠구나."

子曰, "朝聞道, 夕死可矣."

만약에 '朝聞道, 夕死可也.'라고 하면 '아침에 도를 들으면 저녁에 죽으면 좋다.'라고 해석할 수 있다. 也는 대개 객관적인 사실을 서술하는 문장의 끝에 쓰인다. 반면 矣는 상황의 변화를 의미하는 문장에 곧잘 쓰여, 해석할 때 '~면'의 어미가 자주 붙는다.

일반적인 해석은 '아침에 도를 들으면 저녁에 죽어도 괜찮다'이다. 너무 추상적이다. 중국 삼국시대 위나라 학자인 하안은 《논어집해》에서 '죽음이 다가오고 있는데도 세상에 도가 있다는 말을 듣지 못한 것'으로 보았다. 세상이 올바른 길을 따라가고 있다는 얘기를 듣지 못한 안타까움을 표현한 문장이다. 이 구절에서 도에 대해 너무 추상적으로 접근할 필요는 없어 보인다. 여기서 道는 세상이 상식적으로 돌아가는 것을 말한다.

도(道)

한자 중에는 道, 路, 途, 塗 등 길을 나타내는 글자가 여럿 있지만 어감에는 차이가 있다. 道는 원래 많은 사람과 마차가 다 함께 다닐 수 있는 매우 큰길을 가리켰으나 이후 추상적인 의미의 '길'을 말할 때 주로 쓰이게 되었다. 당나라의 대사상가 한유는 〈원도(原道)〉에서 이렇게 말했다. "인(仁)과 의(義)는 (내용이) 정해진 이름이고, 도와 덕은 (내용이) 비어 있는 자리이다. 그래서 도에는 군자와 소인이 있으며, 덕에는 길흉이 있는 것이다." 곧 '도'나 '덕'은 내용이 정해진 것이 아니라는 말이다. 또한 '도'는 어디를 가느냐에 따라 달라진다. 추상적인 길인 '도'는 명확한 내용이 없어, 유가에는 유가의 도가 있고 도가에는 도가의 도가 있다. 그러니 이 '도'라는 말 자체에 너무 집착할 필요는 없다.

리인-9 함께 일을 논의할 수 없는 선비

선생님께서 말씀하셨다. "선비가 도에 뜻을 두고도 나쁜 옷과 나쁜 음식을 부끄러워한다면 함께 일을 논의할 수 없다."

子曰, "士志於道, 而恥惡衣惡食者, 未足與議也."

士는 아직 관직에 오르지 않은 사람으로 무사, 말단 귀족, 성년 남자, 말단 벼슬 등의 뜻이 있다. 이 문장에서는 앞으로 왕성하게 사회활동을 할 사람으로 보아도 무방하다. 議는 계획을 세우다, 논의하다. 議는 대개 개인적인 일이 아니라 함께 하는 일, 오늘날로 치면 사회활동으로서의 일을 논의하는 것을 말한다. 입고 먹는 것에 영향을 많이 받는 사람과 대의를 위한 일을 함께할 수 있을까?

리인-10 의로움과 함께할 뿐

선생님께서 말씀하셨다. "군자는 세상에 대해서 반드시 그래야만 하는 것도 없고, 절대로 안 된다는 것도 없다. 오직 의로움과 함께할 뿐이다."

子曰, "君子之於天下也, 無適적也, 無莫也. 義之與比."

適은 꼭 해야 한다 또는 딱 맞다의 뜻이고 莫은 꼭 하지 말아야 한다 또는 딱 맞지 않다의 뜻이다. 比는 나란히 하다, 친근하다.

의의 기준은 바로 살맘(仁)이다. 그래서 인의로 붙여 말하는 것이다.

리인-11 군자와 소인의 지향점

선생님께서 말씀하셨다. "군자가 살힘(德)을 지향하면 소인은 자신의 삶의 기반을 지향하고, 군자가 형벌을 지향하면 소인은 그저 은택을 지향한다."

子曰, "君子懷^회德, 小人懷土, 君子懷刑, 小人懷惠."

懷는 생각하다, 지향하다. 土는 삶의 기반이다. 이 문장에서 군자와 소인은 지위로 구분된다. 위정자에 대한 메시지를 담고 있어서, 예비 정치인에게 하는 말이다. 정치를 하는 이가 생명을 아끼고 사람을 살리는 힘(德)을 지향해야 평범한 사람들이 각자 삶의 기반을 지향할 수 있게 되며, 위정자가 일방적이고 강제적인 수단인 형벌만을 지향한다면 사람들은 그저 선처만을 바라게 된다는 말이다. 주희는 刑을 '법도'로 보았다. 참고로 주희의 견해대로 해석하면 다음과 같다. '군자는 덕을 생각하지만 소인은 자신이 머물 곳을 생각하며, 군자는 법을 생각하지만 소인은 혜택받기를 생각한다.'

리인-12 이익을 좇아 행동하면

선생님께서 말씀하셨다. "이익을 좇아 행동하면 원망을 사는 일이 많다."

子曰, "放於利而行, 多怨."

放은 여기서 좇다의 의미다. 자신의 이익을 좇아서 행동하기는 쉽다. 그리고 자신의 이익을 좇아서 행동하면 왜 원망을 사는 일이 많은지는 어렵지 않게 생각할 수 있다. 하지만 이익을 좇지 않으며 행동하기는 어렵다. 자신을 성찰하고 남을 배려하는 힘이 있어야 하기 때문이다.

부처님 말씀에 "만남을 순결하게 지속시켜 나가라. 이익을 생각하여 친교를 맺으면 오래가지 못한다."라는 말이 있다. 변치 않는 금언은 평범할 따름이다.

리인-13 예와 겸손으로

선생님께서 말씀하셨다. "예와 겸손으로 나라를 만들어간다면 무슨 문제가 있겠는가? 예와 겸손으로 나라를 만들어갈 줄 모른다면 예가 있은들 무슨 소용이 있겠는가?"

子曰, "能以禮讓爲國乎, 何有? 不能以禮讓爲國, 如禮何?"

爲國은 나라를 만들어가는 것이니 곧 나라를 다스린다는 뜻이다. 何有는 여기서 何難之有의 줄임말로, '어떤 어려움이 있겠는가?'의 뜻이다. 如禮何의 禮는 형식으로 드러난 것을 말한다. 존중과 겸손의 마음이 공동체를 만들어가는 데 있어서 가장 중요하다는 말이다.

리인-14 걱정해야 할 것

선생님께서 말씀하셨다. "지위가 없다고 걱정하지 말고, 그 자리에 합당한 능력을 갖추었는지 걱정하라. 자기를 알아주지 않는다고 걱정하지 말고, 남이 알아줄 만하도록 노력하라."

子曰, "不患無位, 患所以立. 不患莫己知, 求爲可知也."

求爲可知也의 爲는 피동을 만드는 형태다. 구하라는 말은 노력하라는 뜻이다. 모든 일에는 선후가 있다. 먼저 자신의 능력을 키워야 한다. 결과를 바라는 것은 그 다음의 일이다.

리인-15 나의 도는 하나로 관통한다

선생님께서 말씀하셨다. "삼아, 나의 도는 하나로 관통한다." 증자가 "예"라며 즉시 대답하였다. 선생님께서 나가시자 문인들이 증자에게 물었다. "무슨 말씀입니까?" 증자가 말하였다. "선생님의 도는 충(忠)과 서(恕)일 뿐이다."

子曰, "參乎, 吾道一以貫之." 曾子曰, "唯." 子出, 門人問, 曰, "何謂也?" 曾子曰, "夫子之道, 忠恕而已矣."

忠은 진심, 진실. 恕는 미루어 헤아림이다. 恕에 대해서는 〈위령공〉 15편 23장을 참고하라. 위 문장은 공자와 증자가 유일하게 대화를 나눈 구절이다. 대화 자체도 좀 뜬금이 없다. 그래서 의심스럽다. 〈위령공〉 2장을 보면 공자와 자공이 나눈 비슷한 대화가 있다. 이때 함께 있던 증자가 이를 기억하고 있다가 그의 제자에게 전해준 것이 《논어》의 편집 과정에서 삽입되었을 수 있다. 이 외에도 《논어》에는 증자와 그의 제자가 나눈 대화가 여럿 보인다. 증자라는 말 자체가 '증 선생님'이라는 뜻이니 《논어》 책의 편집에 증자의 영향력이 컸다고 보아야 할 것이다.

증자

이름은 삼(參). 공자와 대략 46세 차이가 난다. 아버지 증점도 공자의 제자였다. 증삼은 유약(有若)과 비슷한 나이이다. 후대에 효자로 이름이 났고 공자에게 魯라는 평가를 받았다. 좀 우둔한 편이었나본데, 결국에는 공자의 학맥을 잇는 정통으로 인정받았다. 공자의 손자인 자사(子思)를 가르쳤다고 한다. 이 자사를 통해서 맹자에게 학통이 이어진다고 보기도 하는데, 유가의 정통성을 만들어내기 위해서 후대에 그렇게 맞춘 듯한 느낌도 있다. 사상적인 측면만이 아니라 유가가 후대에 뿌리를 내리는 과정으로 보면 어느 정도 일리는 있다.

《논어》에 인용된 여러 제자를 놓고 보았을 때 증자는 공자의 생존 당시 비중 있는 인물은 아니었다. 그럼에도 《논어》 첫 편에 여러 차례 등장하여, 증자의 제자들이 《논어》의 편집 과정에서 영향력을 미쳤으리라 짐작할 수 있다. '증자'라는 말 자체가 존칭이라는 점도 이를 뒷받침한다. 공자 사후에 공자의 초기 제자를 제외하고 후기 제자들과 제자의 제자 사이에서는 분명히 영향력을 미친 인물이었던 것 같다.

《논어》에 보이는 증자의 말은 정치나 사회의식을 보여주는 대목이 별로 없고, 개인의 인격 수양에 집중된다. 안팎의 균형으로 볼 때 '안'에 쏠려 있다.

리인-16 군자와 소인

선생님께서 말씀하셨다. "군자는 의로움에 밝고 소인은 이익에 밝다."

子曰, "君子喩^유於義, 小人喩於利."

의로움과 이익을 왜 이다지도 자주 얘기하는 것일까? 경제학에서 얘기하는 '합리적인 개인'은 관계가 배제되어 있는 인간이다. 현실에서 우리는 관계를 배제한 채 개인의 이익만을 위해서 선택하지는 않는다.

리인-17 배우는 자세

선생님께서 말씀하셨다. "현명한 행동을 보았다면 자신도 그렇게 행동하려고 생각하고, 현명하지 못한 행동을 보았다면 그런 행동으로 자신을 반성해야 한다."

子曰, "見賢思齊^제焉, 見不賢而內自省也."

賢은 능력과 성품을 겸비한 인물을 말한다. 賢과 不賢을 사람으로 해석하는 것이 보통인데, 일처리나 행동으로 보아도 자연스럽다.

사람은 누구나 배울 점이 있다. 그래서 우리는 다양한 사람을 포용해야 한다. 모두 나의 성장을 돕는 이들이기 때문이다. 자신보다 못난 사람을 포용할 뜻이 없는 사람은, 자신보다 잘난 사람들 틈에서 받게 될 소외감을 감내할 수 있어야 한다. 그런데 과연 그럴 수 있을까?

리인-18 어버이를 섬길 때

선생님께서 말씀하셨다. "어버이를 섬길 때 어버이의 잘못에 대해서는 아주 넌지시 말씀드려야 한다. 말씀드리고 나서 따라줄 뜻이 없는 것 같더라도, 공경의 마음으로 어버이의 뜻을 거스르지 말고, 힘든 일이 있더라도 원망하지 마라."

子曰, "事父母幾기諫, 見志不從, 又敬不違, 勞而不怨."

幾는 微의 뜻이다. 幾諫은 은근하게 말씀드린다는 뜻이니 부모가 잘못을 저지르면 부드러운 얼굴과 목소리로 (기회를 잘 보아) 말씀드리라는 말이다. 왜 그래야 하는 것일까? 부모와 자식 간의 정을 해치기 때문이다. 잘못을 얘기하는 것보다 부모와 자식 사이의 정을 지키는 일이 더욱 중요하다. 이 편의 20장을 함께 보라.

리인-19 어버이가 살아 계실 때

선생님께서 말씀하셨다. "어버이가 살아 계실 때는 너무 먼 곳으로 다니지 말 것이며, 집을 떠날 때는 반드시 일정한 곳을 정해 두어야 한다."

子曰, "父母在, 不遠遊, 遊必有方."

실제 거리가 아니라 부모가 느끼는 심리적인 거리가 중요하다. 이 구절은 부모에 대한 배려를 말하고 있다. 공연한 걱정은 덜어드려야 한다. 공동체 내에서도 마찬가지라 시쳇말로 '잠수'를 잘 타는 사람은 주위 사람에 대한 배려가 부족한 것이다.

리인-20 효의 방식

선생님께서 말씀하셨다. "아버지께서 돌아가신 뒤에 삼 년 동안은 아버지께서 하시던 방식을 바꾸지 말아야 효성스럽다고 할 수 있다."

子曰, "三年無改於父之道, 可謂孝矣."

〈학이〉 1편 11장에 비슷한 문장이 있다. 父之道란 아버지의 방식, 대원칙 같은 것이다. 오늘날 3년이라면 무척 긴 시간이다. 하지만 옛날 사람들은, 사람으로 태어나서 3년 동안 부모의 절대적인 보호를 받아야 겨우 스스로 움직이며 살아가는 최소한의 능력을 갖춘다고 보았다. 3년은 부모님께 보답할 수 있는 최소한의 시간이라는 의미가 된다. 삼년상을 치른 것은 이런 까닭이다.

당시에는 자식이 아버지의 일을 물려받았다. 3년간 아버지가 하던 방식을 바꾸지 않는 것은 아버지에 대한 최소한의 존중을 의미한다. 언제까지나 아버지의 방식을 지키라는 말이 아니다. 아버지의 방식에 동의하지 않으면 바꿀 수 있다. 하지만 이때 최소한의 유지 기간을 두는 것은 마음가짐의 문제이면서 현실적인 문제이기도 하다. 아버지의 방식으로 익숙해져 있는 것을 바꾸는 데에는 시간이 필요하기 때문이다.

아버지가 살아계시는 경우라면 어떤가? 부모의 삶과 자신의 삶이 같은 토대라면 부모의 삶을 존중하는 것은 곧 자신의 삶을 존중하는 것이기도 하다. 자신의 뜻과 다르면 아버지의 방식을 존중하면서 원망을 품지 않고, 존중의 마음으로 천천히 바꾸어 가는 것이다. 하지만 오늘날은 얼마든지 부모와 다른 방식의 삶을 살 수 있다.

리인-21 어버이의 연세

선생님께서 말씀하셨다. "어버이의 연세는 몰라서는 안 된다. (어버이의 연세를 확인하고 나면) 한편으로는 기쁘고, 한편으로는 두렵다."

子曰, "父母之年, 不可不知也. 一則以喜, 一則以懼ᄀ."

부모의 나이를 알고 있는가? 어버이의 나이를 확인하고 나면 아직까지 살아계시다는 사실에 기쁘면서도 한편으로는 언젠가 돌아가실지 모른다는 생각에 두려운 것이다.

리인-22 행동과 말

선생님께서 말씀하셨다. "옛사람들은 말을 함부로 하지 않았다. 행동이 뒤따르지 못하면 부끄러워하였기 때문이다."

子曰, "古者言之不出, 恥躬ᄀ之不逮ᄎ也."

言之不出은 不出言의 도치 형태로 言을 강조한다. 뒤의 躬之不逮도 마찬가지이다. 逮는 及과 같아 미치다의 뜻이다. 행동보다는 말이 앞서기 쉽다. 그래서 행동에 더욱 마음을 써야 한다. 이 구절은 말을 하지 말라는 것이 아니라 행동에 더욱 마음을 쓰라는 뜻이다.

리인-23 절제

선생님께서 말씀하셨다. "절제하면서 잘못되는 경우는 드물다."

子曰, "以約失之者鮮矣."

約은 고문에서 보통 곤궁 또는 약속으로 쓰이지만, 여기서는 단속, 절제하다의 뜻이다. 《맹자》에 "우환에서 살고, 안락에서 죽는다."라는 말이 있다. 안락한 환경에서 죽는다는 것은 안락에 빠져 절제하지 않기 때문이다. 빈곤이 사람을 단단하게 만들기도 하고, 부유한 환경이 사람을 태만과 자만에 빠뜨리기도 한다. 자만하거나 안주하지 않고 중심을 잡고 있으면 쉽게 실수하지 않는 법이다.

리인-24 말과 행동

선생님께서 말씀하셨다. "군자는 말에 대해서는 둔한 듯이 하고, 실천에 있어서는 민감하려고 한다."

子曰, "君子欲訥於言, 而敏於行."

訥은 어눌하다. 敏은 행동 자체를 빨리한다는 뜻도 있지만, 민감하게 반응한다는 뜻으로 보는 게 자연스럽다. 우리는 말과 행동의 조화를 이루지 못하고 말에 치우치기 쉽다. 그래서 행동에 더 마음을 써야 한다. 균형은 두 가지 축에 균등하게 힘을 쓴다고 이루어지지 않는다. 균형 잡기는 진행형이다.

리인-25 덕이 있는 사람은 외롭지 않다

선생님께서 말씀하셨다. "덕이 있는 사람은 외롭지 않다. 반드시 이웃이 있다."

子曰, "德不孤, 必有隣린."

어떤 사람과 함께하고 싶은가? 재능이 있는 사람인가, 말을 잘하는 사람인가, 돈이 많은 사람인가. 덕이 있는 사람에게는 마음이 끌린다. 덕이 있는 사람은 '사람을 살리기' 때문이다. 덕은 생명을 아끼고 사람을 살리는 마음의 힘이다. 그 힘이 센 사람이 바로 덕이 높은 사람이다. 덕은 남을 살리고 나를 살리는 힘이기도 하다. 사람을 살리는 힘을 쓴다는 것은 주위에 그 힘을 받는 사람이 있다는 뜻이니 외로울 리가 없다.

리인-26 뜻으로 만나는 사이에서 충고하는 것

자유가 말하였다. "임금을 섬길 때 자주 간언하다 보면 치욕스러운 일을 당하게 되고, 친구 사이에 자주 충고하다 보면 사이가 멀어진다."

子游曰, "事君數삭, 斯辱욕矣, 朋友數, 斯疏소矣."

數은 자주. 문맥으로 보면 간언, 충고를 자주 한다는 말이다. 辱은 여기서 곤욕의 뜻이다. 충고하는 데에도 방법이 있다. 자주 충고를 한다는 것은 충고해도 상대가 받아들이지 않는다는 말이다. 받아줄 때까지 계속해야 할까? 옛날에 군신과 친구는 뜻으로 만나는 관계이다. 친구에게 자주 충고하게 되는 것은 친구와 삶의 뜻이 어긋나기 시작했기 때문이다. 충고해도 받아들이지 않으면 뜻이 같아질 가능성이 낮다. 뜻이 달라지기 시작하면 관계는 틀어진다. 가까이 지냈더라도 삶의 길, 삶의 뜻이 달라지면 관계가 소원해지는 것이 당연하다. 우리는 길 위에서 친구를 만나고, 친구를 통해서 그 길 위에서 힘을 얻는데, 친구와 길이 완전히 달라지면 충고하는 대신 내 길을 갈 따름이다.

공야장 5편

이런 사람 저런 사람

이 편에는 인물에 관한 이야기가 많다. 공자의 제자인 자로와 안회, 중궁, 자공, 재여뿐 아니라 옛 인물에 관한 이야기가 주로 실려 있다. 서(恕)와 정직, 배움에 관한 내용이 후반에 여럿 보인다.

공야장-1 사위 공야장, 조카사위 남용

선생님께서 공야장에 대해 "사위 삼을 만하다. 비록 옥살이를 치른 적이 있지만 그의 죄가 아니었다."라고 하시고는 딸을 그에게 시집보내셨다. 선생님께서 남용에 대해 "나라가 제대로 다스려질 때는 버림받지 않고, 나라가 제대로 다스려지지 않을 때는 그래도 형벌은 받지 않을 인물이다."라고 하시고는 형의 딸을 그에게 시집보내셨다.

子謂公冶長, "可妻也. 雖在縲ᄂ絏설之中, 非其罪也." 以其子妻之. 子謂南容, "邦有道, 不廢, 邦無道, 免於刑戮륙." 以其兄之子妻之.

공야장은 복성이다. '공야'가 성이고, '장'이 이름이다. 妻는 술어로 시집보내다. 縲絏은 죄인을 결박하는 데 쓰는 오랏줄로, 우리나라에서는 붉은색을 썼지만, 고대 중국에서는 검은색을 썼다. 오늘날로 치면 전과가 있는 사람을 사위로 삼은 것이다. 그의 죄가 아니라고 판단한 것으로 보아 사람 됨됨이를 잘 살펴보았던 것 같다. 남용은 사회의식이 있으면서 유연하게 처세한 듯하다.

有道는 '세상에 도가 있다'는 말이다. 사회가 정의에 따라 움직이고 상식이 통한다는 뜻이다. 이때 도는 도가의 '도'와는 다르다. 도가의 도가 존재의 근원적인 문제를 철학의 주제로 삼은 것에 비해, 공자가 말하는 도는 사회적, 정치적 의미가 강하다.

공야장-2 군자다운 자천

선생님께서 자천에 대해 말씀하셨다. "군자답도다, 이런 사람은! 노나라에 군자가 없다면 이 사람이 어디에서 이런 덕을 갖추었을고?"

子謂子賤, "君子哉若人! 魯無君子者, 斯焉取斯?"

자천은 노나라 사람으로 공자의 제자이다. 若人은 이와 같은 사람이다. 斯는 앞과 뒤가 가리키는 바가 다르다. 문맥으로 보아 앞의 斯는 이 사람, 뒤의 斯는 이 덕이다. 焉은 何의 뜻으로 어디이다. 살힘(德)을 펴는 사람이 군자다. 이런 사람 곁에는 살힘의 영향력을 받는 사람이 있기 마련이다.

공야장-3 옥그릇 자공

자공이 여쭈었다. "저는 어떤 사람입니까?" 선생님께서 말씀하셨다. "너는 그릇 같은 사람이다." "어떤 그릇입니까?" "제사 드릴 때 곡식을 담는 옥그릇이다."

子貢問曰, "賜也何如?" 子曰, "女, 器也." 曰, "何器也?" 曰, "瑚호璉련也."

何如는 상태를 물을 때 쓰는 표현이다. 방법을 물을 때는 如何라고 쓴다. 女는 이인칭이다. 자공은 말을 잘했다고 하는데, 부귀하고 말을 잘했던 점으로 미루어보아 사람을 대할 때 자신감에 차 있었을 것이다. 그는 존경하는 스승에게 인정받고 싶었던 것 같다. 자신에 대한 평가를 물었는데, 공자는 "너는 그릇이다."라고 대답해주었다. 〈위정〉 2편 12장에 "군자는 그릇 같은 존재가 아니다."라는 말이 있듯이 그리 후한 평가가 아니다. 그래도 그릇 가운데에서는 옥그릇이라고 해주었으니 자공이 크게 낙담하지는 않았을 것이다.

자공

공자보다 서른 살 가량 어리다. 말을 잘했고, 공자에게 배워 이후 노나라에서 제법 높은 지위까지 오른다. 노나라에서 신임받은 인물로서 공자의 제자 중에서는 정치적 위상이 높고 부유해 공자를 물심으로 후원했다. 《논어》의 대화를 보면 공자를 마음 깊이 존경하였다. 자공에 대한 공자의 평가는 안회만큼 후하지는 않았지만 그래도 어느 정도는 곁을 많이 준 것 같다. 공자가 주유천하를 끝내고 노나라로 돌아올 수 있었던 것도 자공이 노나라에서 입지가 생겼기 때문으로 보기도 한다. 공자가 죽고 나서 상주 노릇을 했다. 공자 사후에 제자들 사이에서 구심점 역할을 했다.

공야장-4 말재주를 어디에 쓰겠는가

어떤 사람이 염옹에 대해서 말하였다. "옹은 살맘(仁)을 품고 있기는 하지만 말재주가 없어." 선생님께서 말씀하셨다. "말재주를 어디에 쓰겠는가? 말재주로 사람을 대한다면 결국 미움을 받을 것이다. 그가 살맘을 품고 있는지는 단정하지 못하겠으나 말재주를 어디에 쓰겠는가?"

或曰, "雍也仁而不佞녕." 子曰, "焉언用佞? 禦어人以口給, 屢누憎증於人. 不知其仁, 焉用佞?"

옹은 공자의 제자인 중궁(仲弓)의 이름. 성은 염(冉)이다. 《논어》에서 덕행으로 손꼽혔으니 됨됨이가 훌륭했으리라. 焉은 何와 같다. 禦人은 사람을 대적하는 것이니 곧 사람을 상대한다는 뜻이다. 口給은 말주변이 좋은 것이다. 屢는 자주. 憎於人에서 於는 피동의 형태다. 예컨대 治人은 사람을 다스린다는 뜻이고, 治於人은 사람에게 다스림을 받는다는 뜻이다. 不知其仁의 "그가 살맘(仁)을 품었는지 모르겠다."라는 말은 정말 모르겠다는 뜻이라기보다는 문맥상 '염옹이 살맘을 품은 사람이라고 단정 지어 말하지는 않겠으나'의 의미다.

말을 잘하는 것이 본질이 아니라, 생명을 아끼고 사람을 살리고자 하는 마음(仁)이 본질이다. 그런 마음이 없으면서 말만 잘하는 사람을 다른 사람들이 좋아할 리가 있겠는가? 겉으로 표현하지 않는다고 하더라도 마음으로는 그 사람을 미워하게 된다. 생명을 아끼고 사람을 살리고자 하는 마음이 있는지 확신할 수 없는데, 말을 잘한들 다른 사람의 마음을 얻을 수 있을까?

공야장-5 배우려는 의지와 겸손함

　선생님께서 칠조개에게 벼슬살이를 시키려 하시자, 그가 말하였다. "그 일에 제가 아직 자신이 없습니다." 그러자 선생님께서 기뻐하셨다.

　子使漆彫開仕, 對曰, "吾斯之未能信." 子說열.

칠조개는 공자의 제자로 漆雕가 성이고 開가 이름이다. 吾斯之未能信은 吾未能信斯에서 斯를 강조한 도치 형태이다. 說은 悅과 같다.

　제자가 자신이 없다는데 어째서 스승이 기뻐했단 말인가? 옛날에 학문은 자신의 수양에 그치지 않고 사회로 나가 펼침으로써 완성된다고 보았다. 때문에 공부를 하면 벼슬하는 것을 당연하게 여겼다. 공자가 칠조개에게 벼슬을 하도록 했는데, 칠조개는 자신이 벼슬을 하기에 능력이 충분치 않다고 생각해 이렇게 말한 것이다. 배우려는 의지와 겸손함, 스승에게 누가 되지 않으려는 마음까지 읽을 수 있다. 이런 사람은 성장하기 마련이다. 스승은 제자의 이런 마음을 읽어 기뻐한 것이다.

공야장-6 공자의 유머

　선생님께서 말씀하셨다. "도가 행해지지 않아 뗏목을 타고 바다로 떠나가겠다고 하면, 나를 따라올 이는 아마 자로일 것이다." 자로가 그 말을 듣고 기뻐하였다. 선생님께서 말씀하셨다. "자로야, 용기를 좋아하는 것은 나를 넘는구나. 하지만 뗏목 거리를 구할 곳이 없구나."

子曰, "道不行, 乘桴^{부}浮^{부}于海. 從我者其由與." 子路聞之喜. 子曰, "由也好勇過我, 無所取材."

桴는 뗏목이다. 주희는 마지막 구절의 材를 裁로 보고 "사리판단을 제대로 하지 못하는구나."라고 해석하였다. 주희는 공자의 말을 너무 진지하게 해석하려 한 듯하다. 자신을 끝까지 따르겠다는 얘기를 듣고서 다른 제자들에게 한 말인데, 이를 전해 들은 자로가 너무 좋아한 것이다. 공자가 가볍게 한 말로 보는 게 자연스럽다. 《논어》 전체를 보면 공자는 늘 근엄하지는 않았다. 가까운 제자에게 농담도 했을 것이다. 특히 자로라면 말이다.

공야장-7 살맘을 품었는지는 모르겠으나

맹무백이 물었다. "자로는 살맘(仁)을 품고 있습니까?" 선생님께서 말씀하셨다. "글쎄요, 모르겠소이다." 다시 자로에 대해서 묻자 선생님께서 말씀하셨다. "유는 제후국에서 군사의 일을 맡을 만한 인물이지요. 그가 살맘을 품고 있는지는 단정 지어 말씀을 못 드리겠소." "구는 어떻습니까?"라고 묻자 선생님께서 말씀하셨다. "구는 천 호나 되는 경대부의 마을과 대부 집안의 일을 총괄할 수 있는 인물이지요. 그가 살맘을 품고 있는지는 단정 지어 말씀을 못 드리겠소." "적은 어떻습니까?"라고 묻자 선생님께서 말씀하셨다. "적은 의관을 갖추고 조정에 서서 귀한 손님을 접대할 만합니다. 그가 살맘을 품고 있는지는 단정 지어 말씀을 못 드리겠소."

孟武伯問. "子路仁乎?" 子曰, "不知也." 又問. 子曰, "由也, 千乘之國, 可使治其賦ᵇ也, 不知其仁也." "求也何如?" 子曰, "求也, 千室之邑, 百乘之家, 可使爲之宰也, 不知其仁也." "赤也何如?" 子曰, "赤也, 束帶立於朝, 可使與賓客言也, 不知其仁也."

由는 자로의 이름이다. 治는 담당하다. 賦는 지방에 부과하는 군비를 말하는 것이나 여기서는 군사에 관한 일을 가리킨다. 求는 염구(염유)이다. 千室之邑은 경대부의 마을이고, 百乘之家는 대부의 집안을 가리킨다. 宰는 여기서 높은 벼슬아치를 섬기는 사사로운 신하를 말한다.

이때는 공자가 주유천하(周遊天下)를 끝내고 노나라로 돌아온 뒤다. 이제 정치에 직접 나서기는 어려운 나이가 되었고, 제자들이 정치 일선에 나서게 되었다. 보통의 스승이라면 정치 실세 앞에서 제자를 칭찬하며 그들이 등용되도록 힘썼겠지만, 공자의 태도는 다르다. 살맘(仁)은 공자가 이상으로 여기는 덕목이다. 그러니 제자가 정계에 입문하기를 바라더라도 함부로 최고의 덕목을 앞세워 칭찬할 수는 없었을 터이다. 함부로 인정하지 않은 것은 그만큼 살맘에 대해서 진지하고 세심히 생각하기를 바랐다는 뜻일 것이다.

공야장-8 하나를 들으면 열을 알던 안회

선생님께서 자공에게 말씀하셨다. "너와 안회 중에 누가 더 나았느냐?" 자공이 대답하였다. "제가 어떻게 감히 회와 비교할 수 있겠습니까? 회는 하나를 들으면 열을 알았지만 저는 그저 하나를 들으면 둘을 알 뿐입니다." 선생님께서 말씀하셨다. "그보다 못했겠지. 나나 너나 그보다 못할 것이야."

子謂子貢曰, "女與回也孰愈^유? 對曰, "賜也何敢望回? 回也聞一以知十, 賜也聞一以知二." 子曰, "弗如也, 吾與女弗如也."

回는 안회의 이름이다. 愈는 낫다, 더 뛰어나다. 聞一知十의 출처가 되는 구절이다. 안회의 생전이었다면 이렇듯 자공과 안회를 비교하여 질문하지 않았을 것 같다. 이 구절은 안회 사후의 대화로 추정된다. 안회를 추억하면서 자공을 위로하는 말일 것이다. 안회를 그리워하는 마음이 느껴진다.

공야장-9 공자의 꾸짖음

재여가 침실을 화려하게 꾸미자 선생님께서 말씀하셨다. "썩은 나무에는 조각을 할 수 없고, 더러운 흙으로 만든 담장에는 흙손질을 할 수 없는 법이다. 재여에게 무엇을 꾸짖겠느냐." 선생님께서 말씀하셨다. "처음에 어떤 사람이 어떤 말을 하면 그 사람이 그렇게 행동하는 줄로 알았다. 하지만 이제는 어떤 사람이 말을 하면 그가 어떻게 행동하는지를 보게 되었다. 이게 다 재여 때문이지."

宰予晝寢. 子曰, "朽^후木不可雕^조也, 糞^분土之牆^장不可杇^오也, 於予與何誅?" 子曰, "始吾於人也, 聽其言而信其行, 今吾於人也, 聽其言而觀其行. 於予與改是."

재여는 출세를 지향한 제자다. 晝寢(화침 또는 주침)의 晝는 음이 여럿이다. '주침'으로 읽으면 寢을 자다의 술어로 보아 '낮에 자다'이고, '화침'으로 읽으면 晝는 꾸미다, 寢은 침실을 가리킨다. 곧 '침실을 꾸미다'가 된다. 두 가지 설이 다 말이 된다. 재여가 공자 밑에서 공부하던 때라면 낮에 잠을 잤다고 볼 수 있겠다. 한편 재여가 이미 정계에 진출한 이후의 일이라면 '화침'으로 읽는 것도 가능하다. 공자에게 배워 정계에 진출하고서는 자신의 영화에만 관심을 두고 사치한 생활을 했다면, 공자가 재여를 심하게 꾸짖는 것도 이해가 된다. 단순히 낮잠을 잔 걸로 이렇게 심하게 말했다고는 보기 어렵다. 誅는 責과 통하여 책하다, 꾸짖다. 於予與何誅는 何誅於予與에서 予를 강조한 도치 형태이다.

재여를 혹독하게 평하고 있다. 공자가 그릇된 행동에 대해서는 두루뭉술하게 넘어가지 않고 단호했음을 알 수 있다.

공야장-10 의욕이 강한 것과 강직한 것은 다르다

선생님께서 말씀하셨다. "나는 아직 강직한 사람을 보지 못하였다." 누군가 대답하였다. "신정이 있지 않습니까?" 선생님께서 말씀하셨다. "신정은 의욕이 강한 것이다. 어찌 강직하다고 하겠는가?"

子曰, "吾未見剛者." 或對曰, "申棖." 子曰, "棖也慾, 焉得剛?"

剛은 단단하게 강한 것이다. 공자가 말하는 剛은 의지가 강직한 것이다. 신정이라는 인물은 욕심이 큰 것이지 의지가 강직한 것이 아니라는 말이다. 욕심이 과한 사람은 강직하기 어렵다. 욕심은 개인적인 차원이고 강직함은 개인을 넘어서는 의지이기 때문이다.

　유가에서 剛은 불굴의 의지를 말한다(〈자로〉 13편 27장 참고). 노자는 이 불굴의 의지를 부정적으로 본다. 유가는 나와 남, 더 나아가 사회의 평화를 위한 불굴의 의지를 말하는 것이고, 노자가 비판한 것은 개인이 발휘하는 불굴의 의지가 가져오는 해악이다. 노자에게 剛은 지나치게 주관이 강하거나 고집스러운 것으로 지양의 대상이었다. 노자가 부드러움, 여자, 아이를 칭송한 것은 이런 맥락이다.

공야장-11 서(恕)의 경지

　자공이 말하였다. "저는 남이 제가 싫어하는 일을 시키기 원하지 않으며, 저 또한 남에게 그러한 일을 시키지 않고자 합니다." 선생님께서 말씀하셨다. "사야, 그건 네가 해낼 수 있는 일이 아니다."

　子貢曰, "我不欲人之加諸^저我也, 吾亦欲無加諸人." 子曰, "賜也, 非爾所及也."

加는 (싫은 일을) 시키는 것이다. 諸는 之於의 축약 형태이다. 자공이 말한 경지는 공자가 말하는 살맘(仁)과 가깝다. 자연스럽게 사람을 아끼고 남을 나와 같이 생각할 줄 아는 경지다. 그러기 위해서 恕 즉 '내가 원하지 않는 일을 남에게 시키지 않는' 공부가 필요하다. '자신이 하고자 하지 않는 바를 남에게 시키지 말라(己所不欲, 勿施於人).'라는 恕의 경지. 남을 이해하는 기준은 나에게 있다. 말은 쉬운 듯해도 얼마나 어려운지 자공은 모르는 것이다. 말을 잘하는 자공을 은근히 제압하는 듯하다.

공야장-12 들을 수 있는 가르침과 들을 수 없는 가르침

자공이 말하였다. "예와 학문에 대한 선생님의 구체적인 가르침은 들을 수 있었지만, 성(性)과 천도(天道)에 대한 말씀은 들을 수 없었다."

子貢曰, "夫子之文章, 可得而聞也, 夫子之言性與天道, 不可得而聞也."

文章은 학문과 예에 관한 가르침을 가리킨다. 원래 文章은 무늬를 뜻하였다가 생각이나 의미를 시각적, 구체적으로 드러낸 것이라는 뜻에서 이후에 예악과 관련한 구체적인 제도와 글을 가리키게 되었다.

性은 인간이 태어날 때 받는 것이다. 이로 인해 인간이 인간으로서의 가치를 갖게 된다. 성은 타고나는 것이고, 덕은 닦아나가는 것이다. 덕은 '생명이 있는 것을 살리는 힘'이다. 이는 삶에서 계속 길러가야 하는 덕목이다. 타고나는 것보다는 태어나서 길러가야 하는 것에 더 가치를 두었기에 성에 대해서 잘 말하지 않았을 것이다. 性에 대해서는 《맹자》에 자세히 언급되어 있다.

공자에게 道는 천지자연의 운행이나 법칙성이 아니라 인간이 가야 할 길을 뜻할 뿐이다. 그러니 하늘의 길인 천도에 대해서는 말하지 않은 것이다. 참고로 후대에 순자는, 신의 세계에서 인간의 세계로의 전향을 꿈꾸었던 공자와 달리 신의 세계가 아닌 객관적 존재로서의 천도를 말했다.

공야장-13 가르침 듣기를 두려워하다

자로는 들어서 배운 것을 실천에 옮기지 못했을 때는 다른 가르침을 더 듣기를 두려워하였다.

子路有聞, 未之能行, 唯恐有聞.

자로는 좋은 말을 들으면 반드시 행동으로 옮길 만큼 실행력이 뛰어났다. 그러니 자신이 실행에 옮기지 못할 만한 얘기를 들으면 두려운 것이다. 그만큼 실천에 뜻을 많이 두었다는 말이다. 오늘날 공부는 실행과 별개인 경우가 많다. 진정한 공부는 지행합일과 무관할 수 없다.

공야장-14 문(文)이라는 시호에 대하여

자공이 여쭈었다. "공문자는 어째서 문(文)이라는 시호를 받았습니까?" 선생님께서 말씀하셨다. "민감하게 알아차리고 배우기를 좋아하였고, 아랫사람에게 묻는 것을 부끄러워하지 않았으므로 문이라는 시호를 받은 것이다."

子貢問曰, "孔文子何以謂之文也?" 子曰, "敏而好學, 不恥下問, 是以謂之文也."

공문자는 위나라 실세인 대부 공어(孔圉)로, 文은 시호이다. 시호는 지위나 덕망이 있던 사람이 죽고 난 다음에 그 사람의 덕을 기려 붙인다. 공문자가 공자의 먼 친척이라는 설도 있으나 신빙성은 별로 없다. 공문자는 위나라 괴외와 출공 첩이 서로 대립하고 있을 때의 실세였다. 공자에게 진지하게 배움을 청한 듯하다. 공자도 위나라에서 꿈을 펼칠 기회를 보고 있었을 것이다. 위나라 정치의 배경에 대해서는 〈옹야〉 6편 26장을 참고하라. 敏은 영민하다, 민감하게 받아들이다의 뜻으로 보아도 무방하다. 고주에서는 빠르게 알아차리다로 풀이하였다. 敏에는 부지런하다는 뜻도 있는데, 곧바로 반응하기에 부지런한 것이다.

공야장-15 군자의 네 가지 도

선생님께서 자산에 대해 말씀하셨다. "그는 군자의 네 가지 도를 지켰다. 몸가짐은 공손하였고, 윗사람을 공경히 섬겼으며, 백성에게 은혜를 베풀어 먹여 살렸고, 백성에게 일을 시킬 때는 마땅하게 하였다."

子謂子産, "有君子之道四焉, 其行己也恭, 其事上也敬, 其養民也惠, 其使民也義."

자산은 정나라의 대부이다. 진(晉)나라와 초나라 등의 강대국 사이에 낀 정나라를 훌륭하게 이끈 정치가로 알려져 있다. 이름은 공손교(公孫僑), 자산은 자다.

공손하다는 것은 예의가 바르다, 다른 이를 존중하다의 의미이다. 다른 이를 존중의 마음으로 대하는 것이다. 이런 사람은 다른 이의 얘기에 귀를 기울인다. 스스로 옳다고 자신하면서 남의 얘기를 무시하는 사람은 발전이 없다. 행동만이 아니라 마음이 공손해야 하는 까닭이다. 윗사람을 위해 '일(事)'을 할 때는 진정 윗사람을 존중하는 마음이 있어야 한다. 上은 '높은 가치'로 바꾸어 독해해도 좋을 듯하다. 어떤 가치를 존중하는 마음이 정말 있다면 그것을 위해 기꺼이 일할 수 있다. 養民이란 사람들의 의식주 문제를 해결해주는 것이니 당연히 혜택이 가야 한다. 여기의 義는 마땅할 宜와 통한다. 공인으로서 사람을 동원해 일을 시키려면 그 일이 마땅하고 의로워야 한다. 공익을 표방하면서 사익을 추구하는 사람을 믿을 수 있겠는가?

공야장-16 구이경지

선생님께서 말씀하셨다. "안평중은 사람들과 교제를 잘하였다. 오랜 시간이 지나도 교제하는 사람을 존중하였다."

子曰, "晏平仲善與人交, 久而敬之."

안평중은 제나라 명재상인 안영(晏嬰)이다. 그의 언행을 후대에 기록한 책이 《안자춘추》다. 平은 시호이고, 仲은 자다. 제나라 영공(靈公), 장공(莊公), 경공(景公) 삼대에 걸친 재상이었다. 《사기열전》에도 등장한다. 공자가 노나라에서 제나라로 간 뒤 경공이 공자를 등용하려 하자 이를 반대한 인물로 알려져 있다.

얼마나 되어야 久라고 할 수 있을까? '故舊'라는 말이 있다. 옛 친구라는 뜻인데, 현재와 입지가 다를 때 사귀었던 친구를 말한다. 久는 처지가 달라지는 상황까지 포함한 말이리라. 오래 교제했더라도 사람을 온전히 알기는 쉽지 않다. 다양한 환경이나 사건, 사고 속에서 그 사람의 진면목이 드러나는 법이다. 그런 맥락에서 久에는 단순한 시간의 경과가 아닌 '이런저런 일을 겪고 나서'라는 의미가 함축되어 있다. 여러 상황을 겪고서도 상대를 존중하는 사람이 진국이다. 안평중과 교제하던 사람이 시간이 지나도 그를 공경한다고 해석하기도 한다. 일리는 있지만, 여기서는 안평중에 맞추어 보는 편이 자연스럽다.

공야장-17 무엇에 마음을 써야 지혜롭겠는가

    선생님께서 말씀하셨다. "장문중은 점치는 거북을 모셔 두는 집을 지었고, 기둥 위에는 산을 그려 넣었으며, 대들보 위 동자기둥에는 풀을 그려 장식하였으니 어찌 지혜롭겠는가?"
    子曰, "臧文仲居蔡채, 山節藻棁조절, 何如其知也?"

장문중은 노나라 대부 장손진(臧孫辰)으로 文은 시호이다. 蔡는 거북을 말한다. 옛날 채나라에 큰 거북이 많았기에 蔡가 거북을 이르게 되었다고 한다. 山節藻棁에서 山과 藻는 술어이고, 節과 棁은 목적어다. 節은 기둥 위에 대는 방형의 나무, 棁은 동자기둥이다.
    백성의 일에 마음을 쓰기보다 주술과 귀신에 더 관심을 갖는 이를 지혜롭다고 할 수는 없다. 자신이 할 수 있고, 해야 하는 일에 마음을 써야 지혜로운 사람이다.

공야장-18 모르겠다만 어찌 살맘을 품었다고 하겠느냐

    자장이 여쭈었다. "영윤인 자문은 세 번이나 영윤의 벼슬을 지냈으나 기뻐하는 기색이 없었고, 세 번이나 벼슬을 그만두고도 섭섭해하는 기색이 없이 자신이 하던 일을 새로 부임하는 영윤에게 알려주었습니다. 어떻습니까?" 선생님께서 말씀하셨다. "진실한 사람이다.'' "살맘(仁)을 품었습니까?" "잘 모르겠다만 어찌 살맘을 품었다고 하겠느냐?"

"최자가 제나라 임금을 시해하자 진문자가 가지고 있던 말 마흔 필을 버리고 그곳을 떠났습니다. 그는 다른 나라에 이르러 '이 사람도 우리 나라 대부 최자와 같군.'이라고 하고는 그곳을 떠났습니다. 다른 나라에 가서 또 말하기를 '이 사람도 우리 나라 대부 최자와 같군.'이라고 하고는 떠났습니다. 어떻습니까?" 선생님께서 말씀하셨다. "깨끗한 사람이다." "살맘을 품었습니까?" "잘 모르겠다만 어찌 살맘을 품었다고 하겠느냐?"

子張問曰, "令尹子文三仕爲令尹, 無喜色, 三已之, 無慍色. 舊令尹之政, 必以告新令尹. 何如?" 子曰, "忠矣." 曰, "仁矣乎?" 曰, "未知, 焉得仁?"

"崔子弑齊君, 陳文子有馬十乘, 棄而違之. 至於他邦, 則曰, '猶吾大夫崔子也.' 違之. 之一邦, 則又曰, '猶吾大夫崔子也.' 違之. 何如?" 子曰, "淸矣." 曰, "仁矣乎?" 曰, "未知, 焉得仁?"

令尹은 초나라에서 재상에 해당한다. 忠은 진실하다, 꽁한 마음이 없다, 겉과 속이 같다 등의 의미이다. 이 문맥에서는 진실한 사람으로 해석할 수 있다.

공자는 진문자를 일신의 깨끗함을 지키느라 사람들을 보듬지 않고 일을 돌아보지 않는다고 평했다. 깨끗한 사람이기는 하지만 살맘(仁)을 품었는지는 모르겠다는 말은, 살맘을 품은 사람은 아니라는 뜻을 완곡하게 표현한 것이다. 살맘이란 생명을 아끼고 사람을 살리고자 하는 마음이다. 사람을 살리기 위해서는 때로 모욕을 감수해야 하는 법이다.

    살맘은 공자에게 최상의 개념이다. 제자에게 쉽게 인정하지 않은 것은 아마도 진정한 뜻을 스스로 궁구하길 바랐기 때문이었는지도 모르겠다.

공야장-19 두 번만 생각해도 될 것을

    계문자가 세 번 생각한 뒤에야 행동했다. 선생님께서 그 말을 들으시고 말씀하셨다. "두 번만 생각해도 될 것을."

季文子三思而後行. 子聞之曰, "再斯可矣."

  세 번 생각했다는 것은 많이 생각했다는 뜻이다. 생각을 너무 많이 하고 행동하면 결정하기까지 갈등하는 시간이 길다. 이는 때로 좋지 않은 결과를 낳는다. 선택의 갈림길에서 물론 충분히 고민해야 하지만 그 기간이 너무 길어지다 보면 엉뚱한 선택을 하기도 한다. 두 번 생각해도 된다고 말한 것은 너무 많이 생각한다고 반드시 좋은 것은 아니라는 뜻이다. 계문자의 성격을 고려해 한 말일 것이다. 갈등을 많이 하는 성격이라면 '再思可矣'를 기억해두자.

공야장-20 처세에 대한 생각

    선생님께서 말씀하셨다. "영무자는 나라가 제대로 다스려질 때는 지혜롭게 행동하였고, 나라가 제대로 다스려지지 않을 때는 어리석은 듯이 행동하였다. 그 지혜는 흉내 낼 수 있을지언정, 그 어리석음은 흉내 내지 못하겠구나."

子曰, "甯武子, 邦有道則知, 邦無道則愚. 其知可及也, 其愚不可及也."

영무자는 위나라 대부이다. 이 구절은 보통 영무자가 난세에도 어리석은 듯이 행동하여 슬기롭게 처신했다(明哲保身)고 풀이하지만, 왠지 공자 자신은 그렇게 어리석은 듯이 행동할 수 없다는 말로 들린다. 공자가 처신에 밝은 인물이었다면 그토록 오랫동안 천하를 돌아다녔을까? 영무자를 깎아내리지 않으면서도 본인은 멍청한 사람인 척 능청스럽게 행동하지 못하겠다고 은근하게 고백하는 말처럼 들린다.

공야장-21 돌아가리라, 돌아가리라

선생님께서 진나라에 계실 때 말씀하셨다. "돌아가자, 돌아가자! 고향의 젊은이들이 뜻은 크나 일에는 서투르고, 능력은 있으나 어떻게 행동해야 하는지를 모르니 말이다."

子在陳, 曰, "歸與! 歸與! 吾黨之小子狂^광簡^간, 斐^비然成章, 不知所以裁^재之."

狂簡은 뜻은 높으나 일에는 서투르다는 뜻이다. 斐然은 아름다운 모양, 成章은 구체적으로 이해하는 능력을 갖췄다는 말이다. 所以는 방법, 裁는 여기서 능력을 알맞게 사용하는 것을 말한다.

공자는 진나라에서 호된 시련을 겪은 뒤 이렇게 이야기했다. 이제 여러 나라를 다니며 정치 일선에서 뜻을 펴보려는 강력한 욕구는 숙지 근해지기 시작했다. 하지만 세상을 비관하거나 낙담하고 있을 수는 없다. 때마침 고향의 소식을 들어보니 젊은이들이 뜻은 높으나 일처리는 미숙하고, 각자 나름의 능력을 갖추고 있기는 하지만 그 능력을 어떻게 써야 하는지를 잘 모르는 것 같다. 이제는 고향으로 돌아가서 교육과 저술에 힘쓰면서 새로운 세상을 만드는 데 이바지해보자.

돌아가겠다는 말 속에서 주유천하를 통해 자신의 뜻을 이루려는 생각을 접었음을 느낄 수 있다. 대신 고국에서 자신이 품은 뜻을 이어 갈 일을 찾았을 것이다.

공야장-22 포용과 청렴의 균형

선생님께서 말씀하셨다. "백이와 숙제는 남이 예전에 저지른 잘못을 마음에 담아두지 않았다. 이 때문에 원망을 사는 경우가 드물었다."

子曰, "伯夷叔齊不念舊惡, 怨是用希^희."

백이와 숙제는 상나라(은나라) 고죽국 군주의 두 아들로, 주 무왕이 쿠데타를 일으키려 하자 이를 만류하였다. 결국 무왕이 전쟁을 일으키자 주나라 곡식을 먹지 않겠다며 수양산으로 들어가 고사리만 먹다가 굶어 죽었다고 한다. 用는 以와 통하여 '때문에'의 뜻이다. 백이와 숙제가 이 때문에 남을 원망하는 경우가 드물다고 보기도 하고, 다른 사람이 백이와 숙제를 원망하는 경우가 드물다고 해석하기도 한다. 둘다 뜻이 통한다.

포용에 치중하다 보면 청렴을 지키지 못하기도 하고 청렴에 치중하다 보면 포용력이 떨어지기도 한다. 그러나 백이와 숙제는 포용과 청렴의 균형을 잘 잡았던 것 같다.

공야장-23 정직함에 대해서

선생님께서 말씀하셨다. "누가 미생고를 정직하다고 하느냐? 어떤 사람이 그에게 식초를 얻으러 가자, 이웃집에서 얻어다 주었다고 한다."

子曰, "孰숙謂微生高直? 或乞걸醯혜焉, 乞諸저其鄰而與之."

直은 눈으로 똑바로 본다는 뜻이다. 눈에는 육체의 눈과 마음의 눈이 있다. 자신의 생각이나 감정을 똑바로 보지 않으면 욕심이나 외적인 상황, 환경에 끌려다니게 된다. 자신을 속이게 되는 것이다. 항상 사실대로 말하는 것이 정직함이라고 생각하기 쉬우나 진정한 정직함은 자신의 생각을 직시하는 것이다. 자신의 마음을 솔직하게 들여다볼 수 있어야 스스로를 제대로 알고 성장의 방향을 잡을 수 있다. 어떤 욕망이 자신에게 있는지를 잘 보지 않으면 자신의 감정에 스스로 속고 만다. 미생고는 아마도 명예욕이 많은 사람이었을 것이다. 〈자로〉 13편 18장과 함께 보자.

공야장-24 나도 이런 것을 부끄럽게 여긴다

선생님께서 말씀하셨다. "말을 교묘하게 하고 얼굴빛을 곱게 가장하며 지나치게 공손한 것을 좌구명이 부끄럽게 여겼다고 하는데, 나도 이런 것을 부끄럽게 여긴다. 원망하는 감정을 숨긴 채 그 사람과 벗하는 것을 좌구명이 부끄럽게 여겼다고 하는데, 나도 이런 것을 부끄럽게 여긴다."

子曰, "巧言令色足^주恭, 左丘明恥之, 丘亦恥之. 匿^익怨而友其人, 左丘明恥之, 丘亦恥之."

좌구명은 《춘추좌씨전》과 《국어》의 저자이다. 당나라 유지기는 《사통》에서 이렇게 말했다. "좌구명이 공자의 《춘추》에 전을 붙여 《춘추좌씨전》을 짓고 사마천이 《사기》를 지은 후로 역사서의 큰 틀이 완성되었다. 후세에 역사를 쓰는 사람은 《춘추좌씨전》과 《사기》 중 하나의 틀을 따랐다." 《춘추곡량전》, 《춘추공양전》과 함께 춘추삼전이라 불리는 《춘추좌씨전》은 역사적 사실에 충실한 편년체로 쓰였고, 《사기》는 기년체로 쓰였다. 좌구명의 문체는 간략하면서도 뜻이 분명하다.

공야장-25 각자 뜻을 말해보거라

안연과 계로가 선생님을 모시고 있었다. 선생님께서 말씀하셨다. "각자 뜻을 한번 말해보거라." 자로가 말하였다. "수레와 말과 좋은 옷을 벗과 함께 나눠 쓰다가 그것들이 못 쓰게 되더라도 섭섭해 하지 않기를 바랍니다." 안연이 말하였다. "잘하는 것을 자랑하지 않고 공로를 과시하지 않기를 바랍니다."

자로가 여쭈었다. "선생님의 뜻을 듣고 싶습니다." 선생님께서 말씀하셨다. "노인을 편안하게 해주고, 벗에게 믿음을 주며, 젊은이를 품어주고자 하노라."

顔淵季路侍^시. 子曰, "盍^합各言爾志?" 子路曰, "願車馬衣輕裘^구, 與朋友共, 敝^폐之而無憾^감." 顔淵曰, "願無伐善, 無施勞."

子路曰, "願聞子之志." 子曰, "老者安之, 朋友信之, 少者懷之."

계로는 자로이다. 盍은 何不의 음가를 줄인 축약형이다. '어찌 아니'로 곧 권유하는 말투다. 爾는 이인칭. 裘는 갖옷, 즉 털가죽옷이다. 伐은 뻐기다. 老者安之는 安老者에서 老者를 강조하여 도치시킨 형태이다.

이때는 공자가 제자를 가르치던 초창기로 보인다. 자로는 물질에서 완전히 벗어나지 못하였고, 안연은 인정 욕구가 있었음을 보여준다. 한창 성장하던 때의 안연을 생각하면 그러한 욕구를 가진 것이 자연스럽다. 자로와 안연이 드러낸 뜻은 자신들의 한계를 보여주는 것이기도 하다. 그에 비해 공자가 밝힌 뜻에서는 어떤 한계도 느껴지지 않는다.

공야장-26 반성의 어려움

선생님께서 말씀하셨다. "관두자! 나는 아직 자신의 허물을 알아차리고서 안으로 자기 자신을 꾸짖는 사람을 보지 못하였다."

子曰, "已矣乎! 吾未見能見其過, 而內自訟^송者也."

어떤 배경에서 나온 말인지 알 수 없다. 제자를 따끔하게 꾸짖으며 한 말이었을까? 자신의 허물을 알아차리기도 힘들거니와 그 잘못을 스스로 꾸짖기는 얼마나 어려운 일인가?

공야장-27 배우기를 좋아하는 것

선생님께서 말씀하셨다. "열 집 정도 있는 작은 마을에도 반드시 나만큼 진실하고 미더운 사람은 있게 마련이다. 하지만 나처럼 배우기를 좋아하지는 않을 거야."

子曰, "十室之邑, 必有忠信如丘者焉, 不如丘之好學也."

나는 배우고 있는가? 나는 무엇을 배우고 있는가? 나는 배우기를 좋아하는가? 나는 무엇을 배우기를 좋아하는가? 〈학이〉 1편 첫 구절 "學而時習之, 不亦說乎"를 다시 생각해보면 배움은 결국 자신이 행동으로 삶에 녹여내야 하는 것이다. 그리고 그 실습은 자신을 성장시킨다. 자신이 배우기를 좋아한다고 자랑하는 말이 아니라 제자들이 끊임없이 배우기를 바라는 마음에서 얘기하였을 것이다.

옹야 6편

서로를 살리는 관계

전반부에는 중궁, 안회, 염구, 자화, 자로, 자공, 민자건 등 공자의 제자에 대한 인물평이 주로 실려 있다. 중반부에는 정직함, 좋아하는 것과 즐기는 것에 대한 구절이, 후반부에는 지혜로움(知)과 살맘(仁)에 관한 비유와 살맘의 실천 방법을 언급한 구절이 여럿 보인다.

옹야-1 제자의 지적을 받아들이다

선생님께서 말씀하셨다. "옹(중궁)은 임금의 책무를 맡길 만하다." 중궁이 자상백자에 대해서 여쭈었다. 선생님께서 말씀하셨다. "괜찮지, 대범함도." 중궁이 말하였다. "항상 경건한 마음으로 대범하게 행동하며 백성을 대한다면 괜찮겠죠. 그런데 마음가짐도 대범하고 행동도 대범하다면 너무 대범한 것 아닙니까?" 선생님께서 말씀하셨다. "옹의 말이 맞다."

子曰, "雍也可使南面."
仲弓問子桑伯子. 子曰, "可也簡." 仲弓曰, "居敬而行簡, 以臨其民, 不亦可乎? 居簡而行簡, 無乃大^태簡乎?" 子曰, "雍之言然."

옹은 공자의 제자 중궁을 말한다. 남면이라는 표현에 주목하자. 조정에서는 오직 임금만이 남쪽을 향하여 앉는다. 신하는 임금을 향하게 되므로 북면이라고 한다. 〈옹야〉 4장을 참고하면 중궁은 출신이 그리 좋지 않았던 것 같다. 그럼에도 워낙 인품과 능력이 뛰어나 공자는 중궁이 임금의 위치에 걸맞은 인물이라고 한 것이니 당시 시대상황을 고려하면 쉽게 할 수 없는 표현이다. 배경과 상관없이 그 사람의 됨됨이만을 보는 것은 오늘날에도 쉬운 일이 아니다. 可는 그런대로 인정하는 말이다. 簡은 단순 또는 대범함을 말한다. 居敬은 마음가짐이 경건하고 신중한 것이다. 존경하는 이에게는 함부로 행동하지 않으니 존중의 마음가짐을 말한다. 居簡이란 마음을 잘 쓰지 않는 것이다. 마음을 쓴다는 것은 요모조모 자세히 살펴보고 생각하는 것인데, 거간은 그렇게 하지 않는 것이다. 大簡의 大는 太로 읽으며 너무의 뜻이다.

공자가 옹(중궁)에 대해서 한 말과 옹과 공자의 대화가 같이 편집되어 있으나 같은 때에 한 말은 아닌 듯하다. 그래서 "옹은 임금의 책무를 맡길 만하다."라는 구절을 별도의 장으로 나누기도 한다. 날카로운 질문을 받고서 제자의 말을 인정하는 공자의 모습을 떠올려본다. 인간적이면서도 훌륭한 인품이 느껴진다. 이런 제자를 둔 공자는 내심 얼마나 뿌듯했을까?

옹야-2 배우기를 좋아한 안회

애공이 물었다. "배우기를 좋아하는 제자는 누구인가요?" 공자께서 대답하셨다. "안회라는 자가 배우기를 좋아했습니다. 노여움을 남에게 옮기지 않고 잘못을 거듭하지 않았습니다. 그런데 불행히도 명이 짧았습니다. 이제는 그런 사람이 없습니다. 아직까지는

(제자 중에) 배우기를 좋아하는 자가 있다는 얘기를 들어보지 못했습니다."

哀公問, "弟子孰爲好學?" 孔子對曰, "有顔回者好學, 不遷^천怒, 不貳^이過. 不幸短命死矣, 今也則亡^무, 未聞好學者也."

분노의 감정은 일단 발생하고 나면 쉽게 가라앉지 않고 엉뚱한 곳에 분풀이하는 경우도 많다. 이러한 감정은 지극히 개인적인 분노. 하지만 정의로 일어난 분노 등 자신의 이해와 관련 없이 분노하는 경우는 엉뚱한 곳에 분풀이를 잘 하지 않는다. "노여움을 남에게 옮기지 않았다."라는 구절을 보면 일신에 관련한 분노가 아닐 가능성이 높다. 이러한 분노는 감정에 잘 지배당하지 않는다. 설사 안회의 분노가 개인적인 일 때문이라 하더라도 일정한 선을 넘지 않으므로 남에게 옮겨가지 않았다는 말이다. 우리의 현실을 생각하면 결코 쉽지 않다. 잘못을 거듭하지 않는 것은 말할 것도 없고.

옹야-3 이럴 때와 저럴 때

자화가 제나라에 심부름을 가게 되었다. 염자가 자화의 어머니를 위하여 곡식을 청하였다. 선생님께서 말씀하셨다. "여섯 말 넉 되를 주어라." 더 줄 것을 청하자 말씀하셨다. "두 말 넉 되를 주어라." 염자가 그에게 팔십 섬을 주었다. 선생님께서 말씀하셨다. "적이 제나라에 갈 때 살진 말을 타고, 가벼운 가죽옷을 입었다. 나는 '군자는 형편이 급한 사람을 도와주지, 부유한 이에게 더 보태어주지 않는다.'라고 들었다."

원사가 공자의 보좌관이 되었다. 그에게 곡식 구백 되를 주었으나 사양하였다. 선생님께서 말씀하셨다. "사양 말아라. 그걸로 네 이웃에게 주려무나."

子華使於齊, 冉子爲其母請粟^속. 子曰, "與之釜^부." 請益. 曰, "與之庾^유." 冉子與之粟五秉^병. 子曰, "赤之適齊也, 乘肥馬, 衣輕裘^구. 吾聞之也, 君子周急不繼富."

原思爲之宰, 與之粟九百, 辭. 子曰, "毋. 以與爾鄰里鄕黨乎."

자화는 공자의 제자 공서적의 자이다. 使는 여기서는 사신이 아니라 공자를 대신해 심부름 가는 것을 말한다. 冉子는 공자의 제자 염구이다. 흔히 염유로 불린다. 염구는 아마도 이때 공자학파 내에서 재정을 맡았던 것 같다. 이후 정치에 입문하여 노나라의 실세인 계씨 집안의 재무를 맡게 된다. 與之釜의 與는 주다. 之는 대명사다. 釜는 여섯 말 넉 되이다. 庾는 주희는 열여섯 말로 보나, 청나라 때 고증학자 대진은 두 말 넉 되로 고증하였다. 이렇게 보면 염유의 요청대로 늘려준 것이 아니라 오히려 줄인 것이다. 五秉은 팔십 섬 정도이니 염유는 스승의 지시를 거스르고 멋대로 곡식을 듬뿍 퍼준 셈이 된다. 周는 부족을 메우는 것이니 도와준다는 뜻이다. 繼富는 계속 더 부유하게 해주는 것이다. 원사는 이름이 憲이고, 자는 子思이다. 공자의 손자로 전하는 자사와는 다른 인물이다.《사기열전》에 따르면 공자가 죽은 뒤 세상을 등지고 풀이 무성한 늪가에 숨어 살았다고 한다. 宰는 경대부 집안의 집사격으로 보좌관 역할을 겸한다.

자화에게 적게 주고 원사에게 듬뿍 주려 한 것이다. 제자에게 일률적으로 주지 않고 형편에 따라 주었다. 이것이 균형감각이다.

옹야-4 쓰지 않을 수 없는 경우

선생님께서 중궁에 대해서 말씀하셨다. "얼룩소의 새끼가 털이 붉고 깨끗하며 뿔이 똑바로 났다면 쓰지 않으려고 해도 산천의 귀신이 놔두겠느냐?"

子謂仲弓曰, "犁리牛之子, 騂성且角, 雖欲勿用, 山川其舍諸저?"

犁는 잡색 소. 騂은 털빛이 붉은 것이다. 舍는 버려두다. 諸는 之乎의 축약형이다. 희생으로 쓰는 소는 색이 순결해야 한다. 그래서 잡색 소는 희생에 쓰지 못하고 밭을 갈게 했다. 중궁을 잡색 소의 새끼에 비유하였다. 출신이 좋지 않은 것이다. 얼룩소의 새끼가 털이 붉고 깨끗하며 뿔이 똑바로 났다는 것은 중궁이 비록 비천한 출신이지만 됨됨이가 훌륭하다는 뜻이다. 이런 사람이라면 세상이 그냥 놔두지 않을 것이라는 말이다. 출신에 연연하지 않고 됨됨이를 중히 여김을 알 수 있을 뿐 아니라 제자를 위로하고 격려하는 마음까지 읽을 수 있다.

옹야-5 안회를 회상하며

선생님께서 말씀하셨다. "안회는 그 마음이 석 달 동안 살맘(仁)에서 벗어나지 않는다. (제자 중에서) 그 외 사람들은 하루나 한 달에 한 번 정도 이를 뿐이다."

子曰, "回也, 其心三月不違仁, 其餘則日月至焉而已矣."

'제자들아, 살맘을 품어라!' 위 구절은 마치 이렇게 말하는 것처럼 들린다. 아마도 안회의 생전이 아니라 사후에 회상하며 한 말일 것이다.

옹야-6 제자의 장점을 보다

계강자가 물었다. "중유(자로)는 정치에 종사하게 할 만합니까?" 선생님께서 말씀하셨다. "유는 결단력이 있지요. 그러니 정치에 종사하는 데 무슨 어려움이 있겠소?" "사(자공)는 정치에 종사하게 할 만합니까?" "사는 사리에 밝지요. 그러니 정치에 종사하는 데 무슨 어려움이 있겠소?" "구(염유)는 정치에 종사하게 할 만합니까?" "구는 다재다능하지요. 그러니 정치에 종사하는 데 무슨 어려움이 있겠소?"

季康子問, "仲由可使從政也與?" 子曰, "由也果, 於從政乎何有?" 曰, "賜也可使從政也與?" 曰, "賜也達, 於從政乎何有?" 曰, "求也可使從政也與?" 曰, "求也藝, 於從政乎何有?"

果는 과감하다, 결단력이 있다. 達은 사리에 밝다, 총명하다, 세상사에 두루 밝다. 求는 염유, 3장의 염자를 참고할 것. 藝는 재주가 많은 것을 뜻한다.

여기에 등장하는 공자의 제자들은 실제 훗날 정치적인 지위를 갖게 되었다. 공자의 적극적인 추천이 있었음을 알 수 있다.

옹야-7 단호한 거절

계씨가 민자건을 비 땅의 읍재로 삼으려고 하였다. 민자건이 말하였다. "나를 위해 잘 말씀드리게. 만약 다시 찾아온다면 나는 반드시 문수 가에 가 있을 것이오."

季氏使閔子騫爲費宰. 閔子騫曰, "善爲我辭焉. 如有復^부我者, 則吾必在汶上矣."

민자건은 안연, 염백우, 중궁과 함께 덕행으로 칭송받은 인물이다. 汶上은 문수 가로 문수는 제나라와 노나라 사이의 국경 지대에 흐르는 강이다. 이 구절은 불의한 사람이 내리는 벼슬을 하지 않겠다는 뜻을 명확하게 보여준다. 한 번 더 찾아 오면 외진 곳으로 은신하겠다는 말이다.

《한시외전》에 따르면 민자건은 어릴 적 어머니를 여의고 계모 밑에서 자랐다. 계모는 자기가 낳은 두 아들에게는 비단옷을 입히고 민자건에게는 갈대옷을 입혔다. 이를 안 아버지가 계모를 쫓아내려 하자 민자건은 "어머니께서 계시면 저 혼자만 갈대옷을 입으면 되지만, 안 계시면 자식 셋이 모두 갈대옷을 입어야 합니다."라며 아버지를 만류했다고 한다.

옹야-8 안타까운 죽음

염백우가 병이 들자 선생님께서 문병하셨다. 창문 너머로 손을 잡고 말씀하셨다. "이럴 수는 없다. 운명이란 말인가! 이런 사람이 이런 병에 걸리다니. 이런 사람이 이런 병에 걸리다니."

伯牛有疾, 子問之, 自牖^유執其手, 曰, "亡^무之, 命矣夫! 斯人也而有斯疾也. 斯人也而有斯疾也."

執其手는 진맥하는 것으로 보기도 한다. 亡之는 크게 두 가지로 해석된다. 이럴 수는 없다 또는 죽는 것은 (운명인가 보다)의 뜻이다.

이 구절은 석연하지 않아 설이 많다. 보통 훌륭한 인품의 염백우가 몹쓸 병에 걸린 것으로 보는데, 급성 뇌출혈로 보기도 한다. 疾을 나병으로 볼 이유가 없는데도 공자가 창문 밖에서 손을 잡았기 때문에 나병일 것이라고 추측하기도 한다. 아마도 훌륭하고 건강하던 사람이 갑자기 쓰러져서 급히 달려간 것 같다. 훌륭한 인물을 잃게 될까봐 크게 안타까워하는 인간적인 모습이다.

옹야-9 훌륭한 안회

선생님께서 말씀하셨다. "훌륭하구나, 안회는! 한 그릇의 밥과 한 바가지의 물로 끼니를 때우고 누추한 마을에 살면 사람들은 걱정을 감당하지 못하거늘, 안회는 그 즐거움을 버리지 않으니 훌륭하구나, 안회는!"

子曰, "賢哉, 回也! 一簞^단食^사, 一瓢^표飮, 在陋^누巷^항, 人不堪^감其憂, 回也不改其樂. 賢哉, 回也!"

賢은 원래 단단하고 품질이 좋은 조개를 가리키는 글자였다. 堅(굳을 견), 緊(긴할 긴)과 같은 계열의 음가로 보인다. 단단하다는 뜻도 있다. 나중에는 주로 재덕을 겸비한 사람을 가리키게 되었다. 簞은 대나무로 만든 그릇, 食는 밥, 瓢는 표주박이다. 제대로 된 그릇이 없어서 대나무로 밥그릇을 쓰고, 표주박을 국그릇처럼 쓰는 것이므로 매우 곤궁한 삶을 말한다.

안회의 '그 즐거움'은 무엇이었을까? 공자는 배움을 좋아하는 제자로 서슴없이 안회를 꼽았다. 그 배움은 출세를 위한 것도 아니고, 지식을 늘려가는 배움도 아니다. 《논어》 전체를 통해서 보면 그 배움은 삶으로 드러나는 것이다. 건강하게 삶을 이끌어가며 성장하는 과정에서 느끼는 즐거움이다. 그 즐거움이 크면 물질적인 조건에 구애받지 않을 수 있다는 것이다.

옹야-10 스스로 한계 짓는 염구

    염구가 말하였다. "선생님께서 말씀하시는 길을 좋아하지 않는 것은 아닙니다만, 제가 힘이 부족합니다." 선생님께서 말씀하셨다. "힘이 부족한 자는 길을 가다가 중간에 그만두겠지. 지금 너는 스스로 한계를 짓고 있구나."

    冉求曰, "非不說열子之道, 力不足也." 子曰, "力不足者, 中道而廢. 今女畫획."

說은 說이라고 쓰고 悅이라고 읽는다. 中道而廢는 '가던 길을 그만둔다', 즉 그 길을 가지 못한다는 뜻이다. 힘이 부족하다고 스스로 말하는 너는 길을 가다가 스스로 포기하고 말 것이라는 말이다. 고문에서 畫(주), 畵(화), 劃(획) 등을 다 畫로 표기하였다.

    염구는 공자에게 배워 출세했다. 세상을 평화롭게 바꾸어가는 데 힘쓰지 않고 백성을 쥐어짜서 계씨 집안을 더욱 부유하게 해주자 공자가 심하게 꾸짖으며 제자로 인정하지 않았다. 다른 구절을 참고해보면 재주는 많았던 인물이다. 공자의 얘기를 머리로는 이해하지만 그 길을 가기는 힘들 것 같다고 말하고 있다. 진정 갈 생각이 없기 때문이다. 공자의 대답은 품위가 있으면서 준엄하다.

옹야-11 군자다운 유(儒)

　선생님께서 자하에게 말씀하셨다. "너는 군자다운 유(儒)가 될 것이지 소인 같은 유는 되지 말거라."

　子謂子夏曰, "女爲君子儒. 無爲小人儒."

자하는 빈궁한 출신으로 이름은 상(商)이다. 《논어》에 따르면 문학에 뛰어났다. 이때의 문학은 오늘날의 학문에 가깝다. 공자 사후에 영향력이 있던 사람이었으나 본인이 직접 나서지 않고 어린 유약을 공자의 후계자로 세우려고 했다가 증삼의 반대로 뜻을 이루지 못했다. 증삼과의 갈등으로 노나라를 떠나 다른 나라에서 학문을 펼친 듯하다. 나이는 증삼과 비슷하다. 자장과 곧잘 비교되기도 했는데, 둘은 일종의 라이벌 관계이다. 과유불급에서 불급으로 평가받은 인물이다. 자하의 학문은 훗날 순자에게 이어졌다. 儒는 원래 기우제를 담당하던 무당으로, 은나라 때 와서는 장례를 주로 담당하였다. 공자 사후에는 공자의 가르침을 따르는 자를 儒라고 한다. 오늘날로 보자면 전문가이다. 자기 자신만 아는 전문가가 되지 말고, 남과 나를 아울러 생각할 줄 아는 전문가가 되라는 말이다.

옹야-12 너는 사람을 얻었느냐

자유가 무성의 읍재가 되었다. 선생님께서 말씀하셨다. "너는 사람을 얻었느냐?" "담대멸명이란 자가 있는데, 다닐 때 지름길로 다니지 않고 공적인 일이 아니면 제가 묵는 곳에 오지 않습니다."

子游爲武城宰. 子曰, "女得人焉爾乎?" 曰, "有澹臺滅明者, 行不由徑^경, 非公事, 未嘗至於偃^언之室也."

爾는 '그랬던 것처럼(如此)'으로 보기도 하고 焉爾乎를 모두 어조사로 보기도 한다. 行不由徑은 직설로 볼 수도 있지만, 비유로 보면 수단과 방법을 가리지 않고 성과만을 생각하는 것이 아니라 공명정대하게 행동한다는 뜻이다.

제자가 읍재가 되었으니 스승은 얼마나 기뻤을까? 그런 제자와 만나서는 함께할 수 있는 좋은 사람을 만났느냐고 물었다. 사람을 만나는 일이 그만큼 중요하다고 여긴 때문이다. '인사가 만사'라는 말이 있지 않은가?

옹야-13 뻐기지 않는 맹지반

선생님께서 말씀하셨다. "맹지반은 뻐기지를 않는구나. 전투에서 퇴각할 때 군대의 후미에 서서 뒤늦게 돌아오면서도 자신이 탄 말을 책하며, '내가 뒤처지려고 한 게 아니라 말이 잘 달리지 못해서'라고 하였으니 말이다."

子曰, "孟之反不伐, 奔^분而殿^전, 將入門, 策^책其馬曰, '非敢後也, 馬不進也.'"

伐은 자랑하다, 과시하다. 奔은 패주하다의 뜻으로 여기서는 전투에서 퇴각하는 것이다. 殿은 군대의 후미, 여기서는 술어로 군대의 후미에 서다. 공격할 때는 선두에, 퇴각할 때는 후미에 서는 것이 공이 있는 행동이다. 공을 내세우지 않기가 얼마나 어려운가?

옹야-14 혼탁한 세상

선생님께서 말씀하셨다. "축타의 말재주가 없으면서 송조의 외모만 있어서는 지금 같은 세상에서 고난을 면하기 어려울 것이다."

子曰, "不有祝鮀之佞녕, 而有宋朝之美, 難乎免於今之世矣."

미인의 대명사인 송조는 송나라 출신인 남자(南子)와 사통하였다고 전한다. 남자와 남매지간이라는 설도 있다. 남자는 위나라에서 자신의 세력이 없었다. 송조는 남자의 정치적 후원 세력이었을 것이다. 송조는 외모가 워낙 출중하여 인기가 많았다고 한다. 이런 송조를 통해서 남자는 여러 정보를 얻었을 것이다. 그러나 외모만 출중해서는 곤란한 시대라는 의미이다. 말을 잘 해야 겨우 어려움을 면할 수 있을 만큼 세상이 혼탁하기 때문이다.

옹야-15 어째서 이 길을 지나는 이가 없는가

선생님께서 말씀하셨다. "누가 밖으로 나서면서 문을 지나지 않을 것이냐? 어째서 이 큰길을 지나는 이가 없는가?"

子曰, "誰수能出不由戶? 何莫由斯道也?"

由는 지나다, 따르다. 莫은 부정어로 ~하는 것이 없다, ~하는 이가 없다, ~하는 경우가 없다 등의 뜻이 있다. 공자가 말하는 '이 길'이 어떤 길인지 《논어》 전체를 보면서 생각해보자. 道는 한 사람만이 지나는 길이 아니라 여럿이 함께 갈 수 있는 큰길을 말한다.

옹야-16 외양과 내면의 조화

    선생님께서 말씀하셨다. "바탕이 꾸밈을 이기면 천박해지고, 꾸밈이 바탕을 이기면 형식만 남는다. 꾸밈과 바탕이 조화를 이루어야 군자인 것이다."

    子曰, "質勝文則野, 文勝質則史. 文質彬^빈彬, 然後君子."

野는 거칠다. 성읍국가에서 성읍 밖의 들판은 문명 사회가 아니다. 거친 사회다. 史는 고대에 기록을 담당하는 사람이다. 기록에는 자신의 견해가 들어가서는 안 되고 오로지 사실만을 적어야 하는데, 여기서는 형식만 있는 것을 말한다.

    내용만으로도 안 되고, 형식만으로도 안 된다. 어느 한쪽으로 치우쳐서는 진정한 아름다움에 이르지 못한다. 내면의 인격과 겉으로 드러나는 교양이 함께 잘 어우러져야 진정한 지성인이다.

옹야-17 사람의 삶은

    선생님께서 말씀하셨다. "사람의 삶은 곧아야 한다. 속이며 사는 것은 요행히 면하고 사는 것이다."

子曰, "人之生也直, 罔망之生也幸而免."

罔은 誷(속일 망)과 같다. 교통법규를 잘 지켜도 사고가 나기도 하고, 평소 교통법규를 잘 지키지 않아도 사고를 당하지 않기도 한다. 예전부터 정직하게 살지 않아도 잘 사는 사람은 있었다. 하지만 그것은 요행히 면하며 사는 것이다. 정직은 남이 아니라 자기 자신을 위하는 길이다.

미국의 실천적인 역사학자 하워드 진은 자신의 책《살아있는 미국역사》의 서문에서 학생들에게 미국역사의 어두운 면, 정부 정책에 대해 너무 비판적인 관점을 가르치는 것이 아니냐는 질문을 곧잘 받았다고 적었다. 그럴 때 그는 이렇게 답했다고 한다. "문제는 정직함입니다. 우리는 한 개인으로서 우리가 저지른 실수에 대해서 정직해야만 합니다. 그래야만 그 실수를 바로잡을 수 있기 때문입니다. 나아가 우리 조국의 정책에 대해 평가하는 것도 그와 같아야 합니다." 속이며 살면서도 잘 사는 듯이 보이는 경우도 있다. 하지만 그것은 그저 운에 맡기고 사는 것과 같다. 정직은 운이 아니다.

옹야-18 좋아하는 것은 즐기는 것만 못하다

선생님께서 말씀하셨다. "아는 것은 좋아하는 것만 못하고, 좋아하는 것은 즐기는 것만 못하다."

子曰, "知之者不如好之者, 好之者不如樂之者."

즐기는 것은 그 속에서 노니는 것이고, 좋아하는 것은 밖에서 바라보는 시선이다. 樂이야말로 진정한 몰입의 기쁨이다. 이 문장에서는 好나 樂에만 집중하는 경우가 많은데, 반복되어 나오는 之가 어떤 내용인지 《논어》 전체를 두고 생각할 필요가 있다. 이는 〈학이〉 1편 學而時習之의 之와도 연결된다.

옹야-19 해줄 말, 못해줄 말

선생님께서 말씀하셨다. "보통 이상의 사람에게는 높은 차원의 것을 말할 수 있지만, 보통 이하의 사람에게는 높은 차원의 것을 말할 수 없다."

子曰, "中人以上, 可以語上也, 中人以下, 不可以語上也."

어떤 배경에서 이런 말을 한 것일까? 못 알아들을 사람에게는 심오한 이야기를 할 필요가 없다는 얘기일까? 평균 이하의 사람에게는 평균의 이야기만 해주어도 충분하다는 말일까? 못 알아들을 사람에게 너무 차원 높은 얘기를 하면 듣는 이는 힘에 부칠 것이다. 그런데도 계속 얘기한다면 마침내 차원이 높은 그 '말'까지 잃게 될지 모른다.

옹야-20 지혜와 살맘_번지에게

번지가 지혜로움에 대해서 여쭈었다. 선생님께서 말씀하셨다. "백성이 옳다고 여기는 바에 힘쓰고, 귀신을 존중하면서도 멀리한다면 지혜롭다고 할 수 있다." 살맘(仁)에 대해서 여쭙자 "살맘을 품은 사람은 어려운 일을 먼저 하고, 결과는 나중으로 미룬다. 이렇게 행동하면 살맘을 품었다고 할 수 있겠지."라고 말씀하셨다.

樊遲問知. 子曰, "務民之義, 敬鬼神而遠之, 可謂知矣." 問仁. 曰, "仁者先難而後獲, 可謂仁矣."

民之義의 義를 주희는 도리로 풀어 "사람의 도리로 볼 때 마땅한 바(人道之所宜)에 힘쓰도록 하는 것", 즉 "사람으로서 지켜야 할 의로움에 힘쓰고"라고 해석하였으나 글자 그대로 해석해도 무방하다. 義는 '옳다고 여기다'의 뜻이다. 번지는 공자의 제자이기는 하나 정식으로 가르침을 받지는 못한 듯하다. 공자의 수레를 모는 수행비서 역할을 하면서 공자와 나눈 대화가 다른 제자에 의해서 기록으로 남은 것 같다. 그의 이해력이 그리 높지 않았는지 공자는 그에게 매우 쉽게 말해 준다. 이런 사정을 감안하고 위의 구절을 보자. 스스로 지혜로움이 어떤 것인지 잘 모르겠거든 백성이 옳다고 생각하는 것에 힘쓰고, 귀신을 존중하면서도 너무 가까이 하지 말라는 뜻이다. 〈공야장〉 5편 17장의 "장문중은 점치는 거북을 모셔 두는 집을 지었고, 기둥 위에는 산을 그려 넣었으며, 대들보 위 동자기둥에는 풀을 그려 장식하였으니 어찌 지혜롭겠는가?"라는 구절을 참고하라.

번지를 생각해서 해준 말이기는 하나, 지혜로움이란 특이한 것이 아니라 누구나 옳다고 생각하는 매우 상식적인 일에 힘쓰는 것임을 알 수 있다.

옹야-21 지혜와 살맘

선생님께서 말씀하셨다. "지혜로운 사람은 물을 좋아하고, 살맘(仁)을 품은 사람은 산을 좋아한다. 지혜로운 사람은 동적이고, 살맘을 품은 사람은 정적이다. 지혜로운 사람은 즐겁고, 살맘을 품은 사람은 오래간다."

子曰, "知者樂_요水, 仁者樂山. 知者動, 仁者靜. 知者樂, 仁者壽."

知는 상황의 변화 속에서 살맘(仁)을 구현하는 능력을 말한다. 살맘은 구체적인 상황에서 드러나게 되는데, 그런 상황을 잘 파악하는 힘이 知다. 자동차로 비유하면 살맘은 엔진이고, 知는 핸들이라고나 할까?

지혜로운 사람은 왜 물을 좋아할까? 지혜로운 사람은 사물의 이치에 통달한 사람이다. 마치 물처럼 어디에나 다 스며든다. 살맘은 사람을 살리고자 하는 마음이다. 인간은 하늘로부터 살맘을 받고 태어난다. 이는 잘 지키는 것이 중요하다. 그러므로 산에 비유한 것이다. 壽는 오래가다의 뜻이다. 살맘을 품은 사람은 사람을 살리고자 하는 마음과 생명을 아끼는 마음을 품고서 오래도록 우뚝하게 산같이 서 있다. 인수문(仁壽門)의 명칭은 여기서 따온 것이다.

'강처럼 줄기차게, 산처럼 우뚝하게'. 옛사람들은 자연을 보다가 어느 순간 마음을 바라본다. 마음을 보는 집중력에 주목하자. 그 집중력이 자연스럽게 발산될 때 주위와 화합하는 그 놀라운 힘을.

옹야-22 한번 변하면

선생님께서 말씀하셨다. "제나라가 한번 변하면 노나라에 이를 것이며, 노나라가 한번 변하면 (선왕의) 도에 이를 것이다."

子曰, "齊一變, 至於魯, 魯一變, 至於道."

공자가 살던 시대에 제나라는 상업이 번성해 강대국이 되었다. 그러나 공자가 보기에 제나라는 경제 강국일지 몰라도 문화로는 약소국이었다. 반면 노나라는 당시 경제 강국은 아니나 공자가 이상으로 여기는 주나라 문화의 전통이 남아 있었다. 여기서 도는 공자가 이상으로 삼는 선왕의 도를 말한다. 곧 힘에 의한 정치가 아니라 문화에 의한 살힘(德)의 정치를 펴서 백성이 편안히 살도록 하는 길이다. 당시에는 노나라가 제나라를 능가한다고 아무도 생각하지 않았다. 무력과 경제력에 별 방점을 두지 않는 공자의 속마음이 글 속에 잘 드러나 있다.

옹야-23 명과 실이 맞아야

선생님께서 말씀하셨다. "각진 술잔이 각지지 않으면 각진 술잔인가, 각진 술잔인가!"

子曰, "觚ᄀ不觚, 觚哉! 觚哉!"

觚는 각진 술잔이다. 명(名)은 실(實)과 맞아야 한다. 오늘날로 치면 이렇게 말할 수 있지 않을까? "환경부가 환경을 생각하지 않는다면 환경부인가 환경부인가!"

옹야-24 속는 것과 사리분별을 못하는 것

재아가 여쭈었다. "살맘(仁)을 품은 사람은 그에게 '우물 속에 살맘이 있다.'라고 하면 그 속으로 들어가겠지요?" 선생님께서 말씀하셨다. "어째서 그렇겠느냐? 군자를 가까이 가게 할 수는 있지만, 그를 (우물에) 빠지게 할 수는 없다. 속일 수는 있지만 사리판단을 못하게 할 수는 없는 것이다."

宰我問曰, "仁者, 雖告之曰, '井有仁焉.' 其從之也?" 子曰, "何爲其然也? 君子可逝^서也, 不可陷^함也, 可欺^기也, 不可罔^망也."

재아는 세속적인 이익에 연연하여 공자가 지향하는 바에 전적으로 동의하지는 않은 인물이다. 말하는 품이 좀 삐딱하다. 뒤의 仁을 人으로 보기도 하는데 전체적인 문맥은 마찬가지다. 欺와 罔의 차이를 보면, 망은 그물, 속이다의 뜻이 있어서 여기서는 '사리에 어두워 사리판단을 못한다'는 뜻이다. 〈위정〉 2편 15장에 "배우고 생각하지 않으면 사리판단을 하지 못한다(學而不思則罔)."라고 했는데, 이와 마찬가지로 일의 이치를 따져서 생각할 줄 모른다는 것이다. 곧 사리판단도 하지 못하여 속는 것이고, 欺는 단순히 속는 것을 말한다. 사리판단을 할 줄 안다면 살맘이 우물 속에 있다 해도 그 속으로 뛰어들지는 않는다는 말이다. 재아는 공자의 제자 가운데 변론을 잘하였다. 그 말재주를 대하는 공자의 내공이 느껴지는 구절이다.

옹야-25 넓히기와 좁히기의 균형

선생님께서 말씀하셨다. "군자가 글에까지 배움을 넓혀가고, 예로 그 배움을 집약한다면 또한 (길에서) 어긋나지 않을 것이야."

子曰, "君子博學於文, 約之以禮, 亦可以弗畔^반矣夫!"

畔은 원래 밭을 나누는 경계, 밭두둑이라는 뜻이지만, 여기서는 술어로 叛(배반할 반)과 같다. 공자가 평소에 강조하던 그 길과 어긋나지 않을 것이라는 말로 보인다.

〈자한〉 9편 10장에 "博我以文, 約我以禮"라는 비슷한 표현이 있다. 평소 공자가 제자들에게 여러 차례 강조했을 것이다. 그만큼 공자의 생각을 잘 보여주는 말이다.

학문으로 배움을 넓혀간다는 말은 학문을 배우기 전에 선행해야 하는 근원적인 배움이 있다는 말이다. 그 배움은 우리의 몸과 마음, 말과 행동, 삶을 사는 마음가짐과 사람을 존중하는 것에 대한 배움이다. 그런 후에 배움을 글로 넓혀가야 한다. 거시적인 안목을 갖추어야 사람을 아끼고 세상을 살리는 길을 알게 된다. 글을 익히더라도 앎으로 끝나서는 안 되며 사람을 존중하는 구체적인 행동, 곧 예(禮)로 모아져야 한다.

옹야-26 맹세코

선생님께서 남자(南子)를 만나자, 자로가 기뻐하지 않았다. 선생님께서는 다짐하며 말씀하셨다. "내가 잘못이 있었다면 하늘이 싫어할 것이다. 하늘이 싫어할 것이다."

子見南子, 子路不說^열. 夫子矢^시之曰, "予所否者, 天厭^염之. 天厭之."

說은 悅과 같다. 矢는 다짐하다.

　　공자는 주유천하를 시작하면서 위나라를 가장 먼저 방문하였다. 위나라는 주나라를 세운 연합 세력으로 주나라와 같은 희성이다. 건국 후 주나라를 보위하는 차원에서 가까운 곳에 봉토해주었다. 당시 위나라의 실세는 위령공의 사위인 공문자(공어)로, 〈공야장〉 5편 14장 "敏而好學, 不恥下問"의 주인공이다. 공자는 공문자와 인연이 있어 첫번째 방문국으로 위나라를 선택한 것 같다. 위령공에게 정치적인 희망을 걸었을 테고, 그의 부인인 남자가 자신에게 호의적이기까지 했으니 더더욱 희망을 가질 만하다.

　　남자는 송나라의 공주 출신으로, 위령공과는 30세 차이이다. 앞에서 등장한 송조와 피붙이라는 설이 있다. 위나라에서 자신의 세력이 없었던 남자가 위나라에 정치적인 희망을 걸었던 공자에게서 모종의 교집합을 확인했을 것이다. 남자는 소설이나 영화에서 요부로 나오는데 순전히 재미를 위해서 각색된 것 같다. 빼어난 미모에 정치적인 식견까지 갖춘 남자는 위나라 기득권 세력에게 경계의 대상이었다. 남자는 공자를 만나 그의 정치적인 견해를 들어보고 자신의 편이 될 것인지 가늠해보려고 했을 것이다.

　　단순하고 직설적인 자로가 보기에 평판이 안 좋은 남자를 만나는 스승이 탐탁지 않았던 듯하다. 하지만 공자는 세상의 평판을 그냥 받아들이지 않고, 직접 만나서 판단해보고자 했을 것이다.

옹야-27 균형과 조화의 덕은

　　선생님께서 말씀하셨다. "균형과 조화의 덕이 지극하건만 백성 사이에서 구현된 지가 오래되었다."

子曰, "中庸之爲德也, 其至矣乎. 民鮮久矣."

中庸은 쉽게 말하면 '균형과 조화'다. 과감하게 번역해보면 다음과 같다. '조화롭고 지속 가능한 삶의 힘은 참으로 지고지순한 것이로다. 그렇지만 백성이 그렇게 살지 못한 지가 오래되었다.'

백성이 균형과 조화의 삶을 살지 못한 지가 오래된 것은 곧 위정자가 제 역할을 못하기 때문이다. 공자의 바람은 자신이 직접 정치에 나아가 백성이 균형과 조화의 삶을 살 수 있도록 하는 것이었다.

옹야-28 살맘의 실천 방법

자공이 여쭈었다. "만약에 백성에게 널리 베풀어 많은 사람을 구제할 수 있다면 어떻습니까? 살맘(仁)을 품은 사람이라고 할 수 있습니까?" 선생님께서 말씀하셨다. "어찌 살맘을 품은 사람이라고만 하겠느냐, 반드시 성인일 것이다. 요임금과 순임금도 그렇게 못할까 봐 걱정하셨느니라. 살맘이란 자신이 서고자 하면 남을 세워주고, 자신이 도달하고 싶으면 남을 도달하도록 해주는 것이다. 가까운 데서 (남을 이해하는) 구체적인 예를 찾을 수 있다면 그것이 바로 살맘을 실천하는 방법이라고 할 수 있을 것이다."

子貢曰, "如有博施於民而能濟衆, 何如? 可謂仁乎?" 子曰, "何事於仁. 必也聖乎. 堯舜其猶病諸[저]! 夫仁者, 己欲立而立人, 己欲達而達人. 能近取譬[비], 可謂仁之方也已."

여기서 성인(聖人)은 재덕을 갖추고 위정자의 지위에 올라 대중을 크게 구원하는 인물을 말한다. 대중을 구제한다는 것은 결국 세상을 구원한다는 것이 아닌가? 공자가 살맘(仁)을 늘 중요하게 언급하니까 자공은 딴에 가장 이상적인 경우를 찾아 물었다. 자공은 존경하는 스승에게 인정받고 싶었던 것 같다.

자공이 낙담할까 염려했는지, 그가 이해할 수 있는 수준에서 살맘에 대해서 말해주고 있다. '자신이 원하는 것을 미루어서 남이 원하는 것을 이해하는 것'이 바로 恕인데, 곧 살맘에 가깝다. 자신만 생각하는 것은 모든 동물이 다 같다. 남을 생각할 줄 알고 함께 살아가는 것이 바로 사람다운 것이다. 살맘이란 다른 것이 아니다. 함께 살아갈 줄 아는 마음이다. 자신의 이익과 명예를 앞세우기 마련이지만, 그렇게 하면 인간관계와 공동체는 해체된다. 자신의 이익과 명예를 먼저 챙기려는 마음을 극복하는 것이 바로 극기복례(克己復禮)이다.

한 인디언이 다음과 같이 말했다고 한다. "진정한 지도자는 남에게 길을 가르쳐주는 사람이 아니라 그 길을 직접 먼저 가는 사람이다."

술이 7편

말과 행동

공자의 제자가 한 말이 다른 편에 비해 적고, 공자가 직접 한 말과 행동을 집중적으로 편집하였다. 특히 가르침과 성인(聖人)에 대한 내용이 많다. 공자 스스로 자신을 이러이러한 사람이라고 표현한 구절에서 그의 자의식을 엿볼 수 있다.

술이-1 옛것을 전해주고자

선생님께서 말씀하셨다. "옛것을 전해주고자 하되 (함부로) 창작하지는 않노라. 옛것을 믿고 좋아하니, 슬그머니 우리 노팽에게 빗대어보노라."

子曰, "述而不作, 信而好古, 竊⁸比於我老彭."

述은 밝혀 적는다는 뜻이다. 옛 문화 전통의 뜻을 밝혀 적겠다는 것이다. 信而好古에서 信과 好는 둘다 古를 목적어로 취한다. 옛것을 왜 믿는다고 했을까? 옛 전통에 사회를 변화시킬 힘이 있음을 믿는다는 뜻일 것이다. 주나라 문화의 원형을 세운 주공을 존중한다는 뜻과 통한다. 古는 오랜 시간이 지나도 변치 않는 가치를 지닌 것을 의미한다. 竊

은 '눈에 보이지 않게'라는 뜻의 부사이다. 여기서는 比를 꾸미는 말로 '슬쩍, 은근히'의 의미이다. 공자 스스로 대놓고 노팽에게 자신을 비유하기가 겸연쩍어서 쓴 것이다.

《논어》를 통석해보면 옛것을 전해주고자 한다는 것은 예악의 문화와 살맘(仁)과 살힘(德)에 의한 정치를 펴려는 뜻으로 이해할 수 있다. 짓지 않고 전술한다고 한 까닭은 충실하게 배우는 데 초점을 두기 때문이다. 공자는 배우기를 좋아하는 사람으로 자부하였다. 또한 공자가 살던 시대에 예악을 제정하는 일은 아무나 할 수 없었다. 공자가 비록 능력이 있고 좋은 뜻을 품었더라도 예악을 실제로 제정할 지위와 권한은 그에게 없었다. 예악을 새롭게 제정하고 덕치를 펴고자 하는 뜻은 공자 일생일대의 이상이었을 테지만, 겸손히 전설의 인물인 노팽에게 견주며 옛것의 뜻을 전한다고 표현한 것이다. 노팽은 고대 중국 은나라의 현명한 대부로 장수했다고 전한다. 옛것을 신뢰하여 그것을 전술한 인물로 알려져 있다. 공자가 노팽에게 자신을 비유한 것은 노팽 또한 예악을 제정할 지위는 없었으나 옛것을 믿고서 그것을 전술한 현자였기 때문이다.

옛것의 의미를 밝혀 전하기는 하되, 함부로 창작하지는 않겠다. 나는 시간이 지나도 가치를 잃지 않는 옛것의 의미를 믿고 좋아한다. 이 점에서 전설의 인물인 우리 노팽에게 넌지시 빗대어보노라.

술이-2 새기고, 배우고, 가르치라

선생님께서 말씀하셨다. "묵묵히 마음에 새기고, 배우면서 싫증내지 않으며, 가르치면서 해이해지지 않는 것, 이 셋 중에 어느 하나라도 내게 무슨 어려움이 있겠느냐?"

子曰, "默묵而識지之, 學而不厭염, 誨회人不倦권, 何有於我哉?"

識는 새기다. 厭은 싫어하다. 倦은 게을리하다, 해이해지다. 何有於我哉의 경우, 〈리인〉 4편 13장 "能以禮讓爲國乎, 何有"에서 何有를 "무슨 문제가 있겠는가"라고 해석했는데 이것과 같은 맥락이다. 혹은 이 구절을 글자 그대로 보아 '이 셋 중에 어느 하나인들 내가 제대로 하는 것이 있겠는가?'라고 해석하고 겸손한 표현으로 보기도 한다.

아는 것은 말하고 싶고, 배우다 보면 싫증이 나고, 남을 가르치다 보면 게으른 마음이 생기는 것이 인지상정이다. 마음에 묵묵히 새겨두고, 배우면서 성장하고 그 속에서 즐거움을 찾으며, 가르치면서도 그 가운데 배워가며 변화를 모색하는 공자의 열정을 느낄 수 있는 구절이다.

술이-3 나의 걱정거리

선생님께서 말씀하셨다. "살힘(德)을 기르지 않는 것, 배운 것을 익히지 않는 것, 옳은 일을 듣고 행동으로 옮기지 않는 것, 좋지 않은 점을 고치지 않는 것이 나의 걱정거리이다."

子曰, "德之不修, 學之不講, 聞義不能徙사, 不善不能改, 是吾憂也."

德之不修는 不修德에서 德이 앞으로 강조되어 나온 형태다. 네 글자로 글의 리듬을 살리고 있다. 다음도 마찬가지. 德은 《논어》에서 사람을 살리는 힘, 생명을 살리는 힘이다. 講은 원래 연구하고 토론하고 연습하는 것이다. 여기서는 몸으로 실습한다는 의미가 강하기에 학에 대해서 講이라고 한 것이다.

살힘(德)을 기른다는 것은 구체적인 행동을 통해서 사람을 살리고 생명을 아끼는 마음(仁)을 실천하고, 그 힘을 기르는 것이다. 살힘은 사람을 살리고 생명을 아끼는 마음을 품은 인간이면 누구나 가지고 태어난다. 하지만 이 힘을 계속 길러가지 않으면 소멸된다. 좋은 글을 꾸준히 읽고 사색하며, 선한 사람들과 함께 세상을 살리는 방향의 일을 꾸준히 해나가는 가운데 길러지는 것이리라.

살힘을 닦고 배움을 익혀가고 올바르게 행동하며 자신의 좋지 않은 점을 고쳐가는 것은 삶 전체를 배움의 과정으로 여기는 것이다. 공자는 늘 배우고자 했다. 젊을 때는 배우려고 하기 쉽지만 일정한 수준이 된 후에도 배우려고 하기는 쉽지 않다. 위대함은 바로 여기에 있다. 범인들은 어느 정도 배웠다고 생각하면 더 이상 배우려고 하지 않는다.

술이-4 일이 없을 때

선생님께서는 별일이 없을 때 편안하고 느긋하셨다.

子之燕^연居, 申申如也, 夭^요夭如也.

燕은 제비가 아니라 편안하다는 뜻이다. 연거는 오늘날로 보면 주말, 또는 휴가와 같이 공무나 특별한 일이 없는 때를 말한다. 〈향당〉 10편을 보면 공자는 공무를 볼 때 매우 긴장하는 듯한 모습이다. 그러나 사적 공간에서는 달랐다. 긴장과 이완의 균형을 유지한 것이다. 긴장과 이완의 적절한 리듬이 생기면 지속 가능한 상태가 된다. 활은 평소에 이완시켜 놓았다가 활시위를 걸어서 장력을 만들어야 쓸 수 있다. 긴장의 張에 弓자가 들어가는 까닭이다. 활시위를 풀어놓는 것이 이완의 弛다. 이완시키지 않으면 정작 활을 쓰려고 할 때 장력을 만들지 못한다. 인간사도 마찬가지다. 긴장과 이완의 균형은 그래서 중요하다.

술이-5 주공에 대해

선생님께서 말씀하셨다. "너무 쇠약해졌나보다. 내가 꿈에서 주공을 다시 뵙지 못한 지가 오래되었구나."

子曰, "甚矣吾衰也. 久矣吾不復^부夢見周公."

復는 다시의 뜻이다. 공자가 말년에 한 말일 것이다. 꿈에서 본 이유는 늘 그 생각을 놓지 않기 때문이다. 주공이 이룩한 문화적 정치를 실현하고자 했지만, 그러한 자신의 열정이 식어가는 모습을 의식한 것일지도 모른다. 꿈에서 다시 보지 못했다는 말은 그전에 계속 꿈에서 보았다는 말이다. 공자의 열정이 얼마나 컸는지 느낄 수 있다. 그의 열정은 말년에 교육과 학문으로 모아졌다.

주(周)는 은나라의 신하국이었는데, 임금의 나라를 무너뜨리고 새로운 나라를 세웠다. 은나라는 점과 신의 나라라고 할 만큼 신 중심의 사회였다. 지위가 높은 사람이 죽으면 수백 명의 사람을 산 채로 함께 묻었다. 이러한 사회를 인간 중심의 사회로 돌려놓는 계기가 주나라의 건립이었다. 또한 형벌과 약탈 중심의 사회 지배 체계를 가진 은나라와 달리, 종법제도를 바탕으로 예악을 통한 새로운 문화 시스템을 구축해 사회를 변화시켜 나갔다. 그 선구자가 바로 주공이다. 공자가 주공을 그토록 숭상한 것은 이와 같은 까닭이다.

술이-6 도·덕·인·예

선생님께서 말씀하셨다. "도(道)에 뜻을 두고 살힘(德)을 굳게 지키며 살맘(仁)에 의지하고 예(藝)에서 노닌다."

子曰, "志於道, 據거於德, 依於仁, 遊於藝."

志는 마음이 가는 바이다. 갈피가 없는 마음이 갈 곳의 방향을 정하는 것이 바로 志다. 道는 많은 사람이 함께 갈 수 있는 길이니 보편적 진리이자 '생명의 길'이다. 志於道란 '많은 사람이 함께 갈 수 있는 보편적인 생명의 길에 마음의 방향을 둔다'는 말이다. 據는 굳게 지키다. 德은 살힘이다. 사람을 살리고 더 나아가 세상을 살리는 마음의 힘이다. 據於德은 이러한 살힘을 굳게 지켜나간다는 말이다. 依於仁의 仁은 사람을 살리고자 하는 마음, 더 나아가 생명을 아끼는 마음이다. 이 마음 곧 살맘에 의지해야 도에 뜻을 두고 살힘을 굳게 지킬 수 있다.

遊는 뚜렷한 단기적인 목적 없이 배우고자 하는 마음으로 편안하게 여기저기를 다니는 것을 말한다. 그러니 遊는 삶의 에너지를 낭비하는 것이 아니라 축적하는 것이다. 옛날에는 직접 돌아다니면서 배웠기 때문에 '노닌다'라는 표현을 쓴 것인데 이 말에는 배움을 향한 다양한 시도가 담겨 있다. 藝는 원래 육예라고 해서 고대에 배우던 여섯 가지 기예(禮樂射御書數)를 말한다. 사회활동에 필요한 능력을 아우르는 말이다. 이러한 활동은 어느 하나만을 고집할 필요가 없기에 遊라고 썼다. 사회활동에 필요한 능력은 다양하고 편안하게 길러가야 한다는 말이다. 사람을 살리는 마음을 품고 세상을 살리는 길을 가고자 하는 사람은 구체적인 사회활동을 통해서 그 힘을 실천한다. 또한 그 능력을 키우는 일은 다양하고 편안해야 한다는 말로 이해할 수 있다.

술이-7 배움을 청하면

선생님께서 말씀하셨다. "스스로 머리를 묶는 열다섯 살 이상의 사람으로서 자신을 수양하는 자에게 나는 가르치지 않은 적이 없다."

子曰, "自行束脩^{수}以上, 吾未嘗無誨^{회}焉."

束脩는 束髮修身의 준말로, 15세를 가리킨다. 일정한 나이가 되어 스스로를 닦고자 하는 마음으로 배움을 청하면 가르쳐 주었다는 말이다. 또는 束脩를 한 묶음의 포육으로 보기도 한다. 이때는 '한 묶음의 포육을 예물로 가지고 오는 자'를 말한다. 즉 간소하나마 예를 갖추어서 배움을 청하면 이를 받아들였다는 말이다. 둘다 문맥이 통한다.

술이-8 다시 가르쳐주지 않는 경우

선생님께서 말씀하셨다. "애면글면하지 않으면 일깨워주지 않고, 끙끙대지 않으면 일으켜주지 않으며, 한 모퉁이를 보여주었는데도 나머지 세 모퉁이를 미루어 알지 못하면 거듭해서 가르쳐주지 않는다."

子曰, "不憤분계不啓계, 不悱비不發. 擧一隅우, 不以三隅反, 則不復부也."

憤은 배우려고 분발하다. 啓는 일깨우다. 悱는 입 밖으로 표현되지 않아서 애태우는 것이다. 發은 일으키다, 여기서는 표현하도록 도와준다는 뜻이다. 隅는 모퉁이.

'줄탁동시'라는 말이 있다. 병아리가 알을 깨고 나오려고 알 안에서 온 힘을 다해서 알을 쪼아대면 어미가 밖에서 같이 쪼아준다는 말이다. 새롭게 태어나는 성장의 과정을 거치려면 배우고자 하는 사람은 열정이 있어야 하고 더불어 그 열정을 이끌어주는 사람이나 환경이 있어야 한다. 위 구절은 언뜻 부정적인 말처럼 보이나 배우는 사람이 어떠해야 하는지를 말하고 있다.

술이-9 차마 하지 못하는 것들

선생님께서는 상을 당한 사람 곁에서는 배불리 식사하신 적이 없었다. 선생님께서는 곡을 하신 날에는 노래를 부르지 않으셨다.

子食於有喪者之側, 未嘗飽也. 子於是日哭, 則不歌.

차마 하지 못하는 마음, 그것이 곧 살맘(仁)이다. 살리고자 하는 마음이기 때문이다. 그 마음이 훼손되지 않도록 하고, 훼손되었다면 다시 회복시키는 것, 그것이 바로 공부다. 이 공부는 머리를 쓰기에 앞서 타인의 아픔과 슬픔에 공감하는 능력을 키우는 것이다. 누구나 이런 마음을 타고난다. 단지 개인의 욕망에 의해 가려질 뿐이다. 이 마음을 잘 길러가는 것이 공부의 요체다. 살맘을 잘 품는 것은 단시간에 되지 않는다. 평소 수없이 공감하고 돌아보고 실행하면서 키워가야 한다. 또한 살맘을 훼손시키는 일을 경계해야 한다. 폭력과 생명 경시에 둔감해지지 않도록 마음이 늘 깨어 있어야 한다.

술이-10 안회에 대해_자로

선생님께서 안연에게 말씀하셨다. "나라에서 자리를 주면 일을 하고 관직에서 물러나면 조용히 지내는 것은, 오직 나와 너만이 그렇게 할 수 있을 것이다." 자로가 여쭈었다. "선생님께서 삼군을 움직이게 하신다면 누구와 함께 하시겠습니까?" 선생님께서 말씀하셨다. "맨손으로 범을 잡으려 하고, 맨몸으로 황하를 건너다 죽어도 후회하지 않을 사람과 함께하지 않겠다. 반드시 일을 대함에 경계할 줄 알고 계획을 잘 세워 일을 이루는 사람과 함께하겠노라."

子謂顏淵曰, "用之則行, 舍之則藏^장, 惟我與爾有是夫!" 子路曰, "子行三軍, 則誰與?" 子曰, "暴^포虎馮^빙河, 死而無悔者, 吾不與也. 必也臨事而懼^구, 好謀而成者也."

藏은 조용히 지내는 것이다. 단순히 조용히 지내기만 하는 것이 아니라 자신의 뜻을 잘 간직하고 내실을 기하며 때를 기다리는 것이다. 숨는다, 물러나 도를 간직한다로 의역하기도 한다. 子行三軍의 行은 움직이게 하다, 즉 여기서는 통솔하는 것을 말한다. 三軍은 대군(大軍)을 뜻한다. 暴虎는 맨손으로 호랑이를 잡는 것이고, 馮河는 맨몸으로 황하를 건너는 것으로 무모함을 비유한다. 懼는 원래 두려워한다는 뜻이나 여기서는 戒와 통한다. 두려워하는 듯한 마음으로 경계하는 것을 가리킨다. 마음의 촉각을 세우고 민감하게 깨어 있는 것이다. 자형을 보면 心 옆에 작은 새가 눈을 크게 뜬 모습이다. 마음의 눈을 크게 뜨고 잘 살핀다는 것이다.

공자가 안연을 칭찬하자 자로도 칭찬받고 싶어서 물어본 것일까? 공자의 대답에서 넌지시 제자의 모자라는 부분을 채워주려는 마음이 느껴진다.

술이-11 부유함을 어찌할고

선생님께서 말씀하셨다. "부유함이라는 것이 추구할 만하면, 나는 비록 수레 앞에서 채찍을 드는 천한 일이라도 하겠다. 하지만 추구할 만하지 않다면 내가 좋아하는 바를 좇겠노라."

子曰, "富而可求也, 雖執鞭편之士, 吾亦爲之. 如不可求, 從吾所好."

士는 여기서 하위 관리를 가리킨다. 자신이 할 수 있는 것과 할 수 없는 것 가운데 진정 무엇에 힘써야 하는지는 자명하다. 부유함이 살힘(德)을 북돋는 것이라면 추구할 만하겠으나 그렇지 않다면 살힘을 해치지 않으며 삶의 길을 즐기는 것만 못하지 않겠는가? 조심스러운 표현 속에서 공자가 부유함을 추구할 생각이 없음을 읽을 수 있다.

술이-12 신중히 대한 것

　　선생님께서 조심하신 바는 재계와 전쟁과 질병이다.

　　子之所愼, 齊재, 戰, 疾.

愼은 (몸가짐과 말을) 조심하다. 齊는 齋와 같다. 경건하게 비는 마음이다. 공자가 개인사로 신께 비는 것이 아니라 수많은 인간의 생명과 관련해서 비는 것이었으리라. 재계는 제사 지내기 전에 몸과 마음을 깨끗하게 하는 것이다. 간절하게 마음을 담아야 하기 때문이다. 疾은 전염병이다. 전쟁과 전염병은 많은 생명과 직결한다.

술이-13 음악의 경지

　　선생님께서 제나라에서 순임금의 음악인 소를 듣고 석 달 동안 고기 맛을 잊으시고는 다음과 같이 말씀하셨다. "음악이라는 것이 이런 경지에 이를 줄은 생각하지 못하였다."

　　子在齊聞韶소, 三月不知肉味曰, "不圖爲樂악之至於斯也."

韶는 순임금 때의 음악으로 매우 아름답고 그 내용이 훌륭했다고 한다. 《사기》〈세가〉에 비슷한 문장이 나온다. "子在齊聞韶" 다음에 "學之"라고 쓰여 있는데, 이렇게 보면 뜻이 좀더 분명해진다. 단순히 음악을 듣기만 한 것이 아니라 음악을 배우느라 석 달간 고기맛도 모를 만큼 집중한 것이다. 평소 추구하던 예악의 좋은 본보기를 직접 접하였으니 그것을 배우는 일이 얼마나 즐거웠을까? 오늘날 아름다운 공동체를 실현하려는 꿈을 품고 있는 자가 그런 공동체를 체험하게 된다면 얼마나 기쁠까? 어디 고기맛뿐일까.

이때 공자의 나이는 삼십대 중반으로 추정된다. 주나라에서 수년 동안 왕자 조(朝)의 반란이 있었는데, 이 난리로 주나라의 예악이 많이 산실되고 왕실의 악관이 사방으로 흩어졌다. 공자가 제나라에서 들은 음악은 악관의 우두머리인 태사 지(摯)가 연주한 것이라는 설이 있다. 공자가 제나라에 왜 갔는지는 분명하지 않다. 그러나 노나라 소공의 망명과는 무관한 듯하다.

공자에게 악(樂)은 현실을 넘어서서 가장 이상적인 조화의 모습을 보여줌과 동시에 예(禮)와 함께 하는 것이다. 오늘날 상업음악의 지향점은 개인의 감정을 자극하거나 위로하는 경향이 있으니 공자가 생각하는 음악과는 거리가 있다.

술이-14 권력투쟁에 대해서

염유가 말하였다. "선생님께서 위나라 임금(출공 첩)을 도우실까요?" 자공이 말하였다. "알겠네. 내가 여쭈어보겠네." 자공이 안으로 들어가 "백이와 숙제는 어떤 사람이었습니까?"라고 여쭙자 "옛 현인이지."라고 말씀하셨다. "세상에 대한 원망이 있었을까요?"라고 여쭙자 "살맘(仁)을 추구하여 살맘을 얻었으니 다시 무엇을 원망했겠느냐?"라고 말씀하셨다. 자공이 밖으로 나와서 말하였다. "선생님께서는 위나라 임금을 위해 일하지 않으실 것일세."

冉有曰, "夫子爲衛君乎?" 子貢曰, "諾낙, 吾將問之." 入曰, "伯夷叔齊何人也?" 曰, "古之賢人也." 曰, "怨乎?" 曰, "求仁而得仁, 又何怨?" 出曰, "夫子不爲也."

爲衛君의 爲는 여기서 돕다(助)의 뜻이다. 위군은 위나라 영공의 손자인 출공 첩(輒)을 말한다. 영공의 아들 괴외는 영공의 부인인 남자에게 죄를 짓고 진(晉)나라로 도주했는데, 이때 괴외의 아들 첩, 곧 영공의 손자가 옹립됐다. 괴외는 이후 진나라를 등에 업고 위나라에서 자신의 아들과 권력투쟁을 벌였다. 諾은 승낙하는 말이다. 백이, 숙제는 은나라 말기의 현인으로 은나라 서쪽 변방 고죽국의 후계자였다. 서로 고죽국의 군위를 양보하였다고 한다. 훗날 무왕이 은나라를 칠 때 주나라가 신하의 나라이므로 은나라를 치지 말 것을 간언하였고, 주나라가 들어서고는 은나라에 대한 의리를 지킨 충신의 대명사가 되었다.

자공은 위나라 군주 출공 첩을 도울 것인지 알아보려고 에둘러 백이, 숙제를 거론하였다. 위나라에서 부자지간에 군주의 자리를 놓고 벌인 권력투쟁에 대해서 공자가 어떤 입장을 취할지 노골적으로 물어보기 어려웠을 것이다. 공자가 백이와 숙제를 칭송하였으므로 출공 첩을 돕지 않을 것임을 자공이 알아차린 것이다. 현실에서 힘을 가진다고 곧바로 가치의 당위를 인정받는 것은 아니다. 공자는 현실적인 힘보다는 가치를 우선시했을 것이다.

술이-15 뜬구름 같은 부귀는

선생님께서 말씀하셨다. "푸성귀에 밥을 먹고 맹물을 마시며 팔을 구부려 베개 삼아도 즐거움이 또한 그 가운데에 있지. 올바르지 않은 부귀는 나에게 뜬구름과 같은 것이야."

子曰, "飯疏食^사飮水, 曲肱^굉而枕^침之, 樂^락亦在其中矣. 不義而富且貴, 於我如浮^부雲."

疏는 蔬와 같으니 疏食는 푸성귀 위주의 식사, 곧 빈곤한 식단을 말한다. 肱은 팔뚝. 팔을 구부려 베개 삼는다는 것은 새우잠을 자는 것이니 누추한 잠자리를 가리킨다. 부자가 되는 것과 올바르게 행동하는 것이 꼭 일치하지는 않는다. 어디에 뜻을 둘 것인가? 가난 자체를 즐기라는 말이 아니라 가난하게 살더라도 불의하지 않은 삶을 즐기라는 말이다.

술이-16 나에게 몇 년의 시간이 더 주어진다면

선생님께서 말씀하셨다. "나에게 몇 년의 시간이 더 있어서 끝내 공부하게 된다면, 마침내 큰 허물은 없을 것이다."

子曰, "加我數年, 五十以學易(亦)可以無大過矣."

五十을 卒의 오기로 보아 '끝내'의 뜻으로 보는 설을 따랐다. 내려쓰기를 하던 때에 충분히 있을 법한 일이다. 또한 《노논어》에는 易이 亦으로 되어 있다. 그러니 易자에 너무 비중을 두지 않아도 되겠다.

자신을 믿고 따르던 제자들이 부지런히 공부하기를 바라는 마음이 아니었을까? 참고로 통상적인 해석은 이렇다. "나에게 몇 년이 더 주어져 쉰 살까지 역(易)을 공부한다면 큰 허물은 없을 것이다."

술이-17 문어체로 말씀하신 것은

선생님께서 문어체로 말씀하신 것은 《시》와 《서》와 예의 집행에 관한 것이었다. 이 모두는 문어체로 말씀하셨다.

子所雅言, 詩書執禮, 皆雅言也.

예를 집행할 때는 암송하지 않고 문서를 손에 쥐고 읽었다. 그래서 執禮라고 한다. 이는 존중의 뜻이다. 이 장은 해석이 다양하다. 관건은 '雅'를 어떻게 보느냐다. 雅는 常, 正의 뜻이 있다. 常으로 보면 '선생님께서 평소 말씀하신 것은 《시》와 《서》와 예의 집행에 관한 것이었다. 이 모두는 평소 말씀하시던 것이었다.'라고 해석된다. 주희가 이 해석을 따랐다. 正으로 보면 '공자께서 피휘하지 않고 원문 그대로 읽는 것은 《시》와 《서》, 그리고 예를 집행할 때였다. 이때는 모두 피휘하지 않고 글자 그대로 읽으셨다.'가 된다. 한대의 정현이 이렇게 해석하였다. 고문에서 雅는 대체로 바르면서 항상된 것을 말한다. 그래서 雅는 규범이나 표준을 뜻한다. 현대 이전까지 중국에서는 말과 글이 일치하지 않았다. 공자는 《시》, 《서》, 예의 집행에 관한 문서를 말할 때는 문어체를 사용했다는 것인데 시대가 변하더라도 통용되는 표준을 따랐다는 말이다. 단아하다, 고아하다라는 말에도 이러한 어감이 살아 있다.

술이-18 공자는 스스로를 어떤 사람이라고 설명했을까

섭공이 자로에게 공자에 대해서 물었는데 자로가 대답하지 못했다. (이 일을 듣고) 선생님께서 말씀하셨다. "너는 어째서 그는 (배우려고) 노력하느라 먹는 일도 잊고, (배움을) 즐기느라 근심을 잊다가 늙음이 곧 다가오는 줄도 모르는 사람이라고 말하지 않았느냐!"

葉公問孔子於子路, 子路不對. 子曰, "女奚不曰, 其爲人也, 發憤忘食, 樂以忘憂, 不知老之將至云爾."

爾는 이와 같다는 말이다. 늘 공부하고 노력하는 삶과 그런 삶에서 우러나오는 여유가 느껴진다. 끊임없이 배우는 삶, 그것도 즐겁게 배우는 삶이다. 공자의 삶은 배움과 가르침이 적절히 균형을 이루고 있다.

술이-19 나는 태어나면서 아는 사람이 아니라

선생님께서 말씀하셨다. "나는 태어나면서부터 아는 사람이 아니라, 옛것을 좋아하여 기민하게 그것을 추구하는 사람이다."

子曰, "我非生而知之者, 好古敏以求之者也."

敏은 빠르다는 뜻인데, 여기서는 행동이 빠른 것이 아니라 마음이 빠른 것이니, 민감하다는 뜻이다. 그런 의미에서 敏에는 부지런하다는 뜻도 있다.

나는 태어나면서부터 세상의 도리를 아는 사람이 아니다. 시간이 지나도 변치 않는 옛것의 의미를 좋아하고 그것을 민감한 마음으로 받아들여 그 속에서 새로운 의미를 찾아내는 사람이다.

어떤 얘기 끝에 나온 말인지는 몰라도 재능을 넘어서는 자세를 들어 제자들에게 배움을 권하고 있다. 굼뜨거나 잘 하지 않는 것이 게으른 것이 아니라, 배움에 대한 의욕이 없거나 마음의 생기를 잃고 형식적으로 하려는 것이 게으른 것이다.

술이-20 말씀하시지 않은 것들

선생님께서는 해괴한 일, 폭력에 관한 일, 질서를 어지럽히는 일,

귀신에 관한 일은 말씀하시지 않았다.

子不語怪力亂神.

괴력, 난신으로 나누기도 한다. 怪와 亂을 力과 神을 꾸미는 형용사로 보는 것이다. 그러나 용례가 부족해 각각 한 글자로 보는 게 자연스럽다. 굳이 마음을 쏟을 일이 아니면 언급조차 하지 않는다는 말이니 삶에 대한 온전한 집중력을 느낄 수 있다.

술이-21 세 사람이 길을 가면

선생님께서 말씀하셨다. "세 사람이 길을 가다 보면, 반드시 내가 본으로 삼을 만한 것이 생기게 된다. 좋은 점은 가려서 따르고, 좋지 않은 점으로는 나 자신을 바로잡는 것이다."

子曰, "三人行, 必有我師焉, 擇其善者而從之, 其不善者而改之."

비자발적인 상황이나 조건 속에서 자발적인 배움의 방향을 잡는 것이다. 나를 둘러싼 상황을 내가 모두 제어할 수는 없지만 어떤 상황에 처하든 어떤 사람을 만나든 그 속에서 배우려는 사람은 성장한다. 가장 안타까운 일은 무언가를 하고서도 아무것도 배우지 못하는 경우이다. 성장의 때와 장소는 따로 있지 않다. 바로 지금 여기가 성장하기에 가장 좋은 때와 장소다.

술이-22 환란이 닥칠 때

선생님께서 말씀하셨다. "하늘이 나에게 살힘(德)을 주셨으니, 환퇴가 나를 어찌하겠는가?"

子曰, "天生德於予, 桓魋其如予何?"

德은 사람을 살리는 힘, 나아가 생명을 살리는 힘이다. "하늘이 나에게 사람을 살리는 힘을 주었는데, 환퇴 따위가 나를 감히 어떻게 하겠는가?"

공자의 나이 60세 때다. 공자가 송나라를 지날 때 사마환퇴의 난을 만났다. 사마는 오늘날 국방장관에 해당한다. 《사기》에 이렇게 쓰여 있다. "공자가 조나라를 떠나 송나라로 갔다. 공자가 큰 나무 아래에서 예를 강습하고 있었다. 이때 환퇴가 큰 나무를 뽑아 공자를 죽이려 했다." 어떤 이유에서 환퇴가 공자를 죽이려 했는지는 자세하지 않다. 평소라면 공자가 이렇게 자부하는 듯한 말을 하지 않았을 것이다. 불안해하는 제자들을 안심시키려고 한 말일 것이다.

술이-23 감추는 게 없다네

선생님께서 말씀하셨다. "자네들은 내가 무언가를 감춰두고 있다고 생각하는가? 나는 자네들에게 감추는 것이 없네. 무언가를 행하고서 자네들과 함께하지 않은 것이 없네. 그게 바로 나일세."

子曰, "二三子以我爲隱乎? 吾無隱乎爾. 吾無行而不與二三子者, 是丘也."

二三者는 여럿을 한꺼번에 일컫는 말이다. 爾를 이인칭으로 보기도 하고, 乎爾로 붙여서 어조사로 보기도 한다. 문맥에는 별 차이가 없다.

당시 공자의 제자 가운데서 공자를 신비주의자로 여긴 사람이 있었던 것일까? 아니면 스승이 너무 고원한 곳에 계셔서 자신들에게 다 얘기해주지 않은 것이 있다고 여긴 것일까? 이에 대해서 공자는 스스로 아무것도 숨기지 않고 제자들과 함께하고 있다고 천명했다. 그러니 훗날 공자를 신성시하는 모습을 공자가 본다면 무슨 생각을 할까?

술이-24 네 가지를 가르치시다

선생님께서는 네 가지를 가르치셨으니 학문, 실천, 진심, 신의였다.

子以四教, 文行忠信.

忠은 충심, 진실을 뜻한다. 그런데 충성이나 충심이라고 번역하면 왠지 '나라에 대한'이라는 말이 앞에 붙어야 할 것 같다. 한나라 때 국교화된 후 나라에 대한 충성을 강조하면서 생긴 이미지의 영향이 크기 때문이다. 《논어》에서 공자가 말하는 忠은 마음속 진실이다.

송나라의 학자 정이천은 이렇게 말했다. "글을 배우고 행동을 고쳐 진실과 신의를 마음속에 품도록 가르치는 것이다. 진실과 신의가 근본이다." 진심은 드러나게 마련이다. 그런 의미에서 교사는 학생에게 드러나지 않는 것이 없는 존재다. 심지어 잘 드러내지 않으면 '잘 드러내지 않는다는 것'이 드러날 수밖에 없는 존재다. 그러니 그의 진심이 말과 행동의 뿌리가 될 수밖에 없다.

술이-25 이런 사람을 만나고 싶다

선생님께서 말씀하셨다. "성인(聖人)을 내가 만나지 못하는구나. 군자라도 만날 수 있으면 좋으련만." 선생님께서 말씀하셨다. "선한 사람을 내가 만나지 못하는구나. 한결같은 사람이라도 만날 수 있으면 좋으련만. 없으면서 있는 체하고, 비었으면서 가득 찬 체하며, 곤궁하면서 부유한 체를 한다면 한결같은 마음을 지녔다고 하기 어렵겠지."

子曰, "聖人, 吾不得而見之矣. 得見君子者, 斯可矣." 子曰, "善人, 吾不得而見之矣. 得見有恆^항者, 斯可矣. 亡^무而爲有, 虛而爲盈, 約而爲泰, 難乎有恆矣."

約은 여기서 곤궁의 뜻이다. 군자는 나에게 국한된 작은 자아를 넘어 남과 나를 아울러 생각할 줄 아는 사람이다. 성인은 그런 마음으로 세상의 불균형을 크게 바로잡고 지위와 덕을 갖추고서 세상의 평화를 실현한 인물이다. 성인을 볼 수 없다면 군자라도 보았으면 좋겠다는 말이니 최소한 작은 자아를 넘어서는 사람이 되라는 가르침이다. 선한 사람이란 살맘(仁)에 뜻을 둔 사람이다. 그런 사람을 볼 수 없다면 '유항자(有恆者)'라도 보고 싶다고 하였다. 유항자는 마음이 한결같은 사람이니 마음의 중심이 선 사람이다. 없으면서 있는 체하고, 비었으면서 가득 찬 체하며, 곤궁하면서 부유한 체를 하는 사람은 물질이나 환경에 휘둘리는 사람이니 아직 마음의 중심이 서지 못한 사람이다. 뜻을 중시하는 사람은 물질이나 환경에 휘둘리지 않는다. 어떻게 해야 마음의 중심을 세울 수 있는지는 《논어》를 통독하면서 생각해보자.

술이-26 차마 하지 않는 것

선생님께서는 낚시는 해도 그물은 쓰지 않으셨으며, 주살은 써도 (둥지에서) 자고 있는 새를 쏘아 맞히지는 않으셨다.

子釣^조而不綱^강, 弋^익不射^석宿.

釣而不綱의 釣와 綱은 어법으로 보면 둘다 술어다. 釣는 낚시질을 하다. 綱은 그물질하다. 弋은 새를 잡을 때 쓰는 줄이 달린 화살이다. 射이 맞히다의 뜻인 경우 '석'으로 읽는다. 宿은 여기서 목적어로 자고 있는 것, 곧 자고 있는 새를 뜻한다.

차마 하지 못하는 마음이 사람뿐만 아니라 생물에게 미치고 있음을 보여주는 구절이다. 생명이 있는 물체, 곧 생명체에 차마 하지 못하는 마음이 살맘(仁)이다.

술이-27 아는 것에 버금가려면

선생님께서 말씀하셨다. "제대로 알지 못하면서 새로운 것을 창작하는 경우도 있을 테지만, 나는 그런 적이 없다. 많이 듣고 그중에서 좋은 것을 가려서 따르며, 많이 보고 그중에서 좋은 것을 마음에 새겨둔다면 (제대로) 아는 것에 버금간다."

子曰, "蓋有不知而作之者, 我無是也. 多聞, 擇其善者而從之, 多見而識^지之, 知之次也."

多見而識之는 多見, 擇其善者而識之에서 반복을 피하기 위해 擇其善

者를 생략한 것이다. 제대로 알지 못하면서 말을 하거나 글을 쓰는 사람이 있을 것이다. 하지만 나는 그런 일이 없다고 말하니 이 얼마나 단호한가? 많이 듣는다는 것은 다양하게 듣는다는 말이다. 한쪽의 것만 듣지 않고 다양하게 들어서 그중에서 좋은 것을 선택해 실천하며, 다양하게 보고 그중에서 좋은 것을 마음속 깊이 잘 새겨둔다면 제대로 아는 것에 가깝다고 할 것이다. 공자 시대에는 글보다는 주로 직접 보거나 들으면서 배웠으리라. 다양하게 배우고서 그중에서 좋은 것을 가려낼 줄 알며, 가려낸 것을 깊이 새기고 실천한다면 지혜롭다고 해도 무방할 것이다. 배움에 있어서 넓힘과 좁힘의 관계를 다시금 생각하게 하는 구절이다.

술이-28 지난 일에 연연하지 않고

호향 사람은 같이 얘기하기에 곤란한 사람들이다. 그곳의 아이가 공자를 뵈었다. 제자들이 납득하지 못했다. 선생님께서 말씀하셨다. "바른길로 나아가면 인정해주고, 바른길에서 물러나면 인정하지 않는 법이다. 어찌 그리도 지나치게 대하는가? 사람이 몸과 마음을 깨끗이 하면 인정해주어야 한다. 지난 일에 연연할 것이 없다."

互鄕難與言, 童子見현, 門人惑. 子曰, "與其進也, 不與其退也, 唯何甚? 人潔결己以進, 與其潔也, 不保其往也."

호향은 마을이름이다. 이곳의 풍속이 매우 좋지 못했다고 한다. 혹은 이곳 사람들이 자신들만 알아듣는 말을 써서 다른 사람들과 대화하기 어려웠다고 한다. 전자로 보는 게 자연스러워 이를 따랐다. 與는 함께한다는 뜻이다. 함께한다는 것은 참여하는 것이고, 인정하는 것이다. 進과 退는 공자가 추구하는 길로 나아가는지 거기에서 물러나는지를 말한다. 공자가 말하는 도는 인류 보편의 길이므로 '바른길'로 옮겼다. 不保其往也의 保는 持, 往은 去의 뜻이니 지난 일을 가지고 있지 않는다는 말이다. 즉 지난 일에 연연하지 않는다는 뜻이다.

술이-29 살맘이 멀리 있는가

선생님께서 말씀하셨다. "살맘(仁)이 멀리 있는가? 내가 살맘을 실천하고자 한다면, 곧 살맘에 닿을 것이다."

子曰, "仁遠乎哉? 我欲仁, 斯仁至矣."

후한의 포함(包咸)이라는 학자는 이렇게 말했다. "살맘(仁)으로 가는 길이 멀리 있지 않다. 살맘을 펴면 곧 여기에 있는 것을(仁道不遠, 行之卽是)." 간디도 이와 비슷한 화법을 구사한 적이 있다. "평화로 가는 길은 없다. 평화가 곧 길이다."

살맘은 눈에 보이지 않아 존재하지 않는 것 같다. 마치 우리는 잘 느끼지 못하지만 늘 떠 있는 낮별처럼.

술이-30 나는 복이 많은 사람

진나라의 사패가 물었다. "소공은 예를 압니까?" 공자께서 말씀하셨다. "예를 알지요." 공자께서 물러가시자, (진나라 사패가) 인사의 예를 갖추어 무마기를 맞아들이면서 말하였다. "군자는 파벌을 만들지 않는다고 들었는데, 군자도 파벌을 만듭니까? 임금(소공)이 오나라에서 부인을 취하였는데, 성이 같기에 부인을 오맹자로 불렀소. 이런 임금이 예를 안다면 누가 예를 알지 못하겠소?" 무마기가 이 일을 알려드리자 선생님께서 말씀하셨다. "나는 복이 많은 사람이구나. 허물이 있으면 사람들이 반드시 알도록 해주니 말이다."

陳司敗問, "昭公知禮乎?" 孔子曰, "知禮." 孔子退, 揖읍巫馬期而進之, 曰, "吾聞君子不黨, 君子亦黨乎? 君取於吳, 爲同姓, 謂之吳孟子. 君而知禮, 孰숙不知禮?" 巫馬期以告. 子曰, "丘也幸, 苟有過, 人必知之."

司敗는 국방장관에 해당하는 벼슬이다. 進之의 之는 무마기. 무마기를 앞으로 나오게 하다는 뜻으로 그와 대면했다는 말이다. 사패의 벼슬이 더 높았기에 아마도 사패 쪽에서 먼저 무마기에게 그렇게 말했던 것 같다. 진사패는 소공이 노나라의 군주이기에 노나라 사람인 공자에게 소공이 예를 아는지 물은 것이다. 黨은 서로 도우면서 잘못을 숨기는 것이다. 取는 娶(장가들다)와 같다.

주나라는 희(姬)성과 강(姜)성의 연합세력이 세운 나라다. 오나라와 노나라는 모두 희성이었다. 동성끼리는 결혼하지 않는 것이 당시 예법이었다. 그래서 희 자를 숨기고 맹(孟)이라고 쓴 것인데, 진사패가 예에 맞지 않다고 지적하고 있다. 공자가 이를 모를 리 없으나 소공이 조국의 군주였으므로 자신의 입으로 거론하기 힘들었을 것이다. 진사패의 말을 듣고 스스로의 잘못을 인정하면서도 은연중에 소공의 행동이 예에 어긋났음을 인정하고 있다.

술이-31 주거니 받거니

선생님께서는 사람들과 노래 부르다가 (어떤 사람이) 노래를 잘하면, 반드시 다시 부르게 하시고는 뒤이어 화답가를 부르셨다.

子與人歌而善, 必使反之, 而後和之.

和는 답하는 것이니 화답가를 부르는 것이다. 和는 주고받는 상호작용으로 생긴다. 서로에게 반응하지 않으면 和는 생기지 않는다. 음악을 좋아한다는 것은 조화, 곧 어울림을 좋아하는 것이다. 그러니 어찌 어울리지 않겠는가?

술이-32 아직 제대로 하지 못했노라

선생님께서 말씀하셨다. "노력이야 내가 남보다 못하지는 않으나, 군자의 도리를 몸소 실천하는 것은 아직 제대로 하지 못했노라."

子曰, "文莫吾猶人也. 躬行君子, 則吾未之有得."

文莫의 莫을 不로 보아 文莫吾猶人也를 의문문으로 해석하기도 하지만 자연스럽지 않다. 文莫은 '忞慔(민모)' 즉 노력하는 것이다. 여기서 君子는 술어 行의 목적어다. 군자다움 또는 군자의 도리 정도로 이해하는 게 자연스럽다. 공자 스스로 노력하는 사람이며 아직 실천이 부족하다고 말함으로써 제자들을 독려하는 구절이다.

술이-33 제자들이 배울 수 없는 점

선생님께서 말씀하셨다. "성인(聖人)과 살맘(仁)을 품은 사람이야 내가 어찌 감히. 하지만 성인과 살맘을 품은 사람을 본받고자 노력하며 싫증내지 않고, 가르치는 데 게을리하지 않는다고는 말할 수 있다." 공서화가 말하였다. "바로 그런 것이 저희 제자들이 배울 수 없는 점입니다."

子曰, "若聖與仁, 則吾豈^기敢? 抑^억爲之不厭^염, 誨^회人不倦, 則可謂云爾已矣." 公西華曰, "正唯弟子不能學也."

豈敢 뒤에 '차마 어떻게 자부할 수 있겠느냐'는 의미가 생략되어 있다. 爲之의 爲를 學으로 곧바로 바꾸어 풀기도 한다. 之가 가리키는 바가 聖과 仁이므로 爲之는 '그렇게 되려고 하는 것', 곧 본받는 배움(學)으로 보아도 자연스럽다. 〈술이〉 7편 2장을 참고하자. 唯는 然, 是의 뜻이다. 正唯는 '바로 그러한 것'을 가리킨다.

술이-34 병이 깊어지자

선생님께서 병환이 깊어지시자 자로가 기도를 드리겠다고 하였다. 선생님께서 말씀하셨다. "그런 것이 있느냐?" 자로가 대답하였다. "있습니다. 뇌문에 이르기를 '당신을 위해 천지신명께 기도하나니.'라고 하였습니다." 선생님께서 말씀하셨다. "그런 것이라면 내가 이미 드려온 지 오래되었다."

子疾病, 子路請禱ᵈ. 子曰, "有諸ᵃ?" 子路對曰, "有之, 誄ᵉ曰, '禱爾于上下神祇ᵍ.'" 子曰, "丘之禱久矣."

病이 깊어지면 疾이 된다. 病자가 없는 판본도 있다. 禱는 개인적인 기도를 넘어서 어떤 의식을 행하는 것으로 보아야 한다. 祇는 땅의 신이다. 자로는 공자를 위해서 굿이라도 할 요량이었으나, 공자는 굳이 의식을 행하기를 원치 않았다. 의식을 갖춘 기도는 아니지만 이미 천지신명에게 기도하는 심정으로 살았기 때문일까?

술이-35 차라리 고루한 편이

선생님께서 말씀하셨다. "사치스럽게 하다 보면 불손해지고, 검소하게 하다 보면 고루해지지만, 불손하기보다는 차라리 고루한 편이 낫다."

子曰, "奢則不孫, 儉則固. 與其不孫也, 寧固."

孫은 不 뒤에 쓰여 술어다. 遜의 뜻으로 겸손하다. '與A寧B'는 'A보다는 B가 낫다'를 뜻하는 문형이다. 불손함이나 고루함은 이미 균형을 잃은 것이나 좀 답답한 사람이 되는 것이 상대를 존중할 줄 모르는 불손한 사람이 되는 것보다는 차라리 낫다.

술이-36 군자와 소인

선생님께서 말씀하셨다. "군자는 평온하고 너그럽거늘, 소인은 노상 근심걱정이다."

子曰, "君子坦탄蕩당蕩, 小人長戚척戚."

坦은 평탄하다. 蕩蕩은 너그럽다. 長은 오래도록. 戚戚은 근심하다. 인간생태학자인 코넬대의 칼 필레머 교수가 노인들에게 인생에서 가장 후회하는 것을 물어보니 "너무 걱정하며 살지 말걸 그랬다."라고 대답했다고 한다. 걱정하기보다는 내 마음에서 두려움의 실체를 찾아 그것과 마주해야 한다. 개인적인 차원의 걱정을 벗어버리면 마음은 평온하고 너그러워진다. 그러지 못하면 일신상의 근심에서 벗어날 날이 없다.

술이-37 공자의 성격

선생님께서는 따뜻하면서도 엄격하고, 위엄이 있으면서도 무섭지 않으며, 공손하면서도 편안하셨다.

子溫而厲려, 威而不猛맹, 恭而安.

厲는 엄격하고 엄정한 것이다. 威는 권위를 말한다. 건강한 권위는 자신의 이익이 아니라 보편적 가치로 이끄는 영향력이다. 猛은 제압하려는 거센 기운이다. 공자의 인격과 균형미를 느낄 수 있는 구절이다. 온화함이 지나치면 물러져 맺고 끊음이 분명하지 못하고, 위엄이 지나치면 사납게 느껴지며, 공손함이 지나치면 불안해 보이기 마련이다. 감정의 균형을 유지하면 그것이 성격이 된다. 때문에 감정은 정지 상태가 아니라 현실의 흐름에 따라서 달라진다. 감정의 균형은 일시적이기 쉬워 끊임없이 균형을 추구하는 수밖에 없다. 균형의 관점에서 자신을 돌아보자. 변화는 내가 알아차림으로써 시작된다.

태백 8편

살힘의 길

덕에 관한 이야기로 시작하지만 중반부에는 일관된 주제를 찾기 어려운 편이다. 특이하게 전반부에 증자의 얘기가 집중적으로 실려 있다. 후반부에는 요와 순과 우와 주나라의 덕을 기리는 문장이 여럿 보인다.

태백-1 살힘이 지극한 태백

선생님께서 말씀하셨다. "태백은 살힘(德)이 지극한 사람이라 하겠다. 세 차례 천하를 사양하였는데도 백성들이 칭송할 도리가 없었으니."

子曰, "泰伯, 其可謂至德也已矣. 三以天下讓, 民無得而稱焉."

태백은 주나라 건립의 초석을 닦은 문왕의 백부이다. 三以天下讓은 아버지가 죽은 후 곧바로 돌아가지 않아 계력이 상주가 되도록 한 것, 계력이 분상(奔喪)할 때 자신은 하지 않은 것, 탈상한 후 나라를 떠난 것을 말한다. 막내에게 권력이 이양되도록 세 차례 양보했다는 말이다.

문왕의 할아버지인 고공단보(후에 태왕으로 추존)에게는 아들이 여럿 있었다. 첫째가 태백, 둘째가 중옹(仲雍), 막내가 계력(季歷)이다. 계력의 아들이 후에 문왕이 된다. 살힘이 지극하다고 칭송한 것은 권력투쟁 대신 적임한 막내에게 권력을 양보하고도 이를 내세우지 않았기 때문이다. 권력을 직접 잡지 않고 막내 계력에게 양위해 훗날 백성들이 살힘을 입게 되었다. 살힘을 직접 발휘하지 않고도 펼 수 있도록 하는 것 또한 살힘이라는 관점은 당시에 새로운 사유방식이었다.

태백-2 예가 없으면

선생님께서 말씀하셨다. "공손하면서 예에 맞지 않으면 수고로울 따름이고, 신중하면서 예에 맞지 않으면 주눅이 들 뿐이고, 용감하면서 예에 맞지 않으면 혼란스러워질 뿐이고, 정직하면서 예에 맞지 않으면 숨 막히게 할 뿐이다. 군자가 친족에게 도탑게 하면 백성 사이에서는 살맘(仁)의 기풍이 일어나며, 옛 친구를 버리지 않으면 백성이 야박해지지 않을 것이야."

子曰, "恭而無禮則勞, 愼而無禮則葸시, 勇而無禮則亂, 直而無禮則絞교. 君子篤於親, 則民興於仁, 故舊不遺유, 則民不偸투."

葸는 두려워하다, 위축되다. 絞는 급박하다, 졸라매다, 숨 막히게 하다. 偸는 투박하다, 각박하다.

恭, 愼, 勇, 直의 가치는 관계 속에서 드러나야 한다. 이러한 가치는 사람을 아끼고 존중하는 마음이 없으면 그 의미를 상실하고 만다. '예가 없다'는 것은 상대를 존중하는 마음이 없거나 그 마음이 적절하게 표현되지 못했다는 것이다. 예는 적절한 표현으로 존중의 마음을 주고

받을 때 성립한다. 그것이 소통이다. 공손해도 상대를 존중하는 마음이 없거나 그 표현이 적절하지 못한 경우, 또는 상대가 마음을 받지 않거나 받기만 하고 줄 줄 모른다면, 공손함은 그저 수고로움으로 끝날 뿐이다.

무엇보다 예는 존중의 마음을 주는 것이다. 상대를 존중하는 마음을 가지고 적절한 표현으로 신중한 태도를 보일 때 그 신중함은 위축되거나 두려워하는 모습으로 전락하지 않는다.

또한 생명을 아끼고 사람을 살리고자 하는 마음에서 용기를 낸 게 아니라면 그 용기는 질서를 어지럽히게 된다. 정직하지만 존중하는 마음이나 적절한 표현을 갖추지 못하면 그저 상대를 옥죌 뿐이다. 존중의 마음과 표현이 관계 속에서 균형을 잃어버리면 어떻게 되는지를 잘 보여주는 문장이다.

"君子篤於親, 則民興於仁, 故舊不遺, 則民不偸."는 자연스러운 영향력을 말하고 있다. 군자는 지위가 있는 사람이라는 뜻과 덕이 있는 사람이라는 뜻이 있는데, 여기서는 전자를 말한다. 타인을 변화시키려다가 상호 존중의 관계를 잃어버리면 여러 가지 과오를 낳게 된다. 자신부터 변화하여 상대에게 자연스럽게 영향을 미쳐야 함을 말한다.

태백-3 조심스러운 증자

증 선생이 병을 앓았다. 제자들을 불러 말하였다. "내 발과 손을 펴보아라. 《시》에 이르기를 '두려워하고 조심하기를 깊은 연못에 다다른 듯이 하며 얇은 얼음을 밟는 듯이 하라.'라고 했는데, 내가 이제야 그런 걱정에서 벗어나게 되는 줄을 알겠구나, 제자들아!"

曾子有疾, 召門弟子曰, "啓계予足. 啓予手. 詩云, '戰戰兢궁兢, 如臨

深淵, 如履리薄박氷.' 而今而後, 吾知免夫, 小子!"

증자가 자신은 평생 조심하며 살아왔다고 제자들에게 말하고 있다. 증자가 그의 제자에게 늘 조심하는 삶을 살라고 한 말로 이해할 수도 있다. 확실히 공자와는 격이 다르다. 공자라면 어떻게 얘기했을까?

태백-4 죽음을 앞둔 증자

증 선생이 병에 걸리자 맹경자가 문병했다. 증 선생이 말하였다. "새는 죽을 때가 되면 구슬피 울고, 사람은 죽을 때가 되면 좋은 말을 한다고 합니다. 군자가 귀중히 여기는 도(道)가 세 가지 있습니다. 표정이나 행동거지는 사나움이나 거만함과 거리가 멀도록 하십시오. 얼굴빛을 바르게 하면 신실함에 가까워집니다. 말을 할 때는 천박하거나 사리에 어긋나지 않도록 하십시오. 그리고 제기와 관련한 일 같은 것은 담당 관리에게 맡기시면 됩니다."

曾子有疾, 孟敬子問之. 曾子言曰, "鳥之將死, 其鳴명也哀, 人之將死, 其言也善. 君子所貴乎道者三, 動容貌모, 斯遠暴포慢만矣, 正顔色, 斯近信矣, 出辭氣, 斯遠鄙비倍패矣. 籩변豆之事, 則有司存."

맹경자는 노나라 대부로 맹무백의 아들이다. 善은 쓸 만한 말을 한다는 뜻이다. 좋은 말을 한다고도 해석할 수 있다. "새는 죽을 때가 되면 구슬피 울고, 사람은 죽을 때가 되면 좋은 말을 한다."라는 얘기는 그때까지 전해지던 속담이었던 듯하다. 자신이 이제 곧 죽게 되었는데, 이

제부터 하는 말은 좋은 뜻이니 잘 새겨들으라고 인용한 것이다. 君子所貴乎道者에서 군자는 지위가 있는 사람이다. 여기서 도는 정치인이 자신을 수양하는 길이다.

태백-5 친구를 회상하는 증자

증 선생이 말하였다. "능력이 있으면서 능력이 없는 사람에게 묻고, 많이 알면서도 잘 모르는 사람에게 물으며, 있으면서도 없는 듯이 하고, 차 있으면서 비어 있는 듯하며, 남이 자신에게 잘못을 해도 따지지 않는다. 예전에 나의 친구가 이렇게 행동하였지."

曾子曰, "以能問於不能, 以多問於寡, 有若無, 實若虛, 犯而不校, 昔者吾友嘗從事於斯矣."

犯은 남이 잘못을 해오는 것. 校는 따지다 또는 보복하다. 이때의 친구는 안연일 것이다. 어찌 살아야 스승과 친구에게 이렇게 기억되는 것인가?

태백-6 군자다운 사람

증 선생이 말하였다. "육 척의 어린 임금을 맡길 수 있고, 사방 백 리의 정치를 위임할 수 있으며, 큰일이 닥쳐도 그것을 뺏을 수 없다면 군자다운 사람인가? 군자다운 사람이고 말고."

曾子曰, "可以託六尺之孤, 可以寄百里之命, 臨大節而不可奪^탈也, 君子人與? 君子人也."

六尺之孤는 어린 고아, 곧 어린 임금을 말한다. 육 척이면 지금으로는 140센티미터쯤 될 것이다. 寄는 기대다, 주다, 위임하다. 여기서는 앞의 託과 함께 기탁하다의 뜻이다. 大節은 나라의 안위존망이 걸린 중차대한 일이다. 奪의 목적어를 막연히 '뜻'으로 보기도 하나, 앞에서 나온 孤와 命 두 가지로 보는 것이 자연스럽다. 그에게 맡긴 어린 임금과 위임한 정치를 뺏을 수 없다는 말이다.

태백-7 선비의 길

증 선생이 말하였다. "선비는 도량이 넓고 의지가 강인해야 한다. 짐은 무겁고 길은 멀기 때문이다. 살맘(仁)이 자신의 짐이 되니 무겁지 않은가? 죽고 나서야 끝나니 멀지 않은가?"

曾子曰, "士不可以不弘毅의, 任重而道遠. 仁以爲己任, 不亦重乎? 死而後已, 不亦遠乎?"

弘은 크다, 넓다. 毅는 심지가 굳세다, 의연하다. 弘毅는 뜻이 넓고 굳세다. 任은 보따리다. 들고 갈 짐은 무겁고, 갈 길은 멀다. 책임은 막중하고 언제 끝날지도 모른다는 말이다. 선비는 이 세상을 품어야 하고 의연해야 한다. 세상에 살맘(仁)을 펴야 하니 책임이 막중하다. 살맘을 세상에 펴는 길은 늘 진행형일 수밖에 없다. 죽는 날까지 묵묵히 길을 갈 도리밖에 없으니 그 길은 얼마나 먼가?

태백-8 시와 예와 악

　　선생님께서 말씀하셨다. "시에서 일어나고, 예에서 서고, 악에서 이루어진다."

　　子曰, "興於詩, 立於禮, 成於樂."

시를 통해서 마음을 일깨우고, 다양한 시적 주체를 통해서 여러 상황과 입장의 차이를 이해하며, 예로 구체적인 존중의 행동을 배워 우뚝 서고, 음악을 배워서 조화를 표현하며 성정을 순화해 나간다면 온전한 성품을 이룰 수 있다.

태백-9 백성에게

　　선생님께서 말씀하셨다. "백성은 따르게 할 수는 있지만, 알게 할 수는 없다."

　　子曰, "民可使由之, 不可使知之."

由는 여기서 목적어를 취하는 타동사로 쓰여 따르게 하다. 之는 대명사로 앞의 民을 받는다. 오늘날의 관점으로 보면 할 말이 있는 구절이다. 중국 학자 방동미(方東美)는 그래서 "民可, 使由之. 不可, 使知之."로 구두점을 찍어서 "백성이 가능하면 따르도록 하고, 가능하지 않으면 알도록 한다."라고 해석했다. 공자를 현대적 관점에서 옹호하려는 뜻이 강해 보인다. 굳이 이렇게 해석하지 않아도 시대 상황을 고려하면 충분히 할 수 있는 말이다. 당시의 民은 지적 능력이 오늘날과 비교할 수 없는 수준이다. 그러니 일일이 이들이 알도록 하면서 정치를 펴기는 어려 웠을 것이다. 정치를 펼 때 지향점, 정책 등에 대해서 백성이 알게 하기 어렵다는 뜻으로 이해할 수 있다. 백성이 살힘(德)을 펴는 정치로 인해 좋은 영향을 받도록 하는 것이 중요하다는 의미일 것이다. 공자가 살던 시대와 비교하면 오늘날은 모든 이가 잠재적인 정치인이다. 그러니 알도록 해야 한다.

태백-10 용감함과 난폭함

선생님께서 말씀하셨다. "용감함을 좋아하면서 가난을 미워하면 난폭해진다. 사람으로서 살맘(仁)을 품지 않고 무언가를 너무 심하게 미워하면 난폭해진다."

子曰, "好勇疾貧, 亂也. 人而不仁, 疾之已甚, 亂也."

疾은 병이라는 뜻이 아니라 술어로 미워하다. 亂은 여기서 난폭하다의 뜻이다. 已는 너무. 용기를 좋아하면서 가난을 원망한다면 불의한 방법을 써서라도 가난에서 벗어나려고 할지 모른다. 그런 사람은 난폭해질 수 있다. 부유함에만 뜻을 두고 산다면 그럴 수도 있을 것이다. 살리고자 하는 마음(仁)을 품고 있어야 무언가를 미워할 수 있다. 살맘이 없으면서 무언가를 미워하는 마음이 심해지면 난폭해지는 법이다.

태백-11 교만하고 인색하다면

선생님께서 말씀하셨다. "주공과 같은 아름다운 재능이 있더라도 교만하고 인색하다면, 나머지는 볼 만한 것이 없다."

子曰, "如有周公之才之美, 使驕ᅭ且吝ᅵᆫ, 其餘不足觀也已."

아무리 뛰어난 재능이 있으면 무엇 하겠는가? 무엇을 위해서 어떻게 쓰느냐가 중요하다. 교만하고 인색하다면 어디에다 재능을 쓰겠는가? 뻔할 뻔자다.

태백-12 삼 년 동안 배우고서

선생님께서 말씀하셨다. "삼 년을 배우고서 착해지지 않기는 쉽지 않다."

子曰, "三年學, 不至於穀ᅩᆨ, 不易ᅵ得也."

穀은 두 가지 풀이가 가능하다. 하나는 곡식, 즉 벼슬을 하여 받는 봉록이고, 하나는 善자로 보는 것이다. 주희는 至를 志로 읽고서 "삼 년 동안 배우고서 벼슬에 뜻을 두지 않기는 쉽지 않다."라고 해석하였으나 원래 글자대로 읽어도 충분히 뜻이 통한다. 공안국은 穀을 善으로 보았는데, 고문에서 穀이 善의 뜻으로 쓰이는 경우가 많다. 둘다 뜻이 통한다. 공자 자신도 배우고서 정치에서 이를 실현하려 하였다. 배우고서 이를 펼치는 데 뜻을 두는 것은 자연스러운 일이다. 제자들에게 배움을 독려하는 뜻으로 보면 자연스럽다.

태백-13 부끄러운 일

선생님께서 말씀하셨다. "독실하게 믿고 배우기를 좋아하며, 결사적으로 바른 도를 지키며, 위태로운 나라는 들어가지 않고 어지러운 나라에는 머물지 말라. 천하에 도가 행해지면 드러내고, 도가 행해지지 않으면 조용히 지내라. 나라에 도가 행해질 때 빈천한 것은 부끄러운 일이며, 나라에 도가 행해지지 않을 때 부귀한 것은 부끄러운 일이다."

子曰, "篤信好學, 守死善道. 危邦不入, 亂邦不居. 天下有道則見^현, 無道則隱. 邦有道, 貧且賤焉, 恥也, 邦無道, 富且貴焉, 恥也."

守死는 직역하면 죽음으로 지킨다는 뜻이나 여기서는 '결사적으로 지킨다'라고 보는 게 자연스럽다. 天下를 고주에서는 '천자'를 가리키는 것으로 보았다. 어쩌면 공자가 天下라고 완곡하게 표현한 내용의 실제는 천자일지도 모른다. 당시 권력 구조의 정점에 천자가 있었기 때문이다. 見은 드러내다, 나타내다. 제자에게 삶의 큰 방향을 분명하게 일러주는 문장이다.

태백-14 직위와 도모

선생님께서 말씀하셨다. "그 직위에 있지 않으면 그 직위에 해당하는 정무를 도모하지 않는다."

子曰, "不在其位, 不謀其政."

謀는 대개 공적인 일을 계획하는 것을 말한다. 政은 정무(政務) 또는 정사(政事)이다. 맡은 직무의 계획을 세우는 일은 담당자의 몫이므로 월권을 하지 않는다는 말이다. 하지만 정사에 대해서 일절 말을 하지 않는다는 뜻은 아닐 것이다.

태백-15 음악의 감흥

선생님께서 말씀하셨다. "악사인 지(摯)가 처음에 연주한 '관저(關雎)'의 마지막 악장이 귀에 가득 차 넘치는구나."

子曰, "師摯之始, 關雎저之亂, 洋洋乎盈영耳哉!"

始는 악사로서 일을 하던 초기로 보기도 하고, 음악 연주를 시작할 때로 보기도 한다. '관저'는 《시경》〈국풍〉의 첫번째 시다. 亂은 음악의 종장. 洋洋乎는 넘쳐 흐르는 모양이다.

〈팔일〉 3편 20장에 "《시》에서 '관저'의 내용은 즐거워하면서도 지나치지 않고 슬퍼하면서도 마음이 다치지는 않는구나."라는 구절이 있다. 감정을 온전히 표현한 것으로 칭송한 시다. 당시의 시는 악곡이 붙어 있었다. 내용과 형식, 표현에 있어서 균형과 조화의 아름다움을 지닌 음악을 직접 듣고 나서, 그 감흥을 잊지 못해 여전히 귓가에 들리는 듯하다며 칭송하는 구절이다.

태백-16 볼 게 없는 사람

선생님께서 말씀하셨다. "뜻은 크면서 정직하지 않고, 맹하면서 착하지 않으며, 순박하면서 믿을 수 없다면, 그런 사람은 내가 모르겠노라."

子曰, "狂而不直, 侗^통而不愿, 悾^공悾而不信, 吾不知之矣."

狂은 뜻은 높고 크나 행동이 미치지 못하는 것이다. 侗은 맹하다. 愿은 질박하다, 순박하다, 착하다, 성실하다 등 뜻이 여럿인데 이 문장에서는 다 통한다. 悾悾은 순박하다, 꾸밈없이 진솔하다, 거짓이 없이 정성스럽다 등의 의미이다.

뜻이 크다면 반드시 도덕성을 갖추어야 한다. 미래에 뜻을 두어도 현실에서 정직함을 잃는다면 미래를 보장할 수 있겠는가? 맹하면서 착하지 않고, 세상물정을 모르는 순박한 사람이 믿음직하지 않다면 더 이상 볼 것이 없다. "그런 사람은 내가 모르겠노라."라는 말은 그런 사람을 어떻게 해야 할지 모르겠다는 말이니 더 이상 가망이 없다는 말이다.

태백-17 배우는 자세

선생님께서 말씀하셨다. "배울 때는 이르지 못할 것처럼 하고, (배우고 나서는) 배운 것을 잃어버릴까 걱정하라."

子曰, "學如不及, 猶恐失之."

자신이 부족하다고 느끼는 사람은 부지런히 배우기 마련이다. 마음이 조금이라도 교만해지면 진정한 배움은 생기지 않는다. 삶으로 드러나야 하는 배움이니 배울 때는 그 배움의 경지에 이르지 못할 것처럼 간절하고 안타까운 마음으로 열심히 임해야 한다. 그 배움은 완성이 아니라 과정이다. 배웠다고 생각하는 순간 배움은 조금씩 나에게서 멀어진다. 배웠다고 하더라도 늘 잃어버릴까 염려하는 마음으로 그 배움을 지켜나가야 하는 것이다.

성장을 가로막는 두 가지가 있다. 태만과 교만이다. 만족하면 거기서 그만이다. 성장은 자전거 타기와 비슷하다. 끊임없이 균형을 잡으면서 앞으로 나아가야지 만족하여 멈추는 순간 거기가 끝이다. 무언가를 배우고 나서 배운 것을 잃어버릴까 염려하지 않으면 배운 것은 어느새 없어지고 만다. 악기를 배우는 일이든 삶을 배우는 일이든.

태백-18 천하를 가지고서도

선생님께서 말씀하셨다. "높고도 높도다. 순임금과 우임금은 천하를 가지고서도 거기에 마음을 두지 않으셨다."

子曰, "巍외巍乎, 舜禹之有天下也而不與焉."

巍는 높다. 與는 간여하다. 不與는 천하를 가지고 천자가 되어서도 사욕을 부리지 않았다는 말이니, 오직 온 나라와 백성만을 위해서 일했다는 뜻이다. 또한 천하를 소유했다는 사실에 마음을 두지 않았다는 말이기도 하다.

가장 높은 자리에 오른 사람은 그 자리에 올랐다는 사실에 마음을 두어서는 안 된다. 그 자리는 모든 일이 수렴되는 곳이자 의사소통의 꼭짓점이다. 의사를 수렴하고 소통하는 데 마음을 두어야 가장 윗자리를 차지하였다는 사실에 연연해서는 안 된다. 순임금과 우임금은 자리에 연연하지 않고 해야 하는 일에 몰입했을 뿐, 사사로운 마음이 없었으므로 공자가 칭송하였다.

태백-19 찬란하도다, 그가 이룬 문화는

선생님께서 말씀하셨다. "크도다, 임금으로서 요는! 높고 높도다. 오직 하늘만이 위대하거늘 요임금만이 이를 본받았네. 넓고 넓도다. 백성이 거기에 이름을 붙일 수 없었네. 높고도 높도다, 그가 이룬 것이여. 찬란하도다, 그가 이룬 문화는!"

子曰, "大哉堯之爲君也! 巍외巍乎! 唯天爲大, 唯堯則칙之. 蕩탕蕩乎, 民無能名焉. 巍巍乎! 其有成功也, 煥환乎其有文章!"

則은 술어로 法, 즉 본받다. 之는 대명사로 앞의 天을 가리킨다. 煥은 빛나다. 文章은 예악 등의 문화와 법령 제도를 말한다. 章은 구체적으로 드러난 형식을 가리킨다.

요와 순은 이상적인 임금이다. 이러한 상을 가지고 현실의 군주를 유도했으리라. 이상적인 상이 있는 것과 그렇지 않은 것은 차이가 크다. 그러한 상이 비록 현실적이지 않더라도 상이 있으면 그것을 향해 나아갈 수 있다. 평화롭지 못한 세상에서 평화와 조화, 균형을 이룬 인물로 공자는 요, 순을 마음에 두었다. 요와 순이 세상에서 가장 높은 지위에 있으면서도 세상에 가장 바람직한 영향을 미쳤다고 보는 것이다. 김규항은 《예수전》에서 평화를 이렇게 정의했다. "평화란 온 세상이 잃어버린 조화를 회복하는 것이다."

태백-20 인재의 중요성

순임금에게는 다섯 신하가 있어서 천하가 잘 다스려졌다. 무왕이 말하였다. "나에게 세상의 혼란을 다스릴 신하 열 사람이 있다." 공자께서 말씀하셨다. "인재를 얻기가 어렵다. 그렇지 않은가? 요의 시대에서 순의 시대로 넘어가던 때와 무왕 때 인재가 풍성하였다. 그중에는 부인이 한 사람 있었으니 실제로는 아홉 사람이었다. (주나라 문왕은) 천하의 삼분의 이를 가지고도 은나라를 섬겼으니, 주나라의 덕이 지극하다고 할 수 있을 것이다."

舜有臣五人而天下治. 武王曰, "予有亂臣十人."

孔子曰, "才難, 不其然乎? 唐虞之際, 於斯爲盛. 有婦人焉, 九人而已. 三分天下有其二, 以服事殷. 周之德, 其可謂至德也已矣."

唐虞는 唐堯虞舜의 줄임말이다. 당우씨(唐虞氏)라는 표현이 있는 것으로 보아 아마도 씨족명인 듯하다. 이 문장은 중간 부분의 문맥이 다소 어색하다. 唐虞之際, 於斯爲盛에서 於斯의 斯는 '이때' 즉 무왕 때를 가리키는 것으로 보되, 나열로 보아야 뜻이 통한다. 於를 與로 보는 설(왕인지)에 따라 해석해둔다. 핵심은 才難, 즉 인재를 얻기 어렵다는 말이다. 인재를 얻기 어려운데 요순과 무왕 때 인재가 많았다는 말이다. 그런 훌륭한 인재를 두고 천하를 거의 가졌는데도 은나라를 여전히 섬겼음을 칭송하였다. 부인은 문왕의 부인인 태사(太姒)라는 설과 무왕의 부인인 읍강(邑姜)이라는 설이 있다. 문왕이 훌륭한 인재를 얻고 세상의 삼분의 이를 차지했지만 여전히 은나라를 섬긴 것은, 세상을 살리는 덕이 지극했기 때문이라는 말이다.

태백-21 흠잡을 데 없는 사람

선생님께서 말씀하셨다. "우임금은 흠잡을 데가 없도다. 마시고 먹는 것이 형편없었으면서도 조상신과 신에게 제사를 정성껏 드렸고, 좋지 않은 옷을 입으면서도 제사 때 입는 옷과 관은 지극히 아름다웠으며, 자신이 사는 집은 야트막하게 지었으면서도 논밭에 물 대는 일에는 최선을 다하였네. 우임금은 흠잡을 데가 없도다."

子曰, "禹, 吾無間然矣. 菲飮食而致孝乎鬼神, 惡衣服而致美乎黻^불冕^면, 卑宮室而盡力乎溝^구洫^혁. 禹, 吾無間然矣."

間은 여기서 술어로 틈을 내다, 흠잡다, 비난하다. 然은 어조사로 문장 끝에 쓰여 긍정의 뜻을 표시한다. 菲는 薄의 뜻으로 형편없다. 致는 술어로 극진하게 하다. 黻은 제사 때 입는 옷, 冕은 제사 때 쓰는 관이다. 溝洫은 논밭 사이의 도랑이다.

지위가 높은 공인일수록 사(私)보다 공(公)에 훨씬 더 비중을 두어야 균형이 맞는다는 것을 말하고 있다.

자한 9편

어떻게 행동할 것인가

공자가 어떻게 행동했는지 엿볼 수 있는 문장이 많다. 공자 인생 후반부에 했을 법한 이야기가 여럿 보인다. 중반부에 안연이 스승을 칭송하는 문장에서는 안연의 높은 학문 수준을 느낄 수 있다.

자한-1 드물게 말한 것

선생님께서는 이익과 운명과 살맘(仁)에 대해서 말씀하시는 경우가 드물었다.

子罕한言利與命與仁.

罕은 드물다. 罕言은 드물게 말하다, 잘 말하지 않다. 命은 천명, 운명, 사명을 가리킨다. 《논어》에서 공자가 말하는 命은 천명과 사명의 의미가 섞여 있다. 다른 해석도 있다. "공자께서는 이로움에 대해서 거의 말씀하지 않으셨다. 말씀하시는 경우에는 命, 仁과 함께 하셨다." 두 가지 다 뜻은 통한다.

이 구절은 공자가 직접 한 말이 아니다. 《논어》에는 살맘(仁)이라는 글자가 여러 곳에서 보이는데 어째서 드물게 말했다는 것인가? 추측건대 공자가 살맘이 어떤 것이라고 개념을 규정해 얘기하는 경우가 매우 드물었다는 말일 것이다. 어떤 행동이 살맘인지 아닌지를 말한 경우는 있지만, 살맘 자체를 따로 규정한 예는 거의 없다.

자한-2 수레나 몰아야겠구나

달항 고을 사람이 말하였다. "위대하시군요, 공자여! 폭넓게 공부하였으나 한 분야에서 이름을 이루지는 않으셨군요." 선생님께서 그 말을 들으시고 제자들에게 말씀하셨다. "내가 무엇을 붙잡을까? 수레몰이를 붙잡을까, 활쏘기를 붙잡을까? 나는 수레몰이를 붙잡아야겠구나."

達巷^항黨人曰, "大哉孔子! 博學而無所成名." 子聞之, 謂門弟子曰, "吾何執^집? 執御^어乎? 執射^사乎? 吾執御矣."

達巷은 고을 이름. 達巷黨人은 달항 고을 사람. 黨은 500호 이상의 마을이다. 執은 하나를 붙잡다, 하나를 전문으로 다루다, 전공하다. 御는 수레몰이로 육예 중 하나. 射는 활쏘기이다.

수레몰이는 육예 중에서 가장 낮은 것으로 여겨졌다. 겸손한 표현이기도 하거니와 다소 기지가 있는 듯하다. 달항 고을 사람의 말은 듣기에 따라서 살짝 비꼬는 말처럼 들리기도 한다. 그렇게 보면 비꼬는 말을 유연하게 받아넘기고 있는 것이다.

자한-3 대중을 따를 것인가, 거스를 것인가

선생님께서 말씀하셨다. "삼베로 만든 관을 쓰는 것이 예법에 맞다. 하지만 지금은 명주로 만든 관을 쓴다. 검소하므로 대중을 따르겠노라. 집터 아래에서 절하여 인사하는 것이 예법에 맞다. 하지만 지금은 집터 위에서 절하여 인사한다. 거만한 것이다. 비록 대중과 어긋나더라도 나는 아래에서 인사하는 예법을 따르겠노라."

子曰, "麻마冕면, 禮也. 今也純순, 儉, 吾從衆. 拜下, 禮也, 今拜乎上, 泰也. 雖違衆, 吾從下."

麻冕은 옛날 예관(禮冠)의 하나로, 삼베실로 곱게 짜서 만든다. 純은 생사로 만든 것을 뜻한다. 명주로 만들어 마면보다 간편하다. 拜下는 신하가 임금을 뵐 때 당(堂) 아래에서 먼저 절을 하는 것. 泰는 거만하다, 교만하다.

예법은 현실에 따라 변하기 마련이다. 현실의 변화에 대응하는 기준은 무엇인가? 검약과 태만에 따른 예의 변화 그리고 그것의 변용에 대해 생각거리를 주는 구절이다. 대중을 따르는 것(從衆)과 대중과 다르게 행동하는 것(違衆)의 기준을 생각해보자. 기준은 대중 자체에 있지 않다. 대중은 이중적이다.

자한-4 네 가지를 끊다

선생님께서는 네 가지를 끊으셨다. 사사로운 의도를 끊었고, 기필코 하겠다는 생각을 끊었고, 고집을 끊었고, 자신만을 앞세우는 것을 끊으셨다.

子絶四, 毋^무意, 毋必, 毋固, 毋我.

絶은 끊다, 絶四는 네 가지를 끊다. 意는 임의로 하다, 자의로 결정하다, 확실하지 않은 것을 마음대로 단정하다. 오기를 부리는 것으로 보는 설도 있다. 必은 반드시 하다. 기필코 어떤 일을 하려는 것으로 곧 집착이다. 어떤 일을 반드시 하고야 말겠다는 생각 자체가 나쁘다기보다는 현실의 상황이나 관계를 전혀 고려하지 않고 일의 성공에만 집착하는 것이 必이기 때문에 끊은 것이다. 固는 고루함, 고집, 완고함, 꽉 막힌 것. 我는 자기 개인만을 생각하는 것으로 아집을 말한다. 노장의 분위기가 느껴지는 문장이다. 《논어》 전체를 놓고 보면 다소 이질적이다. 공자가 한 말이 아니라 제자가 공자에 대해 한 말이다.

자한-5 그의 문화가 여기에 있다

선생님께서 광 땅에서 고초를 겪으면서 말씀하셨다. "문왕께서는 이미 돌아가셨으나 그분의 문화는 여기에 있지 않겠는가? 하늘이 이 문화를 없애려 했다면 뒤에 죽을 나 같은 사람은 이 문화에 참여하지 못했을 것이다. 하늘이 이 문화를 없애려고 하지 않을진대 광 땅 사람들이 나를 어찌하겠느냐?"

子畏於匡^광, 曰 "文王旣沒^몰, 文不在玆^자乎? 天之將喪斯文也, 後死者不得與於斯文也. 天之未喪斯文也, 匡人其如予何?"

畏는 여기서 두려운 일을 만나다의 의미로, 어렵고 위험한 일을 당했다는 말이다. 匡은 지금의 허난성 창위안현 남서쪽에 위치했던 땅 이름이다. 공자가 광 땅을 지나기 전에 노나라 양호(陽虎)라는 자가 이곳을 공격하고 포악한 짓을 해서 이곳 사람들이 양호에게 나쁜 감정을 가지고 있었다. 공교롭게도 공자의 외모가 양호와 비슷해서 이곳을 지나갈 때 사람들이 공자를 양호로 오해하고 해치려고 한 일이 있었다. 양호의 수레를 몰던 이가 공자 문하에서 공자의 수레를 몰았는데, 광 땅의 사람들이 그래서 오해했다는 설도 있다. 文은 예악제도, 문화, 문장(〈태백〉 8편 19장 참고)이다. 茲는 이곳, 여기. 이 구절에서는 공자 자신을 가리킨다. 喪은 죽다, 없애다, 멸하다, 상실하다. 斯文은 이 문화. '사문'은 훗날 유학의 도를 가리키게 되었다. 사문난적의 '사문'이 여기서 나온 말이다. 後死者는 뒤에 죽을 사람, 곧 공자 자신을 말한다. 與는 참여하다, 관여하다. 如~何는 '~를 어떻게 할 것인가'. 목적어가 짧을 경우에는 如와 何 사이에 목적어가 직접 오지만 목적구나 목적절이 오는 경우에는 如之何其~의 형태로 쓴다. 제자를 안심시키려는 말에서 공자의 높은 자의식이 엿보인다.

자한-6 신분이 낮아서 많은 일에 능할 뿐

태재가 자공에게 물었다. "선생께서는 성인(聖人)이신가? 어찌 그리도 다재다능하신가?" 자공이 말하였다. "진실로 하늘이 그분을 성인으로 (이 세상에) 내어놓으셨기에 또한 여러 가지에 능하신 겁니다." 선생님께서 그 얘기를 듣고 말씀하셨다. "태재가 나를 아시겠는가? 나는 젊어서 신분이 낮았기에 자질구레한 일을 많이 할 줄 아는 것이다. 군자가 많은 일에 능한가? 많은 일에 능하지 않다."

뢰가 말하였다. "선생님께서는 '나는 관직에 등용되지 않아서 여러 기예에 능하게 되었다'라고 말씀하셨다."

大宰問於子貢曰, "夫子聖者與? 何其多能也?" 子貢曰, "固天縱종之將聖, 又多能也." 子聞之曰, "大宰知我乎! 吾少也賤, 故多能鄙비事. 君子多乎哉? 不多也."

牢曰, "子云, 吾不試시, 故藝예."

大宰는 벼슬 이름으로 太宰와 같다. 何其의 其는 여기서 '그리도'의 어감이다. 固는 진실로, 정말로, 진정. 縱은 늘어지다, ~하게 놓아두다, ~하게 하다, 방해하지 않고 마음껏 발전하게 하다 등 여러 뜻이 있는데 여기서는 하늘이 이 세상에 공자를 풀어놓았다는 의미이다. 將은 大의 뜻이다. 聖人은 '無不通', 즉 통달하지 않음이 없는 이라는 뜻과 하늘의 뜻을 받아 이 세상을 크게 구원하는 사람이라는 뜻이 있다. 여기서는 두 가지 의미가 중첩되어 있다. 鄙事는 천하고 자질구레한 일. 乎哉는 반문할 때 쓰는 표현. 牢는 공자의 제자 금뢰(琴牢). 자는 자개(子開) 혹은 자장(子張)이다. 누구인지는 고증하기 어렵다. 試는 用과 같은 뜻으로 쓰이다, 등용되다. 藝는 재주가 많은 것이다. 공자가 젊어서 여러 가지 경험을 했음을 알 수 있다. 이때의 경험이 제자를 가르치는 자양분이 되었을 것이다.

자한-7 양쪽 끝을 들어 가르치다

선생님께서 말씀하셨다. "내가 아는 게 있는가? 아는 게 없다. 하지만 변변치 못한 사내가 내게 묻더라도 성심성의껏 양쪽 끝을 들 어서 다 가르쳐줄 것이다."

子曰, "吾有知乎哉? 無知也. 有鄙^비夫問於我, 空空如也, 我叩^고其 兩端^단而竭^갈焉."

空空은 悾悾과 같다. 悾은 정성, 어리석다의 뜻이다. 如는 형용을 나타내는 어기사. 空空如는 곧 정성스러운 모양과 텅 비어 아무것도 모르는 모양으로 해석된다. 후자에 따르면 '변변치 못한 사내가 내게 물어오면 그가 아무리 아는 것이 없다 해도'라고 해석할 수 있다. 주희의 《논어집주》가 이렇게 본다. 공자에게 물어왔다는 말에서 이미 비부가 모르는 사람임을 알 수 있고 문장 첫머리에서 자신을 아는 것이 없다고 말했는데 이때 '공공여'를 아무것도 모르는 모양으로 보면 동어반복이 된다. 따라서 '공공여'의 주체는 공자이고, 의미는 성실한 모양으로 보는 것이 자연스럽다. 悾悾은 〈태백〉 8편 16장에도 보인다. 叩는 두드리다, 묻다. 叩其兩端은 양 끝을 두드리다. 즉 살살이 캐물어서 질문의 의도를 정확하게 파악한다는 뜻으로도 볼 수 있고, 자신이 아는 것을 그냥 알려주는 것이 아니라 대비되는 분명한 관점을 들어 다 알려준다고 볼 수도 있다. 竭은 다하다, 있는 힘을 다 들이다.

자한-8 나는 이제 끝인가 보다

선생님께서 말씀하셨다. "봉황새는 날아오지 않고 황하에서는 도표가 나오지 않으니 나는 이제 끝인가 보다!"

子曰, "鳳鳥不至, 河不出圖, 吾已矣夫!"

河는 황하를 말한다. 圖는 전설상의 복희 때 황하에서 용마(龍馬)가 지고 나왔다는 도표로 복희 팔괘를 말한다. 줄여서 하도(河圖)라고 한다. 봉황은 태평성세, 하도는 성왕(聖王)의 출현을 상징한다. 夫는 감탄을 나타내는 어조사이다. 세상에 길조가 보이지 않음을 탄식한 말이다.

자한-9 조심하던 것

선생님께서는 자최의 상복을 입은 사람, 면류관에 저고리와 하의까지 예복을 갖춰 입은 자나 앞을 못 보는 사람과 만날 때면 비록 상대가 젊다고 해도 반드시 일어서셨으며, 그 앞을 지나갈 때는 반드시 종종걸음을 하셨다.

子見齊^자衰^최者冕^면衣裳^상者與瞽^고者, 見之, 雖少必作, 過之必趨^추.

齊衰(자최, 재최)는 두 글자 다 상복을 가리키는 말로 조금 굵은 삼베로 짓되 아랫단을 접어서 꿰맸다. 참고로 斬衰(참최)는 아버지나 할아버지의 상에 입는 것으로 거친 베로 짓되 아랫단을 꿰매지 않고 접는다. 冕은 면류관으로 예관(禮冠)이다. 衣는 예복의 윗옷이고, 裳은 예복의 아랫도리. 의와 상은 대부 이상의 복장이다. 作은 일어날 起와 같다. 趨는 종종걸음을 하다.

큰 슬픔을 겪는 사람, 나랏일을 하는 사람, 몸이 불편한 사람을 조심스럽게 대하는 모습을 읽을 수 있다.

자한-10 스승을 칭송하는 안연

안연이 탄식하며 말하였다. "올려다보면 더욱 우뚝하고, 뚫어보면 더욱 단단하네. 바라볼 때 앞에 계셨는데 어느샌가 뒤에 와 계시네. 선생님께서는 차근차근 사람을 잘 이끌어주시고, 학문으로 우리를 넓혀주시며, 예의로써 우리를 모아주셨도다. 그만두려 해도 그만둘 수 없게 하시네. 나의 재능을 다 써봐도 선생님의 가르침은 높고도 높도다. 그 가르침, 따르고자 해도 따라가지 못하겠네."

顏淵喟然歎^탄曰, "仰之彌^미高, 鑽^찬之彌堅. 瞻^첨之在前, 忽^홀焉在後. 夫子循^순循然善誘^유人, 博我以文, 約我以禮, 欲罷^파不能. 旣竭^갈吾才, 如有所立卓^탁爾. 雖欲從之, 末由也已."

喟는 한숨, 喟然은 탄식하거나 감탄하는 모양. 彌는 더욱. 鑽은 뚫다. 瞻은 바라보다, 올려다보다. 참고로 별을 올려다보는 대가 첨성대(瞻星臺)이다. 忽焉은 홀연, 갑자기. 循循然은 차근차근. 誘는 유도하다, 가르치다. 卓爾의 爾는 형용사를 만드는 접미사. 卓爾는 우뚝 솟은 모양이다. 末은 부정어. 由는 따르다. 也已는 단정을 표시한다.

운율을 살린 형식과 스승을 칭송하는 내용에서 안연의 수준을 느낄 수 있다.

자한-11 크게 아팠을 때

선생님께서 크게 편찮으셨다. (이때 선생님께서는 벼슬을 하지 않아 가신이 없었거늘) 자로가 (선생님의) 제자를 가신 삼아 신하의 예법으로 장례를 준비했다. 병세가 너무 심하지 않을 때 선생님께서 말씀하셨다. "오래되었지, 자로가 거짓을 행한 지는. 가신이 없으면서 가신이 있는 척하였으니. 내가 누구를 속이리오? 하늘을 속이리오? 또한 내가 가신의 손에 죽느니 자네들 손에 죽는 편이 낫지 않겠는가? 또 내가 비록 성대한 장례를 받지는 못하더라도 길바닥에서 죽기야 하겠느냐?"

子疾病, 子路使門人爲臣. 病間, 曰, "久矣哉, 由之行詐사也! 無臣而爲有臣. 吾誰欺기? 欺天乎! 且予與其死於臣之手也, 無寧녕死於二三子之手乎! 且予縱종不得大葬, 予死於道路乎?"

間은 뜸해지다, (병이) 약간 낫다. 行詐는 속이는 짓을 하다. 與其~無寧~은 '~하는 것보다 차라리 ~하는 편이 더 낫지 않겠는가?'로 與~寧~(~하기보다는 차라리~) 문형의 변형이다. 縱은 술어로는 놓다의 뜻이지만, 여기서는 '비록 ~하더라도'라는 말이다. 大葬은 성대한 장례. 死於道路는 길에서 죽다, 매장되지 못하다.

"하늘을 속일까?"는 진실은 결코 덮을 수 없다는 말이다. 양진(楊震)의 사지(四知)라는 말이 있다. 후한 시대에 양진이 동래의 태수가 되어 부임하던 길에 왕밀이라는 자가 방문하였다. 왕밀은 전에 양진이 조정에 추천했던 인물이었다. 왕밀은 둘만 있을 때 조용히 금 열 근을 꺼내어 양진에게 주며 어두워져 보는 이가 없으니 안심하고 받아두라고 하였다. 이때 양진이 이렇게 말했다. "무슨 말을 하시오! 하늘이 알고, 땅이 알고, 당신이 알고, 내가 알고 있지 않소. 그런데 어찌 아무도 모른다고 한단 말이오." 떳떳함은 그 무엇도 속이지 않는 것이다. 공자는 성대한 장례보다는 떳떳한 죽음을 맞이하고 싶었을 것이다.

당시 예법에 따르면 현직에 있는 대부가 죽으면 그의 가신이 장례를 치른다. 당시 공자는 벼슬에서 물러나 있었기에 가신이 없었던 것 같다. 아마도 자로가 가신을 세워 공자의 장례를 치를 일이 생기면 대부의 예법으로 성대하게 치르려고 한 모양이다. 하지만 병중이라 이런 일을 모르고 있다가 잠깐 차도가 있을 때 공자가 이를 알고는 자로의 잘못된 행동을 지적함과 동시에 제자들을 위무하고 있다. 죽음의 순간까지 자신이 평생 추구하던 예를 지키며 제자들을 위로하는 모습은 장엄하기까지 하다.

자한-12 나는 상인을 기다리는 사람

자공이 말하였다. "아름다운 옥이 있다면 궤 속에 넣어 보관하시겠습니까, 좋은 상인을 찾아서 파시겠습니까?" 선생님께서 말씀하셨다. "팔아야지, 팔아야지. 나는 상인을 기다리는 사람이다."

子貢曰, "有美玉於斯, 韞은匵독而藏諸저? 求善賈而沽고諸저?" 子曰, "沽之哉! 沽之哉! 我待賈者也."

有~於斯는 가정의 표현으로 斯 대신 此를 쓰기도 한다. 韞은 넣어두다. 匵은 궤. 諸는 之於나 之乎의 음가를 줄인 말이다. 賈는 값 '가', 상인 '고' 두 가지 다 해석이 가능하다. 여기서는 상인으로 보았다. 沽는 팔다.

자공은 공자가 정치에 나서지 않는 것을 마치 아름다운 옥을 궤 속에 넣어둔 것으로 비유했다. 공자가 정치에 직접 나설 뜻을 여전히 품고 있는지 자공이 넌지시 물어본 것이다. 역시 말을 잘하는 자공이다. 공자는 좋은 상인을 기다리고 있다고 대답했다. 좋은 군주를 만나면 그 아래에서 정치를 할 뜻이 있다는 말이다. 헐값으로는 팔지 않겠다고 했으니, 아무 군주나 섬기며 지위를 얻지는 않겠다는 말이다.

자한-13 군자가 거기에 살거늘

선생님께서 동쪽 변방 지역에서 살고자 하셨다. 어떤 이가 말하였다. "누추한데 어찌하시렵니까?" 선생님께서 말씀하셨다. "군자가 그곳에 사는데, 어찌 누추하겠는가?"

子欲居九夷. 或曰, "陋如之何?" 子曰, "君子居之, 何陋之有?"

九夷는 동쪽 변방의 아홉 개 나라. 《후한서》〈동이전〉에 명칭이 나온다. 정확한 지역을 고증하기는 어렵다. 군자를 공자 자신으로 보기도 하지만 구이에 사는 군자로 보는 설을 따랐다. 공자 스스로 군자인 자신이 거기에 산다면 그곳이 어찌 누추하겠냐고 말했다는 관점은 후대에 공자를 추숭하기 위함인 듯하다. 《논어》에서 공자는 군자의 상을 보여주며 제자들이 본으로 여기도록 하였는데, 공자가 군자를 자처하는 모습은 어색하다. 현실 정치에 낙담하여 자신이 사는 곳을 떠나고 싶을 정도라는 의미다. 인간적인 모습이다.

자한-14 음악이 제자리를 찾다

선생님께서 말씀하셨다. "내가 위나라에서 노나라로 돌아온 뒤에 음악이 바르게 되었으며, 아(雅)와 송(頌)이 각각 제자리를 잡았다."

子曰, "吾自衛反魯, 然後樂正, 雅아頌송各得其所."

雅와 頌은 일종의 음악 장르다. 雅는 정사에 대해서 노래한 시를 말하고, 頌은 나랏일이나 국가에 공이 있는 사람에 대한 시다. 둘은 주로 제사 때 쓰던 음악이다.

공자는 말년에 《시》와 《서》를 정리하는 일에 온 힘을 쏟았다. 직접 정치 일선에 나설 수 없음을 알고 안타까워했지만, 낙담하고 있지만은 않았다. 자신이 품은 뜻을 온전히 지켜가는 길을 찾은 것이다.

자한-15 어렵지 않은 일

선생님께서 말씀하셨다. "나가서는 공경(公卿)을 섬기고, 들어와서는 어른을 섬기며, 상사에 온 힘을 쏟고, 술 때문에 곤란을 겪지 않는 것이 나에게 무슨 어려움이 있겠느냐?"

子曰, "出則事公卿, 入則事父兄, 喪事不敢不勉면, 不爲酒困, 何有於我哉?"

公卿은 삼공(三公)과 구경(九卿). 천자 아래 고위관직을 말한다. 참고로 경대부는 제후와 왕실의 보좌역이나 토호를 가리킨다. 不爲酒困은 피동의 문형이다. '爲A所B' 곧 술에 의해서 곤욕을 당하다는 뜻을 나타나는 문형에서 所가 생략된 형태다. 何有於我哉를 글자 그대로 직역하면 '무엇이 나에게 있나'가 되어 위의 것을 자신이 잘 하지 못하므로 열심히 노력하고 있다는 뜻이 된다. 인간적인 모습이라고 할 수는 있겠으나 〈술이〉 7편 2장에 비슷한 문장이 있는 것을 참고하면 이런 것에는 큰 어려움이 없다는 뜻이다.

자한-16 밤낮으로 멈추지 않는구나

선생님께서 냇가에서 말씀하셨다. "지나가는 것이 이 물과 같구나. 밤낮으로 멈추지 않는구나."

子在川上曰, "逝서者如斯夫! 不舍晝夜."

川上은 냇가. 上은 江이나 河 뒤에 붙어서 '가'를 뜻한다. 자연 하천의 언덕은 경사가 지는데 上은 그런 곳을 가리킨다. 逝는 가다. 逝者는 흘러가는 것, 지나가는 것으로 여기서는 변화로 보아도 되고 세월로 보아도 된다. 아무래도 공자 말년의 말인 듯하다. 舍는 쉬다, 멈추다.

여러 문화권에서 흘러가는 강은 대체로 세월을 상징한다. 공자가 흘러가는 강물을 보면서 자신이 살아온 삶과 세월에 대한 느낌을 표현한 것이리라. 세상을 평화롭고 아름답게 만들려던 이상을 실현하지 못했건만 시간은 속절없이 흘러가고 말았다는 느낌마저 든다.

자한-17 이런 사람을 보지 못했노라

선생님께서 말씀하셨다. "나는 아직 아름다운 여인을 좋아하듯이 살힘(德)을 좋아하는 사람을 보지 못했노라."

子曰, "吾未見好德如好色者也."

살힘(德)은 생명을 아끼고 사람을 살리는 힘이다. 유가의 살힘은 주로 타인을 대상으로 삼기에, 남을 '살리는 힘'으로서의 살힘을 말하는 경우가 많다. 반면《장자》의 살힘은 주로 자신이 '살아가는 힘'을 말한다. 외적인 미(色)를 좋아하는 것만큼 내적인 미(德)를 좋아하는 사람을 보지 못했다는 말은 내적인 미를 볼 줄 알아야 한다는 뜻이다. 생명을 살리는 힘으로서의 덕은 아름답다.

자한-18 나아가라

선생님께서 말씀하셨다. "비유하자면 산을 만들려고 하다가 완성을 위한 한 삼태기의 흙을 제대로 담지 못하고 그만둔다면 내가 그만두는 것이다. 비유하자면 평지를 만들려고 삼태기 하나의 흙을 부어 진전이 있었다면 내가 흙을 담아 갔기 때문이다."

子曰, "譬비如爲山, 未成一簣궤, 止吾止也. 譬如平地, 雖覆복一簣, 進吾往也."

簣는 삼태기. 平地의 平은 타동사로 (땅을) 평평하게 만들다. 覆은 술어로 뒤집다. 覆簣는 삼태기에 흙을 담아 뒤집는다는 뜻이니 흙을 붓는다는 것이다. 往은 가다, 발전하다.

《서경》에 "아홉 길이나 되는 산을 만드는 공이 한 삼태기의 흙 때문에 무너진다(爲山九仞, 功虧一簣)."라는 말이 있다. 일이 거의 다 되어갈 때는 마음을 놓기 쉽다. 이를 경계한 말이다. "백 리를 가는 사람은 구십 왔을 때 절반 정도 왔다고 여겨야 한다(行百里者半九十)."라는 말도 있다. 마지막까지 방심하지 말고 더욱 분발하라는 뜻이다. 거의

다 이루었다고 생각하면 방심하기 쉽다. 마지막 한 삼태기까지 흙을 다 담아서 산을 만들지 못하고 마지막 순간에 손을 놓았다면 거기서 끝나는 것이다. 본문의 문장 중 뒷부분은 단 한 삼태기라도 부어서 평지를 만들기 시작했다면 그만큼의 진척이 있다는 뜻이다. 격려하는 말이다. 시작과 마침에 있어서 어떤 마음가짐이 필요한지 잘 보여주고 있다. 처음에는 어떤 부분에 소홀하기 쉬운지 그래서 무엇을 경계해야 하는지, 반대로 마지막에는 무엇에 소홀하기 쉬우며 어떻게 해야 하는지를 잘 알 수 있다. 공자의 현실적인 균형감각이다.

자한-19 안회에 대해서 (1)

　선생님께서 말씀하셨다. "일러주어 게을리하지 않는 이는 안회로구나."

　子曰, "語之而不惰타者, 其回也與."

惰는 게을리하다. 回는 공자가 가장 아꼈던 제자 안회(顏回)로 자는 자연(子淵). 안연(顏淵)으로도 불린다. 其~與는 '其~乎'로 쓰기도 하는데, 추측이나 감탄 등을 표현하는 형태다. 여기서는 부드러운 단정쯤으로 볼 수 있다.

　《논어》에 보이는 안회는 공자의 사상을 가장 잘 이해하면서도 끊임없이 자신을 성장시킨 인물이다. 그런 제자를 공자는 다른 제자들 앞에서 곧잘 칭찬하였다. 아마도 안회의 사후였을 것이다. 공자가 배우기를 좋아한다고 자처했는데, 배움에 대한 열정만큼은 안회도 공자에 뒤지지 않았던 것 같다.

자한-20 안회에 대해서 (2)

선생님께서 안연에 대해서 말씀하셨다. "애석하도다! 나는 그가 (생전에) 성장하는 것만 보았지, 멈추는 것을 보지 못했다."

子謂顏淵曰, "惜乎! 吾見其進也, 未見其止也."

惜은 애석하다, 안타깝다. 일찍 죽은 것이 애석하다는 뜻이다. 進은 진보, 발전, 성장을 말한다. 성장의 조건을 《논어》에서 찾아본다면 배움을 좋아하고, 뜻이 같은 사람을 만나고, 삶의 길을 즐기는 것이 아닐까?

자한-21 다 열매를 맺지는 못하지

선생님께서 말씀하셨다. "싹이 터도 이삭이 나오지 않기도 하고, 이삭이 나와도 열매가 맺히지 않기도 한다."

子曰, "苗묘而不秀수者, 有矣夫! 秀而不實者, 有矣夫!"

苗는 싹, 싹이 나다. 여기서는 술어로 쓰였다. 모내기의 '모'가 이 묘다. 秀는 빼어나다, 높이 솟아나다, 꽃이 피다. 곡식으로는 이삭이 솟으며 꽃이 피는 것. 주희의 《논어집주》에 따르면 吐華이다. '꽃을 토해내다'라니 재밌는 표현이다. 實은 여기서 술어로 열매를 맺다.

스승에게 배웠다고 모두가 원하는 자리를 얻지는 못할 것이다. 하지만 잘 배우지도 않고 결실을 바랄 수는 없지 않은가? 위 구절은 결과를 보장할 수 없다는 말처럼 들리기도 하지만, '싹이 트지도 않고 이삭이 나는 경우는 없고, 이삭이 나지도 않고 열매가 맺히는 경우는 없다.'라는 메시지를 담고 있다. 결과부터 바라는 제자들에게 이삭이 나오려면 싹이 터야 하고 열매를 맺으려면 이삭이 나와야 한다고 말한다. 결실이 보장되지는 않아도 할 바는 해야 한다는 뜻을 보여주려던 것이 아닐까? 성장은 결국 '내가 어떻게 하느냐'에 달렸을 따름이다.

자한-22 후생가외

선생님께서 말씀하셨다. "뒤에 태어난 사람도 경외할 만하다. 어찌 그들이 지금의 우리만 못할지를 알겠는가? 하지만 사오십이 되어서도 알려지지 않는다면 경외할 만한 사람이 아니다."

子曰, "後生可畏, 焉知來者之不如今也? 四十五十而無聞焉, 斯亦不足畏也已."

後生은 뒤에 태어난 사람, 후배, 젊은이. 畏는 단지 두렵다는 뜻이 아니라 경외하다의 뜻을 담고 있다. 참고로 그냥 두렵다는 의미로는 懼를 쓴다. 焉은 어찌. 來者는 장래, 장래의 그들. 今은 지금, 지금의 우리. 無聞의 聞이란 대체로 입에서 입으로 자연스럽게 전해져서 '들리는 것'을 가리킨다. 사람의 됨됨이는 입에서 입으로 전해지게 마련이다. 혹은 (삶의 길에 대해서) 들은 것이 없다고 보기도 한다. 그렇게 보면 '사오십이 되어서도 (삶의 길에 대해서) 들은 것이 없다면'으로 해석된다. 둘 다 뜻이 통한다.

자한-23 올바른 말과 따뜻한 말

선생님께서 말씀하셨다. "올바른 말로 일러준다면 따르지 않을 수 있겠는가? 잘못을 고치는 것이 중요하다. 부드러우면서도 따뜻한 말을 기뻐하지 않을 수 있겠는가? 하지만 속뜻을 잘 찾는 것이 중요하다. 기뻐하기만 하고 속뜻을 찾지 않거나, 따르기만 하고 잘못을 고치지 않는다면 내가 어떻게 할 수 없다."

子曰, "法語之言, 能無從乎? 改之爲貴. 巽^손與之言, 能無說乎? 繹^역之爲貴. 說而不繹, 從而不改, 吾末如之何也已矣."

法語는 올바른 말, 법도에 맞는 말. 巽은 겸손하다. 與는 함께해주다, 공감해주다. 巽與之言은 자상하게 타이르는 말. 說은 기뻐하다는 뜻으로 悅과 통한다. 繹은 풀어내다. 곧 말의 참뜻을 찾아서 풀어내어 실천하는 것이다. 末如之何는 어찌할 수가 없다. 末은 여기서 부정어이다.

밖으로부터 어떤 말을 듣는 것도 중요하지만 그 말을 듣고서 자신의 성장을 이끌어내지 못하면 아무 소용이 없다. 따를 만한 올바른 말을 들었다면 그 말의 내용을 따라야 하고, 겸손하면서 다정한 말을 들었다면 그 속의 숨은 뜻을 가릴 줄 알아야 하는 법. 이와 달리 올바른 말을 듣고도 따르지 않고, 겸손하면서 공감해주는 말을 듣고서 속뜻을 헤아리지 않는다면 배움과 성장은 없다.

자한-24 당부

선생님께서 말씀하셨다. "진실하고 신의를 지키고, 자기만 못한 점으로 벗하지 말고, 잘못을 했으면 주저하지 말고 고쳐라."

子曰, "主忠信, 毋友不如己者, 過則勿憚탄改."

〈학이〉 1편 8장에 이미 나온 구절이다.

자한-25 뜻을 빼앗을 수는 없다

선생님께서 말씀하셨다. "대군의 장수는 빼앗을 수 있다. 하지만 필부의 뜻은 빼앗을 수 없다."

子曰, "三軍可奪탈帥수也. 匹夫不可奪志也."

三軍은 상군, 중군, 하군을 아우르는 명칭으로 대군을 말하기도 한다. 일군은 보통 12,500명이다. 이 문장에서 志는 사적 이익을 위한 것이 아니라 함께 잘 사는 세상을 위한 뜻을 말한다. 그러한 뜻은 숭고한 의지이므로 빼앗을 수 없는 것이다. 평범한 문장으로는 可奪三軍之帥也 不可奪匹夫之志也로 쓸 수 있다. 이때는 '可'와 '不可'에 방점이 찍힌다. 위의 문장은 '삼군'과 '필부'를 대비시키는 문형이라고 볼 수 있다. 원문의 문장이 훨씬 탄력이 있다.

자한-26 나아가라

선생님께서 말씀하셨다. "낡은 솜옷을 입고서 여우나 담비 가죽으로 만든 털옷을 입은 사람과 나란히 서 있으면서 부끄러워하지 않을 사람은 유(자로)일 것이다.' 남을 해치지 않고 남의 것을 욕심내지 않으면 어찌 좋지 않을손가?' 자로가 늘상 이 구절을 외우자, 선생님께서 말씀하셨다. "이것도 하나의 길이나 어찌 훌륭하다고 하리오?"

子曰, "衣敝폐縕온袍포, 與衣狐호貉학者立, 而不恥치者, 其由也與."
'不忮기不求, 何用不臧장?' 子路終身誦之. 子曰, "是道也, 何足以臧?"

衣는 술어로 입다. 敝는 해지다. 縕은 겹옷 속에 삼베 찌꺼기 따위를 넣은 형편없는 옷. 袍는 두루마기같이 겉에 걸치는 옷이다. 狐貉은 여우와 담비, 여기서는 여우와 담비 가죽으로 만든 값비싼 털옷이다. 忮는 해치다, 거스르다, 거역하다. 求는 탐내다, 남의 것을 욕심내다. 何用의 用은 以와 통한다. 何以는 어찌의 뜻이다. 臧은 착하다, 좋다, 훌륭하다. 不忮不求는《시경》의 한 구절이다.

우리는 외적인 것에 많이 휘둘린다. 허름한 차림으로 값비싼 옷을 입은 사람과 나란히 서 있으면서 속으로 조금도 주눅 들지 않으려면 내적인 힘이 있어야 한다. 이성적으로는 이해하더라도 감성까지 변하려면 시간이 걸린다. 삶이 진정 변하려면 인식만이 아니라 일상생활 속에서 느끼는 감정까지 변해야 한다.

좋지 않은 말은 아니나 이것만으로 계속 성장하기는 어렵다. 남을 해치지 않는 것과 남의 것을 욕심내지 않는 것은 소극적이다. 이 단계에만 머물러서는 안 된다. 남을 해치지 않는 데에서 더 나아가 남을 살리고, 남의 것을 욕심내지 않는 것에서 더 나아가 함께 잘 살 수 있는 길이 무엇인지를 생각하라는 뜻이었으리라. 끊임없이 성장하기 바라는 공자의 마음을 읽을 수 있다.

자한-27 날이 추워진 뒤에

선생님께서 말씀하셨다. "날이 추워지고 나서야 소나무와 잣나무가 시들지 않는다는 것을 알게 된다."

子曰, "歲寒然後知松柏之後彫^조也."

柏은 원래 측백나무를 가리키는데 우리나라에서만 잣나무로 쓰이는 한자다. 彫는 凋(시들 조)와 통한다. 後彫는 잎사귀가 뒤늦게 시드는 것, 여기서는 시들지 않는다는 뜻이다. 추사 김정희가 그린 세한도(歲寒圖)의 '세한'이라는 말의 출처가 되는 구절이다.

생명을 아끼고 사람을 살리고자 하는 마음(仁)으로 세상을 아름답게 가꾸어가고자 한 공자. 그가 품은 뜻은 소나무와 잣나무에 비유된다. 그러니 고난이 닥쳐오면 사람이 어떤 뜻으로 살아가고 있는지를 알게 되는 것이다.

자한-28 지혜, 살맘, 용기

선생님께서 말씀하셨다. "지혜로운 사람은 갈팡질팡하지 않고, 살맘(仁)을 품은 사람은 근심하지 않으며, 용기 있는 사람은 두려워하지 않는다."

子曰, "知者不惑, 仁者不憂, 勇者不懼."

《논어》 전체로 미루어 생각하면 知, 仁, 勇이 가리키는 말은 사람이 가야 하는 길을 잘 아는 것, 사람을 살리고자 하는 마음을 품는 것, 그 일에 두려움을 갖지 않는 것이다. 길을 잘 아는 사람은 갈림길에서 갈팡질팡하지 않는다. 사람을 살리고자 하는 사람은 개인적인 근심거리에 휘둘리지 않는다. 용기 있는 사람은 두려운 마음을 먹지 않는다. 공자는 제자에게 삶의 지향점을 분명히 알 것과 근심을 떨치고 산처럼 우뚝 지킬 것과 두려움을 갖지 않기를 바랐을 것이다. 이 세 가지를 삼달덕(三達德)이라고 한다. 삶에서 가장 중요한 세 가지 덕목이라는 뜻이다.

자한-29 함께 하더라도

선생님께서 말씀하셨다. "함께 배워도 함께 나아갈 수는 없고, 함께 나아가도 함께 나란히 서지는 못하며, 함께 나란히 서더라도 함께 (상황을) 헤아릴 수는 없다."

子曰, "可與共學, 未可與適˘道, 可與適道, 未可與立, 可與立, 未可與權."

權은 원래 저울을 뜻한다. 여기서는 일의 경중을 헤아려 올바로 행동하는 것이다. 함께 공부한다고 해서 같은 길을 가는 것은 아니다. 같은 방향의 길을 간다고 해도 구체적인 길까지 함께 갈 수는 없다. 또 구체적인 길까지 함께 가더라도 각자 처하는 나름의 상황까지 공유할 수는 없다. 자기 자신의 몫이 있다는 말이다.

자한-30 어찌 멀다 할 것이냐

'산앵두나무꽃 나부끼네요, 그대가 그리우나 계신 곳 너무 멀군요.' 선생님께서 말씀하셨다. "그리워하지 않은 것이다. 어찌 멀다 할 것이 있겠느냐."

'唐棣체之華, 偏편其反번而. 豈不爾思? 室是遠而.' 子曰, "未之思也, 夫何遠之有?"

唐棣는 산앵두나무. 偏은 翩(나부낄 편)과 통하여 펄럭이는 모양. 反은 翻(뒤칠 번)과 통하여 흔들거리는 모양. 偏其反而를 '꽃잎이 뒤쳐졌다가 합쳐지는 것'으로 보기도 한다. 지금의 《시경》에는 없는 일시(逸詩)다. 이 시에 대해서 공자가 한마디 한 것을 제자가 기록했으리라.

향당 10편

가까이에서 본 공자

이 편은 특이하게 공자의 일상생활에 관한 기록이 많다. 사적 생활에 대한 기록을 부록으로 본다면 아마도 이렇게 한 차례 편집을 끝냈던 것 같다. 1편부터 10편까지를 묶어 상론(上論)이라고 한다.

향당-1 마을과 조정에서

공자께서 마을에 계실 적에는 공손하셨고, 말할 줄 모르는 이 같으셨다. 종묘나 조정에 계실 적에는 말씀을 분명하게 하시되 오직 신중하셨다.

孔子於鄕黨, 恂ᅀ恂如也, 似不能言者. 其在宗廟朝廷, 便ᅋ便言, 唯謹ᄀ爾.

鄕黨은 지금으로 보면 동이나 구 정도. 당시의 향당은 씨족 공동체의 확장판이다. 그러한 공동체에서는 여전히 연장자에 대한 예의가 중요하다. 恂恂如는 공손하고 신중하고 신실한 모양. 如는 형용을 표시하는 어미이다. 便便은 말을 분명하게 하는 것이다.

마을 사람들에게 공손하면서도 믿음직하게 행동하고, 말을 함부로 앞세우지 않으므로 마치 말을 잘하지 못하는 사람처럼 보였을 것이다. 여러 사람이 모인 공적인 자리에서는 분명하게 말을 하여 듣는 사람을 배려해야 한다. 그러나 너무 분명하게 얘기하면 신중하지 못한 듯이 보이기도 한다. 신중하다 보면 분명하지 못하기 쉽고, 분명하다 보면 신중하지 못하기 쉽다. 공자가 신중함과 분명함의 균형을 잘 잡았음을 알 수 있다.

향당-2 조정에서 (1)

조정에서 하대부와 말씀하실 적에는 평온하면서도 즐거운 모습이셨고, 상대부와 말씀하실 적에는 반듯하셨다. 임금이 계실 적에는 몹시 공손하여 긴장하는 듯하면서도 의젓하셨다.

朝與下大夫言, 侃^간侃如也. 與上大夫言, 誾^은誾如也. 君在踧^축踖^적如也, 與與如也.

이때 공자의 신분은 대부였다. 상대부는 자신보다 지위가 높은 대부를 말하고, 하대부는 자신보다 지위가 낮은 대부를 말한다. 侃侃如를 주희는 《설문》을 따라 강직한 모양으로 해석했다. 공자는 보통의 사람들이 아랫사람에게 엄격하고 윗사람에게 공손한 것과는 달랐을 거라고 판단하여 다분히 글자를 벗어나 풀이한 듯하다. 侃侃을 강직한 모양으로 보더라도 엄격하게 대했다는 의미보다는 사적인 감정이나 관계를 떠나 공적으로 지켜야 할 것은 지키는 모습으로 보는 게 자연스럽다. 참고로 〈선진〉 11편 12장에도 비슷한 표현이 나오는데 "閔子侍側,

誾誾如也, 子路行行如也. 冉有子貢侃侃如也, 子樂."에서 侃侃如는 나긋나긋하다는 뜻이다. 이 구절에서 侃侃如를 강직한 모양으로 해석하면 꿋꿋하다는 뜻의 行行如와 의미가 겹친다. 誾誾如를 주희는 "화락한 모습으로 간하다."라고 보았으나, 여기서는 고주를 따라 中正한 모습으로 보았다. 예의에 맞게 반듯하게 행동했다는 말이다. 君在는 임금이 조정에서 조회를 볼 때를 말한다. 踧踖如는 공손하면서 조심스럽게 걷는 모양. 與與如는 모습과 행동이 의젓한 모양이다.

긴장하면 위축되기 쉽고, 의젓하면 공손함을 잃기 쉽다. 위 구절에서 공자가 이 둘의 균형을 잘 잡았음을 느낄 수 있다.

향당-3 조정에서 (2)

임금께서 부르시어 내빈을 접대하게 하면, 얼굴빛을 바로잡고 발걸음을 재게 옮기셨다. 서 있는 사람에게 읍할 때는 두 손을 좌우로 돌리며 하셨는데, 그럴 때마다 옷 앞뒤 자락을 가지런히 하셨다. 빠른 걸음으로 나아가실 적에는 몸짓이 새가 날개를 펴는 듯 하셨다. 손님이 물러가면, 반드시 "손님께서는 더 이상 돌아보지 않고 잘 돌아가셨습니다."라고 보고하셨다.

君召使擯^빈, 色勃^발如也, 足躩^곽如也. 揖^읍所與立, 左右手, 衣前後襜^첨如也. 趨^추進, 翼^익如也. 賓退, 必復^복命曰, "賓不顧^고矣."

擯은 나라의 손님을 접대하는 것이다. 勃如는 얼굴빛을 엄숙하게 바로잡는 모양. 躩如는 몸가짐을 공손히 하여 발걸음을 재게 내딛는 것. 揖所與立에서 술어는 揖이고 목적어는 所與立, 즉 빈객을 함께 맞이하는 사람이다. 左右手는 왼쪽에 있는 사람에게 읍할 적에는 손을 왼쪽으로 돌리고, 오른쪽에 있는 사람에게 읍할 적에는 손을 오른쪽으로 돌리는 것이다. 襜如는 가지런히 움직이는 모양. 趨進은 빠른 걸음으로 나아가는 것, 趨는 빨리 가다. 翼如는 손발의 움직임이 단정하여 새가 날개를 편 듯하다. 復命은 명령을 받고 일을 처리한 후 결과를 보고하는 것이다.

여기서 손님은 나라의 임무를 받고 오는 사람이다. 자신이 맡은 일을 제대로 마치지 못하면 미련이 남아서 자꾸 돌아보게 되는데, 돌아보지 않고 갔으니 임무를 잘 마치고 갔다는 말이다.

향당-4 조정에서 (3)

궁궐 문에 들어가실 적에는 몸을 굽혀 마치 문이 작아 들어가기 어려운 듯이 하셨다. 문 한가운데 서 있지 않으셨고, 문지방을 밟고 다니지 않으셨다. 임금 자리 앞을 지날 적에는 얼굴빛을 바로잡고 발걸음은 재게 옮기셨으며, 말씀을 제대로 못하는 사람처럼 하셨다. 치맛자락을 그러잡고 당(堂)에 오를 때는 몸을 움츠려 굽히셨고, 숨소리를 죽여 마치 숨을 쉬지 않는 사람 같으셨다. 당에서 나와 섬돌을 한 계단 내려오면 얼굴빛을 펴고 기쁜 표정을 지으셨다. 섬돌을 다 내려와 빠른 걸음으로 나아갈 적에는 몸짓이 마치 새가 날개를 펴는 듯했다. 자신의 자리로 되돌아와서는 몹시 공경하는 태도를 취하셨다.

入公門, 鞠^국躬如也, 如不容. 立不中門, 行不履^리閾^역. 過位, 色勃^발如也, 足躩^곽如也, 其言似不足者. 攝^섭齊^자升堂, 鞠躬如也, 屛^병氣似不息者. 出降一等, 逞^령顔色, 怡^이怡如也. 沒階^계, 趨進翼如也. 復^복

其位, 踧축踖적如也.

公門은 제후의 궁궐 문. 鞠은 曲의 뜻으로 굽히다. 躬은 몸을 말한다. 鞠躬如는 절하듯이 몸을 굽히다. 공적인 공간에 들어갈 적마다 조심스럽게 행동했음을 보여주는 구절이다. 履는 밟다. 閾은 문지방. 勃如는 勃然과 같아 긴장하거나 분노하여 낯빛이 달라지는 것으로 낯빛이 평소와 확 달라졌다는 뜻이다. 여기서는 임금의 자리를 지나갈 때 그만큼 조심스러웠다는 뜻. 攝은 잡다. 齊는 옷자락. 屛은 막다. 氣는 숨. 숨을 막으니 스스로 숨죽이는 것이다. 逞은 왕성하다, 즐겁다, 늦추다, 풀다 등의 뜻이 있다. 여기서는 舒, 申과 통한다. 逞顔色은 안색을 풀다.

조정에서 문 한가운데 서 있지 않는 것은 임금이 다니는 길을 존중하기 때문이다. 문지방을 밟고 다니지 않는 것이 당연하다. 밟지 않아야 할 것을 밟지 않는 것뿐.

향당-5 조정에서 (4)

홀을 들었을 적에는, 몸을 굽혀 그것을 이기지 못하는 듯이 하셨다. 홀을 올릴 적에는 읍하는 정도로 하셨고, 내릴 적에는 물건을 넘겨주듯이 하셨으며, 얼굴빛을 바로잡되 두려워하는 듯이 하셨고, 발걸음은 뒤꿈치를 끌면서 좁게 떼어놓으셨다. 예물을 올릴 때는 부드러운 낯빛을 지으셨고, 개인적인 접촉을 할 때는 즐거운 기색을 띠셨다.

執圭규, 鞠국躬如也, 如不勝. 上如揖읍, 下如授, 勃발如戰色, 足蹜축蹜如有循순. 享향禮有容色. 私覿적, 愉유愉如也.

圭는 홀인데 벼슬아치가 임금을 만날 때 손에 드는 물건으로 옥으로 만든다. 아래는 네모지고 위는 뾰족하다. 일종의 임명장이다. 戰色은 두려워 떠는 듯한 얼굴빛. 여기서는 지극히 공경하는 얼굴빛을 뜻한다. 踧踧은 종종걸음으로 발걸음을 좁게 떼어놓으면서 끌 듯이 걷는 것이다. 享禮는 빙례(聘禮), 즉 제후가 대부를 통해서 다른 제후의 안부를 묻는 의식이다. 이때 대부가 상대 제후에게 선물을 올리는 의식을 행한다. 私覿은 여기서 의례를 마친 뒤에 갖는 일종의 뒤풀이. 覿은 보다, 만나다. 愉愉如는 즐거운 모양이다.

　전반부에는 공무에 경건하게 임하는 모습을 표현하였다. 사신으로 가서 예식에 참석해 상대국 군주에게 선물을 올리는 의식을 보는 마음에는 여유가 있었을 것이다. 예식이기는 해도 긴장하기보다는 조금 느긋한 마음이었을 것이다.

향당-6 공자의 의생활

　군자(공자)께서는 짙은 보라색과 아청색으로는 깃을 달지 않고, 붉은색과 자주색으로는 평복을 만들지 않으셨다. 더운 철에는 고운 갈포나 거친 갈포의 홑옷을 입으시되, 반드시 겉옷을 입고 외출하셨다. 검은 옷에는 염소 갖옷을, 흰 옷에는 새끼 사슴 갖옷을, 누런 옷에는 여우 갖옷을 입으셨다. 평소에 입는 갖옷은 길지만, 오른편 소매는 짧았다. 반드시 잠옷이 있었다. 길이는 키의 한 배 반 정도 되었다. 여우와 담비의 두툼한 털가죽을 깔고 지내셨.
　상(喪)을 벗으면 패옥을 차시지 않는 게 없었다. 조복(朝服)이나 제복(祭服)이 아니면 반드시 폭을 줄여서 입으셨다. 염소 갖옷을 입거나 검은 관을 쓰고는 조문하지 않으셨다. 매달 초하루에는 반드시 조복을 입고 조정에 나가셨다.

君子不以紺감緅추飾. 紅紫자不以爲褻설服. 當暑袗진絺치綌격, 必表而出之. 緇치衣, 羔고裘구, 素소衣, 麑예裘, 黃衣, 狐호裘. 褻裘長, 短右袂메. 必有寢침衣, 長一身有半. 狐貉학之厚以居.

去喪無所不佩패, 非帷유裳, 必殺쇄之. 羔裘玄冠, 不以弔조. 吉月, 必朝服而朝.

紺은 짙은 보랏빛. 緅는 검은 빛을 띠는 푸른색, 즉 아청색. 飾은 옷에 깃을 다는 것이다. 紺과 緅는 상복에 쓰므로 평소에 입는 옷에는 보라색과 아청색으로 깃을 달지 않았다. 평상복과 예복을 구분한 것이다. 구분했다는 것은 존중했다는 뜻과 통한다. 곧 예식을 존중하여 평복의 색깔로 예복을 만들지 않았다는 말이다. 褻服은 평상복. 붉은색과 자주색의 옷은 제례 때 입으므로 평복으로 쓰지 않았다. 袗은 홑옷, 絺는 고운 갈포, 綌은 굵은 갈포. 表而出之는 여름에는 갈포옷을 입되 외출할 때는 거기에 다시 겉옷을 걸치고 나가는 것이다. 緇는 검은 비단, 緇衣는 검은 옷. 裘는 갖옷, 즉 가죽옷을 말한다. 羔裘는 색이 검다. 麑裘는 색이 희다. 狐裘는 연노랗다. 공자가 옷을 입을 때 색깔을 맞추었음을 알 수 있다. 미적 감각이 엿보인다. 褻裘는 평소에 입는 갖옷. 袂는 소매. 일상복에서 오른쪽 소매를 짧게 만들기 위해 끈으로 소매를 묶었다. 실생활에서는 오른손을 쓸 일이 많기 때문이다. 寢衣를 잠옷 혹은 이불로 보기도 한다. 둘다 뜻은 통한다. 狐貉之厚以居를 보면, 평소 바닥에 방석을 깔고 앉았을 것이다. 이때 방석은 두툼한 털가죽으로 만들어 보온을 했다. 정현은 '집에서 빈객을 대접할 때'로 보았다. 정현의 해석으로 보면 손님 자리에 까는 고급 방석을 마련해 두었다는 뜻이다. 帷裳은 폭이 넓은 천으로 만든 아랫도리로 조회할 때나 나라에서 지내는 제사 때 입는 옷이다. 공적인 성격의 옷이 아니면 실용적으로 폭을 줄여서 입었다는 말이다. 羔裘玄冠, 不以弔를 어법으로 보면 '不以羔裘玄冠弔'에서 以의 목적어 '羔裘玄冠'이 앞으로 나온 형태다. 중요한 어휘를 먼저 쓴 것이다. 중국 고대에 검은색은 길한 일에, 흰색은 흉한 일에 썼다. 吉月은 음력 초하루를 말한다. 새로운 달을 맞이하여 의복을 갖추고 출근하는 자세에서 뜻을 새롭게 하려는 의지를 읽을 수 있다.

이 장은 의생활을 모았다. 일할 때는 의관을 바르게 하여 긴장감을 유지하면서도 쉴 때는 충분히 편안하게 이완하여 긴장과 이완의 균형을 유지했음을 느낄 수 있다.

향당-7 재계할 때

재계하실 때는 반드시 깨끗한 옷이 있었으니, 삼베로 만든 것이었다. 재계하실 적에는 반드시 평소와 다르게 음식을 취하셨으며, 거처도 반드시 평소와 달랐다.

齊재必有明衣, 布. 齊必變食, 居必遷坐.

變食은 술과 마늘, 파, 부추처럼 냄새가 나는 음식을 멀리하는 것이다. 遷坐는 평소의 거처와 다른 곳으로 옮기는 것이다.

향당-8 공자의 식생활

밥은 고운 쌀을 싫어하지 않고, 잘게 저며 먹는 날고기는 가늘게 썬 것을 싫어하지 않으셨다. 밥에서 냄새가 나거나 맛이 변하면 드시지 않았고, 생선이나 고기가 상하면 드시지 않았다. 빛깔이 나빠도 안 드셨고, 냄새가 나빠도 안 드셨다. 잘못 익힌 것도 안 드셨고, 때가 아니면 드시지 않았다. 썬 것이 반듯하지 않아도 안 드셨고, (음식에 맞는) 장이 없으면 안 드셨다. 고기는 아무리 많아도 밥 생각이 나지 않을 만큼 드시지는 않았다. 술만은 한정을 두지 않았으나, 몸가짐이 흐트러질 때까지 드시지는 않았다. 파는 술과 파는 육포는 드시지 않았다. 생강은 빼놓지 않았는데, 많이 드시지는 않았다. 나라의 제사에 참여하고 받아 온 고기는 하루도 묵히지 않으셨다. 다른 제사 고기도 사흘을 넘기지 않았고, 사흘이 지나면 드시지 않았다. 식사하실 때는 말씀이 없었고, 잠자리에서도 말씀이 없었다. 비록 채소 위주의 식단과 야챗국이라 할지라도 반드시 고수레를 하셨는데, 늘 경건한 모습이셨다.

食사不厭염精, 膾회不厭細. 食사饐의而餲애, 魚餒뇌而肉敗, 不食. 色惡不食, 臭惡不食. 失飪임不食, 不時不食. 割할不正不食, 不得其醬장不食. 肉雖多, 不使勝食氣. 唯酒無量, 不及亂. 沽고酒市脯포, 不食. 不撤철薑강食, 不多食. 祭於公, 不宿肉. 祭肉, 不出三日. 出三日, 不食之矣. 食不語, 寢침不言. 雖疏食사菜채羹갱, 瓜祭, 必齊재如也.

厭은 술어로 싫어하다. 싫어하지 않았다고 했으니 밝히는 것과는 다른 어감이다. 精은 도정한 곡식. 厭을 만족할 염으로 보는 설도 있다. 공자가 도정한 곡식이나 잘게 썬 회만 만족하지는 않았다는 것이니, 즉 다

가리지 않고 잘 먹었다고 보는 뜻이다. 하지만 뒤에 오는 문장을 보면 부자연스럽다. 膾는 잘게 저민 날고기로 아마도 육회였을 것이다. 饐는 밥이 쉬어 냄새가 나는 것. 餲는 밥의 맛이 변한 것. 餒는 굶주리다, 생선이 상한 것. 敗는 고기가 상한 것. 飪은 익히다. 不時不食의 不時를 제철이 아닌 것으로 해석하기도 하나 식사하는 적당한 때로 보는 게 자연스럽다. 당시에는 제철이 아닌 것을 먹기가 더 어려웠을 것이다. 割不正을 일단은 가장 보편적인 해석을 따라 반듯한 모양으로 썰지 않은 것으로 번역했다. 이렇게 보면 공자는 너무 까칠한 성격의 소유자가 된다. 명말 사상가 왕부지는 격식에 맞게 도축하지 않은 것으로 보았는데 일리가 있다. 不得其醬을 간이 잘 들지 않다고 보기도 한다. 沽는 팔다. 撤은 거두다, 그만두다. 생강은 정신을 맑게 하고 몸속의 노폐물을 제거하는 효과가 있다고 한다. 不宿은 하루를 넘기지 않았다는 말이다. 문맥으로 보면 나라의 제사에 참여하고 받은 고기는 하루를 넘기지 않고 바로 나누어 주었다는 말이다. 나라의 제사에 참여하고 받아 온 고기는 아마도 가지고 오는 시간이 걸리므로 하루를 넘기지 않고 바로 나누어 주어야 부패하지 않은 고기를 먹을 수 있었을 것이다. 나라의 제사를 지내고 나누어 주는 고기는 음식 이상의 의미가 있다. 다른 제사는 자신의 집이나 주거지에서 가까운 제사일 것이다. 사흘이 넘으면 먹지 않은 것은 위생 문제 때문일 것이다. 語는 대답하는 것이고, 言은 그냥 말하는 것이다. 영어의 표현을 빌리면 語는 chat, 言은 talk. 식사할 때는 누군가 물어오더라도 입에 음식이 든 채로 대답하지 않았다는 것이고, 잠자리에서는 누운 채로 말하지 않았다는 뜻이다. 疏食는 나물 위주의 소박한 식사. 疏는 蔬(나물 소)와 통한다. 菜羹은 야챗국. 瓜祭의 경우 瓜자로는 뜻이 통하지 않는다. 《노론》에는 瓜가 必로 쓰여 있다고 한다. 祭는 여기서 고수레를 말한다. 齊如는 경건한 모습이다.

보잘것없는 식사라고 하더라도 늘 감사의 마음을 표했다는 말이다. 이러한 마음은 또한 의식(儀式)을 통해 표현함으로써 지속성이 생긴다. 신과 자연과 사람에게 감사하는 마음을 가지고서 의식을 통해 그 마음을 유지하던 공자의 모습을 그려볼 수 있다.

공자는 일흔을 넘어서까지 살았다. 고대의 평균 수명이 마흔도 되지 않았다고 하니 얼마나 장수했는지 짐작할 수 있다. 음식 섭취는 건강 관리에서 매우 중요하다.

고대에는 고기를 먹기가 쉽지 않았다. 그래서 보통 사람들은 고기를 먹을 수 있을 때면 밥은 잘 먹지 않고 고기만 많이 먹었을 것이다. 하지만 공자는 식사할 때 밥을 제쳐두고 고기만 많이 먹지는 않았다.

술은 분위기를 타는 음식이므로 딱히 양을 정해두지 않은 것이다. 가볍게 마실 때도 있고 길게 마실 일도 있다. 하지만 절도를 지킬 줄 알아야 하는 법. 술은 그런 면에서 매우 이중적이다. 마음을 풀어주고 분위기를 돋우며 서로 허심하게 만들기도 하지만, 때로 몸과 마음과 관계를 망치게도 한다. 고대에는 특별한 날 술을 마셨다. 우임금은 술을 마셔보고는 너무 맛이 있어서 조심하지 않을 수 없겠다는 말을 남기기도 했다. 술을 잘 마시기는 아예 마시지 않는 것보다 어렵다.

공자가 오늘날을 산다면 인스턴트 음식이나 위생 상태를 확인할 수 없는 음식을 함부로 먹지 않을 것이다. 또 몸에 좋다고 하더라도 많이 먹지 않을 것이다. 몸에 좋다고 많이 먹는 것은 욕심이다. 식생활의 요체는 균형이다.

향당-9 앉기

자리가 바른 것이 아니면 앉지 않으셨다.

席不正, 不坐.

한대의 주석에 따르면 당시에는 직위에 따라 자리를 다르게 마련했다. 자신의 지위에 맞지 않는 자리에는 앉지 않았다고 해석할 수도 있다. 단순히 자신이 앉을 자리가 바르지 않다고 해서 앉지 않았다고 하면 공자는 매우 까칠한 성격의 소유자가 된다. 관계를 중요하게 보는 공자의 성격이라면 고주(古註)의 해석은 충분히 납득할 만하다.

향당-10 마을 사람들과

마을 사람들과 술을 드실 적에 지팡이를 짚은 노인들이 나가시면 그때 나가셨다. 마을 사람들이 역귀를 쫓는 의식을 행할 때면, 조복을 입고 동쪽 섬돌에 서 계셨다.

鄕人飮酒, 杖者出, 斯出矣. 鄕人儺^나, 朝服而立於阼^조階^계.

鄕은 혈연과 지연의 공동체다. 이곳은 지위보다 나이가 중요하므로 연장자에 대한 예가 중시되었다. 젊은 사람과 나이 든 사람이 서로 존중하는 모습을 생각한다면 나이가 지긋한 사람은 아랫사람을 배려해서 일찍 자리에서 일어났을 것이고, 연장자가 술자리에서 일어서면 연하자는 배웅하러 일어났을 것이다.

악귀를 쫓아내는 의식인 나례는 당시 관습이었다. 공자가 공경의 뜻을 보이기 위하여 조복을 입고 동쪽 섬돌에 서 있었다는 것이다. 阼階에는 집주인이 동쪽 계단을 이용했다는 설도 있고, 조상을 모신 사당의 동쪽 계단이라는 설도 있다. 어느 설이 맞는지는 판단하기 어려우나, 공자가 나례를 행할 때 경건한 마음을 표했다는 것만은 분명해 보인다. 혹은 나례가 역귀를 쫓는 의식이므로 쫓기는 역귀가 사당의 조상신을 놀라게 할까봐 사당의 동쪽 계단에 서 있었다는 풀이도 있다.

향당-11 보내고 받기

다른 나라에 있는 사람에게 문안을 드리기 위해서 사람을 보낼 적에는 그에게 두 번 절하고 보내셨다. 계강자가 약을 보내오자, 절하여 그것을 받고 말씀하셨다. "무슨 약인지 잘 알지 못하기에 감히 맛보지는 못하겠다."

問人於他邦, 再拜而送之. 康子饋^궤藥, 拜而受之曰, "丘未達, 不敢嘗^상."

饋는 (음식을) 보내다. 達은 잘 알다. 嘗은 여기서 술어로 맛보다.

당사자에게 직접 문안을 묻지 못하고 사람을 보내어 대신하게 할 때 그 사람에게도 경건히 인사하여 상대를 존중하는 뜻을 담은 것이다. 늘 존중의 마음을 유지하려는 공자가 오늘날을 살고 있다면 사람들을 어떻게 대했을까? 생각할수록 배울 점이 많다.

계강자는 공자의 조국 노나라에서 실권을 쥔 사람이다. 《논어》에서 공자에게 질문하는 모습이 몇 차례 등장한다. 추측건대 계강자가 젊어서는 정식으로 공자에게 배움을 청하지 않았다 하더라도 적당한 자리를 마련해 이따금 공자를 만나 얘기를 들으면서 공부했던 것 같다. 그런 사이라면 약을 보내주는 일은 충분히 납득할 수 있다. 하지만 공자는 계강자에게 희망을 품지 않았던 것 같다(〈안연〉 12편 17장, 18장 참고). 비록 지위가 높은 사람이 보내주었다고 하더라도 잘 알지 못하는 것은 먹지 않았다는 말. 조심스러운 성격을 엿볼 수 있다.

향당-12 마구간에 불이 났을 때

마구간이 불탔다. 선생님께서 퇴근하며 "사람이 다쳤느냐?"라고 물으시고는 말에 대해서는 묻지 않으셨다.

廐ᄀ焚분. 子退朝曰, "傷人乎?" 不問馬.

廐는 마구간. 왕양명은 이 구절을 '傷人乎不, 問馬'로 끊어 읽고는 사람이 다쳤는지 물어본 뒤에 말이 다쳤는지를 물어보았다고 해석했다. 사람의 생명을 아끼는 마음을 짐승에게까지 확대하는 것이 살맘(仁)의 실천이라고 보는 것이다.

송시열과 윤휴는 이 구절로 논쟁을 벌였다. 송시열은 주자학을 철저히 따랐기에 주희의 해석을 그대로 가져왔고, 윤휴는 왕양명의 해석에 따라 '傷人乎不, 問馬'로 끊어 "사람이 다치지는 않았느냐고 하시고 말에 대해서 물으셨다."라고 보았다. 주자학자들은 윤휴를 사문난적으로 몰았다. 정치적인 배경이 있기는 하지만, 해석의 다양성을 인정하지 않는 경직된 태도가 몰고 온 서글픈 단면을 보는 것 같아 씁쓸하다.

향당-13 임금과 공자

임금께서 음식을 내리시면 반드시 자리를 바르게 하고 먼저 맛을 보셨다. 임금께서 생고기를 내리시면 반드시 익혀서 조상께 제물로 올리셨다. 임금께서 산 짐승을 내리시면 반드시 그것을 기르셨다. 임금을 모시고 식사하실 때, 임금께서 고수레를 하시면 먼저 음식을 드셨다. 병환이 있어서 임금께서 문병 오시면, 동쪽으로 머리를 두고, 조복을 덮고 큰 띠를 위에 펼쳐 놓으셨다. 임금께서 명을 내려 부르시면 수레가 준비될 때까지 기다리지 않고 바로 떠나셨다. 태묘에 들어가서는 매사에 대해 물으셨다.

君賜^사食, 必正席先嘗^상之. 君賜腥^성, 必熟而薦^천之. 君賜生, 必畜^흑之. 侍^시食於君, 君祭, 先飯. 疾, 君視之, 東首, 加朝服拖^타紳^신. 君命召, 不俟^사駕^가行矣. 入太廟, 每事問.

腥은 생고기, 生은 산 짐승을 말한다. 畜은 짐승의 뜻일 때는 '축', 기르다는 뜻의 술어로 쓸 때는 '훅'으로 읽는다. 祭는 고수레를 말한다. 加朝服은 몸 위에 조복을 덮다. 拖는 끌다, 풀어놓다, 걸치다. 紳은 예복의 큰 띠. 拖紳은 조복 위에 큰 띠를 펼쳐 놓는 것이다. 俟는 기다리다.

임금이 고수레를 할 때 음식을 먼저 먹는 것은 음식에 이상이 없는지 살펴보는 신하의 예를 보인 것이다. 임금을 존중하는 행위이다.

보통 집은 남향으로 짓는다. 가장 큰 방의 창은 보통 남쪽이다. 남쪽 창 아래에서 동쪽으로 머리를 하고 누워서, 임금이 병문안을 왔을 때 자연스럽게 임금 남면을 하도록 배려한 것이다. 평복 차림으로 임금을 알현할 수 없어 앓아누운 채로 조복으로 옷을 덮어 예의를 표한 것이다.

향당-14 벗과 공자

벗이 죽어 거두어줄 사람이 없자, "우리 집에 빈소를 차려야지."라고 하셨다. 벗이 선물을 보내면 비록 수레나 말이라 하더라도 제사 지낸 고기가 아닌 이상 절하지 않으셨다.

朋友死, 無所歸, 曰, "於我殯빈." 朋友之饋궤, 雖車馬, 非祭肉不拜.

殯은 술어로 빈소를 차리다. 饋는 술어로 음식을 보내다, 명사로는 선물이다.

친구는 뜻으로 만나는 사이다. 친구 사이에 선물을 줄 때는 친구의 상황을 살펴서 어떤 이익을 구하는 일 없이 준다. 그래서 공자는 공적인 성격의 제육(祭肉)이 아니면 친구의 선물에 대해서 정중한 인사를 따로 하지 않은 것이다. 친구 사이의 선물은 두 사람 관계의 균형이 한쪽으로 기울지 않는 선에서 주고받아야 한다.

향당-15 행동거지

주무실 적에는 시체처럼 눕지 않으셨고, 댁에 계실 적에는 손님처럼 계시지 않았다. 상복을 입은 이를 보시면, 비록 친숙한 사이라 하더라도 반드시 정색을 하셨다. 조복을 입은 사람과 앞을 보지 못하는 사람을 보시면, 비록 자주 만나는 사이라 할지라도 예를 갖추어 대하셨다. 상복을 입은 사람에게는 수레 위에서도 예를 차렸고, 나라의 지도나 문서를 지고 가는 사람에게도 수레 위에서 예를 갖추셨다. 성찬이 나오면 반드시 정색을 하며 일어서셨다. 천둥이 치고 바람이 세차면 반드시 낯빛을 바꾸셨다.

寢^침不尸^시, 居不容. 見齊^자衰^최者, 雖狎^압, 必變. 見冕^면者與瞽^고者, 雖褻^설, 必以貌^모. 凶服者式之, 式負^부版者. 有盛饌^찬, 必變色而作. 迅^신雷風烈, 必變.

不容은 다른 판본에는 不客으로 되어 있다. 초서에서도 客과 容은 글자 모양이 같다. 不客으로 보면 손님처럼 행동하지 않았다는 뜻이다. 이 구절 전체의 문맥은 공자가 편안하고 자연스럽게 생활했다는 뜻이다. 《논어집주》는 不容의 容을 용의(容儀)로 풀이하였는데, 근엄한 태도를 취하지 않았다는 뜻이다. 〈술이〉 7편 4장 "선생님께서는 별일이 없을 때 편안하고 느긋하셨다."라는 구절과 관련이 있다. 긴장할 때는 분명하게 긴장하지만 이완할 때는 편안하게 있었음을 알 수 있다. 變은 용모를 단정히 하여 대하는 것이다. 冕은 면류관, 瞽는 시각장애인이다. 貌는 예를 갖추어 대하는 것을 말한다. 式은 수레 앞턱에 가로로 놓는 나무를 뜻하는 軾과 통한다. 여기서 式之의 式은 술어로 수레 앞턱의 가로지른 나무를 붙잡고 예를 차리는 것. 상을 당한 사람에게는 안타까운 마음을 표현하고, 나라의 지도와 문서를 지고 가는 사람에게는 나랏일에 대한 경의를 표한 것이며, 마음이 힘든 사람과 몸이 불편한 사람을 존중하고, 음식을 정성껏 차린 마음을 존중하는 것이다.

향당-16 수레에 올라서는

수레에 올라서는 반드시 바르게 서서 손잡이 끈을 잡으셨다. 수레 안에서는 되돌아보지 않으셨고, 말씀이 빠르지 않았고, 손가락질하지 않으셨다.

升車, 必正立執綏⁴. 車中不內顧ᴳᴼ, 不疾言, 不親指.

綏는 수레의 손잡이 끈이다. 위의 행동은 안전을 생각하기 때문이다. 자신의 안전도 중요하며 다른 이의 주의를 너무 뺏는 일도 없도록 한 것이다.

향당-17 산골짜기 까투리

(새들이) 인기척을 느끼고 날아올라 빙빙 돌다가 내려앉았다. 이에 말씀하셨다. "산골짜기 작은 돌다리에 앉은 까투리야, 때로구나! 때로구나!" 자로가 그 까투리를 잡아서 바치자, 세 번 냄새를 맡고는 일어나셨다.

色斯擧矣, 翔ˢ而後集. 曰, "山梁雌ᶻ雉ᶜʰ, 時哉時哉!" 子路共之, 三嗅ʰ而作.

色은 사람의 안색을 가리킨다. 色斯擧矣는 기미가 있자 이에 높이 날아올랐다는 말이다. 共은 바치다의 뜻인 供과 통한다. 嗅는 냄새 맡다.

정약용은 사냥꾼이 다리 쪽으로 갈 때, 공자가 "꿩이 날아가야 할 텐데"라며 걱정한 말이라고 보았다. 빠진 글자가 있는 구절로 보아 "자로가 꿩에게 먹이를 주자 꿩이 세 번 냄새 맡고 날아갔다." 또는 "자로가 잡으려 하자 세 번 울고 날아갔다."라고 풀이하기도 한다.

꿩에 감정이입을 한 말인데, 자로가 제대로 이해하지 못하고 꿩을 잡아 올렸다. 공자는 제자의 정성을 생각해 세 번 냄새만 맡고는 자리에서 일어난 것이다.

옛 시를 인용하면서 한 말인 듯하다. 보통의 해석은 까투리가 날아오를 때를 안다고 보고, 사람도 때를 알아야 한다고 풀이한다. 하지만 맥락을 추측하기 어려운 구절이라 일단 억지로 풀이하지 않고 놔둔다.

하논어

선진 11편

삶과 죽음

공자 제자의 언행을 기록한 구절이 많다. 특히 전반부에 안연의 죽음과 관련된 장이 여럿이다. 《논어》 1편부터 10편까지를 상론, 11편부터 20편까지를 하론이라고도 하는데 하론 전반부에는 공자의 제자들이, 후반부는 은자와 노나라 밖 여러 나라의 제후와 과거의 인물이 자주 등장한다. 하론에는 석연하지 않은 구절도 더러 보인다.

선진-1 선진과 예악

선생님께서 말씀하셨다. "옛사람들은 예악에 있어 야인과 같았으나, 후대 사람들은 예악에 있어 군자같이 되었다. 만약 예악을 쓴다면, 나는 옛사람의 것을 좇을 것이다."

子曰, "先進於禮樂, 野人也, 後進於禮樂, 君子也. 如用之, 則吾從先進."

先進과 後進이 무엇을 가리키는지 명확하지는 않다. 보통은 先進은 선대 사람으로 주나라 초기 사람을, 後進은 후대 사람으로 공자 시대의 사람을 가리키는 것으로 본다. 또는 先進을 공자 초기의 제자, 後進을 공자가 주유천하를 마치고 노나라로 돌아온 뒤에 받은 제자로 보기도 한다. 청대의 유보남은 야인과 군자를 지위의 유무로 보고서는 지위가 없으면서도 먼저 예악을 배우는 사람을 야인, 지위가 있고 나서 예악을 익히는 사람을 군자로 보기도 하였다. 일리 있는 설이다. 여러 주석을 종합해볼 때 野人은 벼슬하지 않은 사람처럼 형식적이지 않고 질박한 사람을 말한다. 君子는 사대부처럼 예악의 형식미를 갖춘 사람을 말한다. 야인과 군자는 여기서 형용사로 야인답다, 군자답다의 뜻이다.

옛사람들은 예악에 있어서 형식적인 세련미는 부족하나 예악의 본질인 존중과 조화의 정신에는 충실했다. 후대 사람들은 예악의 형식에 있어서 매우 세련되었다. 내가 만약 예악을 써야 하는 입장이라면 존중과 조화의 본질에 충실했던 옛사람의 예악을 따르겠노라.

예악의 정신을 현실에서 구현하려면 구체적인 형식을 취해야 한다. 형식이란 내용을 잘 담기 위함이지만, 시간의 경과에 따라 현실에 맞춰 변하기 마련인 내용을 담지 못하는 경향이 있다. 그래서 유가는 역사적으로 형식이 굳어지면서 내용을 충실히 담지 못하는 형식화의 딜레마를 안게 되었다. 지금도 마찬가지다.

선진-2 공문사과

선생님께서 말씀하셨다. "진나라와 채나라에서 나를 따르던 이들이 모두 관문에 이르지는 못하였구나."
덕행으로는 안연, 민자건, 염백우, 중궁이 있고, 말 잘하기로는 재아와 자공이 있고, 정치와 관련한 일에는 염유와 계로(자로)가 있고, 학문에는 자유와 자하가 있다.

子曰, "從我於陳蔡者, 皆不及門也."

德行, 顔淵閔子騫冉伯牛仲弓. 言語, 宰我子貢. 政事, 冉有季路. 文學, 子游子夏.

이 문장만으로는 門이 무엇을 가리키는지 알기 어렵다. 門은 크게 두 가지로 해석한다. 공자의 문하와 벼슬길에 나아가는 문으로 보는 것이다. 한글 풀이는 옛날 주석을 따랐다. 함께 생사를 나누던 제자들이 제대로 벼슬길에 오르지 못하는 것을 안타까워하는 표현으로 이해할 수 있다. 진나라와 채나라 사이에서의 고난에 대해서는 고대 중국의 여러 문헌에서 언급하고 있는 것으로 보아 당시 유명한 사건이었던 것 같다. 《묵자》에는 공자가 진나라와 채나라 사이에 있을 때 제자가 갖다 준 음식이 어떤 음식인지 따지지 않고 먹다가 나중에는 이와 다르게 행동하였다며 비판한 내용이 실려 있다.

덕은 '살리는 힘(살힘)'이다. 이는 실행을 통해서 드러나므로 덕행으로 붙여서 쓴 것이다. 문학이란 옛 문헌에 밝다는 말이다. 즉 오늘날의 학문과 뜻이 비슷하다. 공문사과(孔門四科) 혹은 사과십철(四科十哲)의 출처가 되는 문장이다. 윗 문장과 연결되지 않아 하나의 장으로 보기 어렵다. 《사서집주》에서 한 장으로 편집하여 우리나라에서도 한 장으로 묶었으나, 현재 중국과 일본에서는 대체로 다른 장으로 편집한다. 子曰이 없는 것으로 보아 아마도 공자가 직접 한 말은 아닌 듯하다. 공자라면 제자들 앞에서 이렇게 직접 비교하는 말을 하지는 않았을 것이다. 문장의 어조사인 '也'가 없는 점도 그런 의심을 산다.

선진-3 안연에 대해서

선생님께서 말씀하셨다. "회(안연)는 나를 돕는 사람이 아니다. 내 말에 대해서 기뻐하지 않는 것이 없구나."

子曰, "回也非助我者也, 於吾言無所不說^열."

說은 悅과 통한다. 질문과 답변 사이에 새로운 생각이 떠오르거나 자신의 견해를 다시금 돌아보게 되는 법인데, 자신이 하는 말에 대해서 안회는 아무런 말이 없이 그냥 기쁘게 받아들이기만 한다는 말이다. 제자를 칭찬하는 품격이 느껴진다.

선진-4 민자건에 대해서

선생님께서 말씀하셨다. "효성스럽도다, 민자건이여! 그의 부모형제가 칭찬하는 말에 남이 딴소리를 못할 것이다."

子曰, "孝哉閔子騫! 人不間於其父母昆^곤弟之言."

間은 여기서 술어로 사이를 내다, 이의를 제기하다, 딴말을 하다 등의 뜻이다. 言은 이 문장에서 '민자건이 효성스럽고 우애가 있다'고 한 말을 이른다. 민자건에 관한 고사는 〈옹야〉 6편 7장을 참고할 것.

선진-5 남용에 대해서

남용은 백규의 시를 반복해서 외웠고, 공자께서는 형의 딸을 그에게 시집보내셨다.

南容三復복白圭규, 孔子以其兄之子妻之.

南容은 공자의 제자 남궁괄(南宮适). 자가 자용(子容)이라 남용이라고도 불렀다. 三復白圭는 '백규의 시를 반복하여 외우다'라는 뜻이다. 백규는 《시경》〈대아(大雅)〉의 '억(抑)'에 나오는 구절이다. "흰 옥의 티는 갈아낼 수 있으나, 말의 티는 어찌할 수 없네."라는 구절이 있는데, 이를 자주 외운 것으로 보아 남용이 말하는 데 조심성이 있다고 간파한 것이다.

선진-6 배우기 좋아하는 자

계강자가 물었다. "제자 가운데 배우기 좋아하는 자는 누구입니까?" 공자께서 대답하셨다. "안회라는 이가 배우기를 좋아했는데, 불행히도 명이 짧아 죽고 말았습니다. 지금은 그런 사람이 없습니다."

季康子問, "弟子孰숙爲好學?" 孔子對曰, "有顔回者好學, 不幸短命死矣, 今也則亡무."

〈옹야〉 6편 2장에 비슷한 문장이 있다.

선진-7 안연의 죽음 (1)

안연이 죽자, 안로가 공자의 수레를 팔아 아들을 위해 덧관을 장만해줄 것을 요청하였다. 선생님께서 말씀하셨다. "재주가 있든 없든 각기 자식을 위하여 말하게 마련일 텐데, 아들 리(鯉)가 죽었을 적에도 관만 있었지 덧관은 없었네. 내가 걸어다니는 일을 무릅쓰고라도 그를 위해 덧관을 장만하지 못한 것은, 내가 대부들의 뒷자리에라도 따라다니는 신분이라 걸어다닐 수는 없었기 때문이네."

顔淵死, 顔路請子之車以爲之槨곽. 子曰, "才不才, 亦各言其子也. 鯉也死, 有棺관而無槨. 吾不徒行以爲之槨, 以吾從大夫之後, 不可徒行也."

顔路는 안연의 아버지이자 공자의 초기 제자이다. 路는 자다. 이 문장은 공자의 초기 제자가 아니라 제자의 제자, 곧 재전제자가 기록했을 가능성이 높다. 대개 이런 경우 《논어》에서는 초기 제자의 성과 자를 결합해 칭했다. 鯉는 공자의 아들, 자는 백어(伯魚)이다.

언뜻 보면 공자가 변명하는 듯하다. 공자는 안연을 친자식처럼 생각했다. 자신의 친자식인 리를 먼저 보낸 공자는 친자식을 장례 치른 것과 비슷하게 안연의 장례를 치르고자 하였다. 다음 구절들을 보면 공자가 안회의 죽음을 겪으며 아버지처럼 매우 애통해했음을 알 수 있다. 평소 공자가 안연을 친자식처럼 아꼈음을 알고 안연의 아버지 안로가 무리하게 요청한 것이다.

선진-8 안연의 죽음 (2)

안연이 죽자 선생님께서 말씀하셨다. "아아! 하늘이 나를 망치시는구나, 하늘이 나를 망치시는구나!"

顔淵死. 子曰, "噫^희! 天喪予! 天喪予!"

噫는 감탄사이다. 여기서는 비통의 느낌을 나타낸다. 喪은 죽다, 멸망하다, 망하다. 여기서는 타동사로 망치다, 죽게 하다의 뜻이다. 극도의 슬픔을 표현하고 있다.

공자의 뜻과 생각을 가장 잘 이해하는 이는 안연이었다. 공자는 주유천하 후에 노나라로 돌아와 교육과 집필 등에 집중했는데, 안연이 그의 뜻을 이어받아 세상에 펴나가기를 바랐을 것이다. 그런 안연이 스승인 자신보다 먼저 죽고 말았으니 하늘이 자신을 망쳤다고 감정을 토로하며 크게 한탄하는 모습에서 인간적인 면모가 느껴진다.

선진-9 안연의 죽음 (3)

안연이 죽자 선생님께서 통곡하셨다. 모시던 사람이 "선생님의 곡이 지나치게 애통한 듯합니다."라고 하자, 선생님께서 "지나치게 애통하다고? 저 사람을 위하여 통곡하지 않고 누굴 위해 하겠느냐?"라고 하셨다.

顔淵死, 子哭^곡之慟^통. 從者曰, "子慟矣!" 曰, "有慟乎? 非夫人之爲慟而誰^수爲?"

子哭之慟의 哭은 여기서 목적어를 취하는 타동사다. '아무개를 위하여 곡하다'는 뜻. 之는 안연을 받는 대명사. 慟은 서럽게 울다, 지나치게 슬퍼하다. "즐거워하면서도 지나치지 않고 슬퍼하면서도 마음을 다치게 하지는 않는구나(樂而不淫, 哀而不傷)."라고 하지만, 안연을 각별하게 생각했기에 그토록 애통해한 것이다. 夫人은 '그 사람'. 非夫人之爲慟은 부정어인 非 뒤에서 夫人이 도치되어 앞으로 나온 형태다.

선진-10 안연의 죽음 (4)

안연이 죽자 문인들이 성대히 장사 지내고자 하였다. 선생님께서는 "안 된다."라고 하셨다. 그러나 문인들이 그를 성대히 장사 지냈다. 선생님께서 말씀하셨다. "회는 나를 친아버지처럼 대하였는데, 나는 그를 자식처럼 대하지 못하게 되었구나. 나 때문이 아니라 너희 때문이다."

顏淵死, 門人欲厚葬^장之. 子曰, "不可." 門人厚葬之. 子曰, "回也視予猶父也, 予不得視猶子也. 非我也, 夫二三子也."

자식은 다 비슷하게 장례를 지내주는 법이다. 형편이 조금 나아졌다고 먼저 죽은 자식보다 후하게 장례를 치른다면 자식을 차별하는 것이고 먼저 보낸 자식에게 미안한 법이다. 그만큼 안연을 친자식으로 생각했음을 알 수 있다. 안연은 공자의 제자 사이에서도 각별했던 것 같다. 제자들은 안연을 친자식처럼 여긴 공자의 심정을 헤아리지 못하고, 자신들의 감정과 형편에 따라 안연을 후하게 장례한 것이다. 공자는 자식처럼 장례를 치러주지 못한 섭섭한 마음을 이렇게 표현한 것이리라. 인간적인 모습이다. 안회가 제자들 사이에서도 특별하였다는 점과 아울러 안회의 장례에 공자가 자신의 뜻을 관철시키지 않았음을 알 수 있다.

선진-11 삶과 죽음, 사람과 귀신

계로(자로)가 귀신 섬기는 일에 대해 여쭈었다. 선생님께서 말씀하셨다. "사람도 제대로 섬기지 못하는데 어찌 귀신을 섬길 수 있겠느냐?" "감히 죽음에 대하여 여쭙겠습니다." "삶도 아직 잘 알지 못하는데, 어찌 죽음을 알겠느냐?"

季路問事鬼神. 子曰, "未能事人, 焉能事鬼?" "敢問死." 曰, "未知生, 焉知死?"

〈술이〉 7편 20장의 "선생님께서는 해괴한 일, 폭력에 관한 일, 질서를 어지럽히는 일, 귀신에 관한 일은 말씀하시지 않았다."라는 구절에서도 알 수 있듯이 공자는 괴이함이 아니라 평범함, 무력이 아니라 문화, 어지러움이 아니라 평화, 귀신이 아니라 인간에 집중했다. 삶은 여기의 문제고 죽음은 저기의 문제일 뿐이다.

사람을 섬긴다는 것은 어떤 의미인가? 事에는 일삼다와 섬기다의 뜻이 있다. 이 둘은 고대에 별개의 뜻이 아니었을 것이다. 누구를 위해 일을 한다는 것은 그를 섬긴다는 뜻이다. 섬긴다고 하면서 그를 위해 일하지 않는다면 이는 진정 섬기는 것이 아니다. '사람을 섬긴다'는 것은 사람을 위해서 일을 한다는 말이다.

스피노자는 다음과 같은 명언을 남겼다. "자유로운 사람은 죽음을 가장 적게 숙고한다. 그의 지혜는 죽음이 아니라 삶에 대해 명상하는 것에 있다." 서양이든 동양이든 철인의 생각은 시대를 뛰어넘어 서로 통하기 마련이다.

선진-12 자로의 죽음을 예감하다

민자건은 선생님을 모시고 있을 적에 반듯하였다. 자로는 꿋꿋하였다. 염유와 자공은 나긋나긋하였다. 선생님께서는 (이런 제자들과 지내며) 즐거워하셨다. 그러나 "유(자로)와 같은 사람은 제명대로 살지 못할 것이다."라고 하셨다.

閔子侍^{시}側, 誾^{은}誾如也. 子路行^{항}行如也. 冉有子貢侃^{간}侃如也. 子樂. "若由也, 不得其死然."

誾誾如는 한문으로 풀면 중정(中正)한 모양인데, 우리말로는 반듯하다는 뜻이다. 行行如는 강직한 모양. 侃侃如는 한문으로는 和樂. 온화하다는 말이고, 스승에게 나긋나긋했다는 뜻이다.

《사기열전》〈중니제자열전〉에는 자로의 죽음을 이렇게 전한다. 위나라 영공에게는 남자라는 부인이 있었다. 당시 영공의 태자 괴외가 남자에게 죄를 지어서 나라 밖으로 도망쳤다. 영공이 죽고서 남자는 자신이 낳은 아들을 왕으로 세우려 하였으나 그는 오히려 달아난 태자의 아들에게 왕위를 양보했다. 그가 출공(出公)이니 곧 괴외의 아들이다. 이후 출공과 괴외는 결국 왕위를 놓고 서로 다툰다. 이 무렵 자로는 위나라 대부 공회의 읍재였고, 공회는 괴외와 손잡고 위나라에서 반란을 꾀하고는 함께 출공을 습격하였다. 이때 자로는 출공의 녹을 받는 자로서 어려움을 보고서 가만히 있을 수 없어 괴외가 있는 성으로 들어가 결국 죽음을 맞고 말았다.

선진-13 민자건에 대해서

　　노나라 사람이 장부라는 창고를 만들자, 민자건이 말하였다. "옛날에 있던 대로 두고 그냥 쓰면 어떻겠는가? 어찌 반드시 다시 지어야만 하는가?" 선생님께서 말씀하셨다. "이 사람은 말을 잘 안 하지만, 말하면 꼭 이치에 들어맞는구나!"

　　魯人爲長府^부. 閔子騫曰, "仍^잉舊貫, 如之何? 何必改作?" 子曰, "夫人不言, 言必有中."

府는 재물을 쌓아 두는 곳이다. 민자건은 앞에서 덕행이 뛰어난 자로 언급된 인물이며 효행으로도 유명하다. 仍은 그대로 따르다. 舊貫에서 貫은 사례나 사정을 뜻한다.

선진-14 자로와 거문고_승당입실

　　선생님께서 말씀하시기를 "유(자로)의 거문고를 어찌 내 집 안에서 연주할 수가 있겠느냐?"라고 하니, 제자들이 자로를 존경하지 않았다. 그러자 선생님께서 말씀하셨다. "유의 학문은 (비유컨대) 당에 올라서 있다. 방에 들어오지 못했을 뿐이다."

　　子曰, "由之瑟^슬, 奚爲於丘之門?" 門人不敬子路. 子曰, "由也升堂矣, 未入於室也."

자로는 그 어떤 제자보다 공자와 친근한 사이였다. 공자의 행동에 대해 직접 면전에서 질문하는 제자도 자로였다. 거문고보다는 칼이 더 어울렸을 것 같은 자로가 거문고를 너무 씩씩하게 연주했던 것일까? 그 소리가 귀에 거슬려서 에둘러 핀잔을 준 것인데, 옆에서 그 말을 들은 다른 제자들이 공자가 자로를 홀대한다고 여겼다. 그러자 공자가, 자로는 방에 들어온 정도는 아니라고 하더라도 당 위에는 올라온 수준이라며 두둔하였다. '승당입실'의 출처가 되는 구절이다.

선진-15 과유불급

자공이 여쭈었다. "사(자장)와 상(자하)은 누가 더 현명합니까?" 선생님께서 말씀하셨다. "사는 지나치고, 상은 모자라지." "그러면 사가 낫습니까?" 선생님께서 말씀하셨다. "지나치는 것은 모자라는 것과 같다."

子貢問, "師與商也孰숙賢?" 子曰, "師也過, 商也不及." 曰, "然則師愈유與?" 子曰, "過猶不及."

師는 자장(子張)의 이름이다. 지나치다는 표현은 타고난 재능을 적절히 쓰지 못하고 조금 엉뚱한 곳에 쓰기도 했다는 말이 아닐까? 지금으로 보면 오타쿠 기질이 있었는지 모를 일이다. 商은 자하(子夏)의 이름이다. 둘은 모두 신분이 미천하였으나 공자 문하에서 끝까지 공부하여 일가를 이룬 인물이다. 자장과 자하는 일종의 라이벌 관계였던 것 같다. 지나치지도 않고 모자라지도 않는 것, 그것이 균형이다.

선진-16 염유에 대해서

계씨는 주공보다도 부유하건만, 구(염유)는 그를 위하여 세금을 그러모아 더욱 부유하게 해주었다. 선생님께서 말씀하셨다. "그는 나의 제자가 아니다. 너희가 북을 울리며 그를 공박해도 된다."

季氏富於周公, 而求也爲之聚^취斂^렴而附^부益之. 子曰, "非吾徒也. 小子鳴^명鼓^고而攻之, 可也."

於는 비교격. 직역으로 '~에 대하여'로 이해해 두는 편이 요긴하다. 斂은 거두다, 부과하여 거두어들이다. 攻은 공박(攻駁)하다.

계씨는 부당하게 권력을 행사하는 자다. 염구는 그런 자의 힘을 더욱 보태어주었다. 그러니 공자가 격하게 꾸짖은 것이다. 공자가 제자에게 항상 따뜻하게 대하지만은 않았음을 알 수 있다. 배움의 공동체는 배움의 지향점을 공유한다. 배움의 뜻과 정반대의 삶을 산다면 이미 배움의 공동체와 척진 것이다. 배움의 공동체는 건강한 당파성이 있어야 한다. 다른 제자들에게 경각심을 일깨워주기 위해서라도 공자가 격하게 얘기했는지도 모른다.

선진-17 자고·증자·자장·자로

시(자고)는 어리석고, 삼(증자)은 둔하고, 사(자장)는 치우쳤고, 유(자로)는 거칠다.

柴也愚^우, 參也魯^노, 師也辟^벽, 由也喭^언.

柴의 자는 자고(子羔), 이름은 고시(高柴). 參은 증자의 이름이다. 魯는 노둔하다. 師는 자장의 이름이다. 辟은 편벽되다, 치우치다. 由는 자로의 이름이다. 喭은 거칠다, 속되다.

이 문장에는 '子曰'이 없다. 공자가 제자들 앞에서 직접 이렇게 사람을 비교하며 평했을지 의문이다.

선진-18 안연과 자공에 대해서

선생님께서 말씀하셨다. "회는 거의 도를 터득했지만, (쌀독이) 자주 비었다. 사(자공)는 천운을 타고나지는 않았으나 재산을 불렸고, 그의 예측은 여러 번 적중하였다."

子曰, "回也其庶乎, 屢루空. 賜사不受命, 而貨殖식焉, 億억則屢中."

庶는 近의 뜻으로 가깝다. 공자가 생각하는 인간의 길에 매우 가까웠다는 의미이다. 賜不受命의 命에 대해서는 해석이 분분하다. 대표적인 것은 작명(爵命)의 명과 천명(天命)의 명으로 보는 설이다. 전자에 따르면 큰 재산을 가질 만한 벼슬이 아니었는데도 재물을 불렸다는 말이고, 후자의 설에 따르면 운명을 받아들이지 않고 재물을 불렸다는 말이다. 벼슬 또한 천운이라고 본다면 후자가 좀더 포괄적이다. 번역은 후자를 따랐다.

자공은 원래 귀족 출신이 아니었지만 상업으로 큰 재산을 모았던 것 같다. 공자의 입장에서 보자면 가난한 애제자인 안회와 부유한 자공을 들어서 말한 것인데, 어떤 맥락에서 이런 말을 했는지는 알기 어렵다. 《사기》에는 이 구절을 인용하여 〈화식열전〉이라는 제목을 붙이기도 했다. 정약용은 貨를 판매 행위, 殖을 축산을 하는 행위로 보았다. 일리가 있다.

선진-19 사람을 선하게 하는 길

자장이 사람을 선하게 하는 길에 대하여 여쭙자, 선생님께서 말씀하셨다. "(옛 성현의) 발자취를 따르지 않으면, 역시 높은 경지에는 들어갈 수 없다."

子張問善人之道. 子曰, "不踐迹[적], 亦不入於室."

善人之道는 어법으로 보면 석연하지 않은 구절이다. 두어 가지로 해석이 가능하다. 선한 사람이 되는 길, 또는 사람을 선하게 하는 길로 볼 수 있다. 善에는 좋게 하다의 뜻이 있다. 자장이 공자에게 단순히 착한 사람의 길 또는 착한 사람이 되는 길을 물었다기보다는 '사람을 착하게 하는 길'을 물었을 것 같다.

선진-20 석연하지 않은 구절

선생님께서 말씀하셨다. "말하는 것이 독실하면 그를 인정하기는 하겠으나, 그가 군자다운 사람일까? 외모만 장중한 사람일까?"

子曰, "論篤是與, 君子者乎? 色莊者乎?"

論篤是與는 與論篤의 도치 형태. 與는 인정하다. 論篤은 타동사 與의 목적어로 앞으로 강조되어 나온 형태다. 是는 此의 뜻이다. 莊은 씩씩하다, 장중하다, 훌륭하다의 뜻이다.

위의 번역문과 달리 이 장을 '선한 사람'을 설명한 대목으로 보고, '말하는 것이 미더운가? 군자다운가? 외모는 장중한가?'라고 해석하기도 하는데, 이때는 선한 사람의 세 가지 조건으로 보는 것이다. 이 구절 또한 모호하다. 주희 이전까지는 이 장을 앞 장과 같은 장으로 분류했다. 주희는 석연하지 않게 보아 장을 나누었다. 같은 장으로 보면 어색할 뿐 아니라 어법도 자연스럽지 않다.

선진-21 행동에 대해서

자로가 "들은 것은 곧 행하여야 합니까?" 하고 여쭈었다. 선생님께서 말씀하셨다. "부형이 계시는데 어떻게 들은 것을 바로 행하겠느냐?" 염유가 "들은 것은 곧 행하여야 합니까?"라고 여쭈었다. 선생님께서 말씀하셨다. "들었으면 바로 그것을 행하여야지!" 공서화가 아뢰었다. "유가 '들은 것은 곧 행하여야 합니까?'라고 여쭈었을 적에는, 선생님께서 '부형이 계시다.'라고 말씀하시고, 구가 '들은 것은 곧 그것을 행하여야 합니까?'라고 여쭈었을 적에는 선생님께서 '들었으면 바로 그것을 행하라.'라고 말씀하셨습니다. 제가 혼란스럽습니다. 감히 까닭을 여쭙겠습니다." 선생님께서 말씀하셨다. "구는 소극적이기에 나아가도록 해준 것이고, 유는 남의 몫까지 겸하려고 하므로 물러서도록 해준 것이다."

子路問, "聞斯行諸^적?" 子曰, "有父兄在, 如之何其聞斯行之?" 冉有問, "聞斯行諸?" 子曰, "聞斯行之." 公西華曰, "由也問聞斯行諸, 子曰, '有父兄在', 求也問聞斯行諸, 子曰, '聞斯行之', 赤也惑^혹, 敢

問." 子曰, "求也退, 故進之, 由也兼겸人, 故退之."

兼人은 남의 몫까지 겸하다. 退가 '나 아니라도 누가 하겠지'라면 兼人은 '나 아니면 누가 하겠는가'의 뜻이다.

공자의 교육관을 볼 수 있다. 제자의 재주와 기질에 따라 가르침을 주고 있다. 이를 인재시교(因材施敎)라고 한다. 장점을 키워주기는 쉽다. 단점은 내면의 문제인 경우가 많은데, 거기까지 보지 않으면 제대로 성장하기 어렵다. 제자가 온전하게 성장하도록 균형을 잡아주는 공자의 모습은 시사하는 바가 크다.

선진-22 공자와 안연

선생님께서 광 땅에서 위험한 일을 당하셨을 때, 안연이 뒤늦게 왔다. 선생님께서 "나는 네가 죽은 줄 알았다."라고 하시자, 그는 "선생님께서 계신데 제가 어찌 감히 죽겠습니까?"라고 대답하였다.

子畏於匡광, 顔淵後. 子曰, "吾以女爲死矣." 曰, "子在, 回何敢死?"

畏는 위험한 일을 만나다. 後는 술어로 뒤늦게 오다. 女는 이인칭. 제자를 아끼는 스승과 스승의 걱정을 덜어주려는 제자의 마음이 짧은 글에서도 충분히 전해진다.

선진-23 큰 신하란

계자연이 여쭈었다. "중유(자로)와 염구는 대신이라 할 수 있겠습니까?" 선생님께서 말씀하셨다. "나는 선생께서 비상한 사람에 대하여 물으실 줄 알았는데, 결국 유와 구에 대한 질문이군요. 이른바 대신이란 도리에 맞게 임금을 섬기다가 제대로 되지 않으면 그만두는 법입니다. 지금 유와 구는 자리나 채우는 신하라 할 것입니다." "그렇다면 명령을 따르기만 하는 사람입니까?" 선생님께서 말씀하셨다. "아버지와 임금을 죽이는 짓 같은 것은 따르지 않을 것입니다."

季子然問, "仲由冉求可謂大臣與?" 子曰, "吾以子爲異之問, 曾由與求之問. 所謂大臣者, 以道事君, 不可則止. 今由與求也, 可謂具구臣矣." 曰, "然則從之者與?" 子曰, "弑시父與君, 亦不從也."

계자연은 노나라 세도가인 계씨 집안 사람이다. 자로와 염구는 이때 모두 계씨의 가신이었다. 吾以子爲異之問은 '以A爲B'의 문형이다. 曾은 곧, 이에, 결국의 뜻이다. 以道事君은 임금의 몸이 아니라 임금이 가는 길을 섬기는 것이 신하의 도리라는 의미이다. 그러니 '길로써 임금을 섬기는' 것이다. 도란 모두가 함께 갈 수 있는 길이다. 자신만 다닐 수 있다면 그것은 도가 아니다. 어떤 자리에서 어떤 일을 하든 모든 사람이 함께 갈 수 있는 길을 지향해야 한다. 그렇지 않다면 그 길은 오로지 일신의 이익을 위한 길이다. 그것이 바로 극기의 대상이다. 임금과 신하는 뜻으로 만나는 관계다. 임금이 가는 길이 큰길이 아니라면 자리를 내놓는 자가 큰 신하다. 그러니 '제대로 되지 않으면 그만두는 것'이다. 具臣은 별 구실을 못하면서 직위나 머릿수만 채우는 신하이다.

오늘날 별 구실을 못하고 자리만 차지하고 있는 사람들을 무어라 불러야 할까? 이 구절은 자로와 염구가 임금을 바른 길로 이끌 정도의 신하가 되지는 못할지라도 허튼짓을 할 위인은 아니라는 말이다.

선진-24 행동과 말재주

자로가 자고를 비의 읍재로 보내려 하였다. 선생님께서 말씀하셨다. "남의 자식을 해치는 짓이다." 자로가 말하였다. "백성이 있고 사직이 있는데, 어찌 반드시 책을 읽은 연후에야 공부를 했다고 하겠습니까?" 선생님께서 말씀하셨다. "이래서 말재주 부리는 사람을 미워하는 것이다."

子路使子羔爲費^비宰^재. 子曰, "賊^적夫人之子." 子路曰, "有民人焉, 有社^사稷^직焉, 何必讀書, 然後爲學?" 子曰, "是故惡^오夫佞^녕者."

夫人之子의 夫는 대명사로 이, 저의 뜻이다. 佞은 말재주이다. 윗자리에 있는 사람은 아랫사람이 성장하기를 기다릴 줄 알아야 한다. 그러려면 여건을 만들어주고 때를 잘 보아야 한다. 성급히 일을 맡기다가는 제대로 성장하지 못하고 소모되고 만다. 자고는 이 당시 나이가 어렸지만 싹수가 있었다. 공자는 자고가 당장 벼슬을 할 것이 아니라 더 배워야 한다고 보았다. 자로가 자신의 아랫사람으로 서둘러 쓰려 하면서 말재주로 변명하자 공자가 이에 꾸짖은 것이다. 말이 행동을 다 덮을 수는 없는 법이다.

선진-25 나들이를 가서

자로, 증석, 염유, 공서화가 선생님을 모시고 앉아 있었다. 선생님께서 말씀하셨다. "내가 얼마간 너희보다 나이가 많기는 하나 나를 신경쓰지 말거라. 평소 말하기를 '나를 알아주지 않는다.'라고 하였는데, 만약 너희를 알아주는 이가 있다면 어떻게 하겠느냐?" 자로가 불쑥 나서며 대답하였다. "제후의 나라가 큰 나라 사이에 끼어 있어 군대에 의한 침략을 당하고 다시 기근까지 든다 하더라도, 제가 그 나라를 다스린다면, 거의 삼 년이면 백성을 용감하게 만들고 또 올바른 길을 알도록 하겠습니다." 선생님께서 빙긋이 웃으셨다. "구야, 너는 어떠하냐?" 염유가 대답하였다. "사방 육칠십 리 또는 오륙십 리 되는 곳을 제가 다스린다면, 대략 삼 년이면 백성을 풍족하게 할 수 있을 겁니다. 예악 같은 것은 군자를 기다리겠습니다." "적(공서화)아, 너는 어떠하냐?" (공서화가) 대답하였다. "저는 '할 수 있다.'라고 말하기보다는 배우고자 합니다. 종묘에서 제사 지내는 일이나 제후가 천자를 알현할 때 하는 검은 예복과 예관을 갖추는 데 작은 도움이라도 되기를 바랍니다." "점(증석)아, 너는 어떠하냐?" 증석이 슬을 타던 속도를 늦추다가 뎅그렁 멈추고는, 슬을 밀어 놓고 일어서서 대답하였다. "저는 세 사람이 얘기한 것과는 다릅니다." 선생님께서 말씀하셨다. "무엇을 걱정하느냐? 각자가 제 뜻을 말하는 것인데." "늦은 봄에 봄옷을 지어 입고, 성인 대여섯 명과 아이 예닐곱 명과 어울려 기수에서 목욕하고, 무우에서 바람을 쐬고, 읊조리며 돌아오는 것입니다." 선생님께서는 크게 숨을 몰아쉬며 "나는 점과 함께하겠노라."라고 하셨다.

세 사람이 나가고, 증석만이 뒤에 처졌다. 증석이 여쭈었다. "세 사람의 말이 어떠합니까?" 선생님께서 말씀하셨다. "각기 제 뜻을 말했을 따름이지." "선생님께서는 어째서 유의 말에는 빙긋이 웃으셨는지요?" "나라는 예로써 만들어가야 하는데, 그의 말에는 겸양이 없어서 웃었던 것이야." "구의 경우는 나라 다스리는 게 아니잖습니까?" "사방 육칠십 리나 오륙십 리 되는 곳인데, 어찌 나라 다스리는 게 아니라고 보겠느냐?" "적의 경우는 나라 다스리는 게 아니지 않습니까?" "종묘의 제사와 임금을 알현하는 것이 제후의 일이 아니고 무엇이겠느냐? 적의 일을 작은 일이라고 한다면, 누가 큰일을 한다고 할 수 있겠느냐?"

子路曾晳冉有公西華侍^시坐. 子曰, "以吾一日長乎爾^이, 毋^무吾以也. 居則曰, '不吾知也!' 如或知爾, 則何以哉?" 子路率^솔爾^이而對曰, "千乘之國, 攝^섭乎大國之間, 加之以師旅, 因之以饑^기饉^근, 由也爲之, 比及三年, 可使有勇, 且知方也." 夫子哂^신之. "求! 爾何如?" 對曰, "方六七十, 如五六十, 求也爲之, 比及三年, 可使足民. 如其禮樂, 以俟^사君子." "赤! 爾何如?" 對曰, "非曰能之, 願學焉. 宗廟之事, 如會同, 端^단章甫^보, 願爲小相焉." "點! 爾何如?" 鼓^고瑟^슬希^희, 鏗^갱爾, 舍瑟而作, 對曰, "異乎三子者之撰^선." 子曰, "何傷乎? 亦各言其志也." 曰, "莫^모春者, 春服旣成, 冠^관者五六人, 童子六七人, 浴乎沂^기, 風乎舞雩^우, 詠^영而歸." 夫子喟^위然歎曰, "吾與點也!"

三子者出, 曾晳後. 曾晳曰, "夫三子者之言何如?" 子曰, "亦各言其志也已矣." 曰, "夫子何哂由也?" 曰, "爲國以禮, 其言不讓, 是故哂之." "唯求則非邦也與?" "安見方六七十如五六十而非邦也者?" "唯赤則非邦也與?" "宗廟會同, 非諸侯而何? 赤也爲之小, 孰能爲之大?"

증석은 증삼(증자)의 아버지다. 毋吾以의 以는 爲와 통한다. 뜻은 ~으로 여기다. 앞 구절의 '내가 너희보다 나이가 많다는 것'으로 여긴다는 말이다. 스승 앞이라고 꺼리지 말고 편안히 하고 싶은 말을 하라는 뜻으로 말머리를 꺼낸 것이다. 居는 평소. 知는 알아준다는 것이니 곧 능력을 알아보고 등용해주는 것까지를 포함한다. 如或知爾의 爾는 이인칭이다. 率爾는 불쑥, 경솔하게, 갑자기. 攝은 당기다, 걷다, 대신하다, 끼다. 爲는 治의 뜻이다. 比는 거의. 方은 올바르게 살아갈 방향. 哂은 빙그레 웃다, 살짝 쓴웃음을 짓다. 何如는 어떠하다. 如五六十의 如는 或의 뜻으로 또는. 俟는 기다리다. 會同은 제후가 천자를 알현하기 위해 모이는 것을 이른다. 端章甫의 端은 제후가 입는 검은색의 예복(玄端服), 章甫는 예관. 예복을 갖춰 입는다는 뜻이다. 鏗爾의 鏗은 원래 거문고 등의 소리인데, '갱이'는 여기서 슬을 밀어 놓을 때 나는 소리이다. 爾는 상태나 모습을 묘사하는 말. 撰은 갖추어서 하는 얘기. 傷은 걱정하다, 염려하다. 莫의 원뜻은 저녁으로 暮와 통용된다. 여기서는 저물다, 늦다의 뜻이다. 莫가 나중에 저물다, 없다의 뜻으로 가차되어 쓰이자 따로 日을 붙여 暮를 만들었다. 喟然은 숨을 몰아쉬는 모양이다. 與는 함께하다, 편들다, 찬동하다. 安은 의문사 何와 같다.

덥지도 춥지도 않은 늦은 봄날 특별한 목적을 두지 않고 제자들과 나들이를 간 공자. 그의 마음은 가볍고 즐거웠으리라. 다른 때와 달리 편안한 분위기에서 제자들의 뜻을 들었다. 점과 함께하고 싶다는 말은 자연과 삶을 편안히 즐기고 싶은 심정을 인정한 것이다. 이때만큼은 아마도 세상에 대한 걱정과 연민을 떨치고 싶었는지도 모르겠다. 정치적 이상을 실현할 기회가 없어 탄식하지만, 그 탄식이 자조적이지 않고 자신에게 주어진 시간과 삶을 즐기는 마음으로 승화한 듯도 하다. 여건이 되면 크게 뜻을 펼치고 그렇지 못하면 뜻이 맞는 사람들과 공부하며 삶을 즐기는 것으로 족하다.

　이 장은 《논어》에서 가장 길면서도 상당히 이질적이다. 그래서 증석이 도드라지는 이 장이 후대에 추가되었다는 설이 있다. 전체 맥락을 고려하면 스승과 제자가 편한 분위기에서 나눈 이야기로 볼 수 있다. 평소와 조금 다른 분위기에서 제자들의 포부를 물어본 것이다. 공자의 낙천적인 성격이 잘 드러나는 장이기도 하다.

안연 12편

존재와 관계의 방정식

전반부에는 제자들과 살맘(仁)에 대해서 나눈 얘기가 여럿 실려 있다. 중반부에는 어떻게 정치를 해야 하는지에 대한 문장이 집중적으로 실려 있고, 후반부에는 다시 살맘에 관한 이야기가 주를 이룬다.

안연-1 극기복례

안연이 살맘(仁)에 대하여 여쭈었다. 선생님께서 말씀하셨다. "자기를 이겨내고 예로 돌아가는 것이 살맘을 펴는 것이다. 하루라도 자기를 이겨내고 예로 돌아가면, 세상은 살맘에 귀의할 것이다. 살맘을 펴는 일이 자신에게 달렸지 다른 사람에게 달렸겠느냐?" 안연이 말하였다. "그 세목을 여쭙고자 합니다." 선생님께서 말씀하셨다. "예에 어긋나면 보지 말고, 예에 어긋나면 듣지 말며, 예에 어긋나면 말하지 말고, 예에 어긋나면 움직이지 않는 것이다." 안연이 말하였다. "제가 비록 불민하오나 이 말씀을 섬기겠습니다."

顔淵問仁. 子曰, "克己復禮爲仁. 一日克己復禮, 天下歸仁焉. 爲仁由己, 而由人乎哉?" 顔淵曰, "請問其目." 子曰, "非禮勿視, 非禮勿聽, 非禮勿言, 非禮勿動." 顏淵曰, "回雖不敏, 請事斯語矣."

주희가 살맘(仁)을 '本心之全德'으로 풀이한 것에 주목하자. 이를 재해석하면 마음의 뿌리에 깃든 온전한 살힘(德)이라는 말이다. 살맘은 생명을 아끼고 사람을 살리고자 하는 마음이다. 이는 겉마음이 아니라 마음의 뿌리다. 마음이 있는 사람이라면 마음속에 살맘이 깃들어 있다. 그 마음이 말과 행동으로 드러나는 것이 살힘이므로 마음속에 깃든 온전한 덕이라고 표현했다. 살맘은 자기 자신만 살리는 마음이 아니다. 자기를 이겨낸다는 것은 자신만 살리려고 하는 마음을 이겨낸다는 것이다.

예의 본질은 존중이다. 예로 돌아간다는 것은 존중의 관계를 회복하는 것이다. 단순히 行이라고 쓰지 않고 '復', 곧 돌아간다고 한 것은 거기가 제자리임을 뜻한다. 존중의 관계를, 도달해야 하는 곳이 아니라 원래의 그곳으로 여기는 점에 주목하자. "세상이 살맘에 귀의할 것이다."라는 말은 그 영향이 지대하다는 뜻이다.

자신만을 생각하는 분열된 자아의 욕망을 이겨내고 나와 관계한 사람들과 존중의 관계를 회복하는 것이 세상에 살맘을 펴는 일이다. 살맘을 펴는 것이 나에게서 시작하는 것이지 어찌 남에게서 시작하랴!

안연이 구체적으로 어떻게 해야 하는지를 묻자 공자는 서로를 살리지 못하고 자신만 살겠다는 '자신'을 극복하는 방법으로 존중의 마음 없이는 보지도 말고 듣지도 말고 말하지도 말고 움직이지도 말라고 얘기해주었다. 극기는 자신에게 고통을 가하는 것이 아니라 '서로를 살리는 힘'을 키워가는 것이다. 안연의 대답에서는 겸손한 마음과 진정한 다짐이 느껴진다.

안연-2 살맘에 대하여_중궁

중궁이 살맘(仁)에 대하여 여쭈었다. 선생님께서 말씀하셨다. "집 문을 나가서는 큰 손님을 대하듯 행동하고, 백성에게 일을 시킬 때는 큰 제사를 받들듯이 할 것이며, 자기가 바라지 않는 일은 남에게 행하지 말아야 한다. 나라 안에도 원망하는 이가 없고, 집 안에서도 원망하는 이가 없어야 한다." 중궁이 말하였다. "제가 비록 불민하오나 이 말씀을 섬기겠습니다."

仲弓問仁. 子曰, "出門如見大賓[빈], 使民如承[승]大祭. 己所不欲, 勿施於人. 在邦無怨, 在家無怨." 仲弓曰, "雍雖不敏, 請事斯語矣."

살맘(仁)은 곧 사람에 대한 정성이다. 큰 손님을 대하듯이 사람을 대하고 큰 제사를 모시듯이 백성을 대하는 것이다. 남을 이해하는 것이 살맘을 펴는 길이니 남이 자기에게 하기를 바라지 않는 것을 나도 남에게 하지 않아야 한다.

안연-3 살맘에 대하여_사마우

사마우가 살맘(仁)에 대하여 여쭈었다. 선생님께서 말씀하셨다. "살맘을 품은 사람은 말을 함부로 하지 않는다." "말하는 것을 조심하면 곧 살맘을 품었다고 할 수 있습니까?" 선생님께서 말씀하셨다. "실천하기가 어려우니라. 그러니 조심하여 말하지 않을 수 있겠느냐?"

司馬牛問仁. 子曰, "仁者, 其言也訒[인]." 曰, "其言也訒, 斯謂之仁已乎?" 子曰, "爲之難, 言之得無訒乎?"

訒은 말을 더듬다, 말을 함부로 하지 않고 조심스럽게 하다. 사마우는 공자의 제자이자 사마상퇴(송나라 국방장관)의 동생이다. 《사기열전》에는 말이 많고 조급한 인물로 묘사되어 있다. 또한 늘 근심 걱정이 많은 인물이었던 듯하다.

안연-4 군자다움에 대하여_사마우

사마우가 군자다움에 대해 여쭈었다. 선생님께서 말씀하셨다. "군자는 걱정하지 않고, 두려워하지도 않는다." "걱정하지 않고 두려워하지도 않으면, 바로 그를 군자라 하겠습니까?" 선생님께서 말씀하셨다. "속으로 반성하여 양심에 거리낄 것이 없다면 무엇을 걱정하고 무엇을 두려워하겠느냐?"

司馬牛問君子. 子曰, "君子不憂우不懼구." 曰, "不憂不懼, 斯謂之君子矣乎?" 子曰, "內省不疚구, 夫何憂何懼?"

疚는 양심의 가책을 느끼다, 마음이 괴롭다는 뜻이다. 군자가 아무 걱정과 두려움이 없다는 말은 아니다. 사마우가 개인사 때문에 걱정과 두려움이 많아서 해준 말일 것이다. 개인사를 넘어서는 사람이 군자다. 그 사람이 무엇을 두려워하는지가 곧 그가 어떤 사람인지를 말해준다. 우리는 대개 개인의 안위와 관련하여 걱정하고 두려워한다. 두려움은 '존재'와 결부되어 있다. 자신의 존재를 자각하고 끊임없이 자아를 확장해가는 사람은 개인적인 존재에 대한 두려움이 적다.

사마우가 공자의 깊은 뜻을 이해하지 못하고 되묻고 있다. 걱정하지 않고 두려워하지 않으면 군자가 되는 것이냐고. 스스로 돌아보아 떳떳하다면 무엇을 걱정하고 무엇을 두려워하겠느냐는 말에서 외부적 요인으로 인한 걱정을 넘어서서 떳떳한 자아를 만들어가라는 가르침을 느낄 수 있다. 진정 걱정해야 하는 것은 자신에 대한 성찰이다.

안연-5 사마우의 근심

사마우가 근심스럽게 말하였다. "남들은 모두 형제가 있는데, 나만 없구려." 자하가 말하였다. "내가 듣건대 '생사는 운명에 달려 있고, 부귀는 하늘에 달려 있다.'라고 하였소. 군자가 공경히 행동하여 실수가 없고, 남에게 공손하고 예를 지키면 온 세상 사람이 모두 형제인 것이오. 군자가 어찌 형제가 없다고 걱정하겠소?"

司馬牛憂曰, "人皆有兄弟, 我獨亡^무." 子夏曰, "商聞之矣, 死生有命, 富貴在天. 君子敬而無失, 與人恭而有禮, 四海之內, 皆兄弟也. 君子何患乎無兄弟也?"

亡는 無와 같다. 사마우에게는 형제가 넷이 있었다. 사마환퇴가 난을 일으켰을 때 다른 형제들은 모두 참가했지만 사마우만 관여하지 않았다. 사마우는 이들을 형제로 여기지 않았기 때문에 이렇게 말한 것이다.

안연-6 명철함에 대하여_자장

자장이 명철함에 대하여 여쭈었다. 선생님께서 말씀하셨다. "물에 젖어들듯이 의식하지 못하는 사이에 믿게 만드는 험담이나 살갗을 자극하는 것 같은 하소연이 생기지 않는다면 명철하다고 할 수 있을 것이다. 물에 젖는 듯한 험담과 살갗을 자극하는 것 같은 하소연이 행해지지 않는다면 멀리 내다본다고 할 수 있을 것이다."

子張問明. 子曰, "浸^침潤^윤之譖^참, 膚^부受之愬^소, 不行焉, 可謂明也已矣. 浸潤之譖, 膚受之愬, 不行焉, 可謂遠也已矣."

明은 낮을 비추고 밤을 밝히는 해와 달이 어둠 속에서 길을 찾도록 해주는 것이다. 明은 곧 잘 아는 것, 지혜, 이성을 뜻한다. 浸潤之譖의 浸은 담그다. 潤은 젖다. 譖은 남을 해치는 말이나 행위. '침윤지참'은 물에 젖어들듯이 의식하지 못하는 사이에 믿게 만드는 참언이니 자신의 이익에 반하는 사람에게 가하는 험담이다. 愬는 하소연, 호소. 膚受之愬는 피부에 와닿는 절실한 하소연이다. 이런 하소연을 받았다면 이전에 잘못한 일이 있는 것이다. 이 장은 특히 윗자리에 있는 사람에게 하는 말이다. 不行은 행해지지 않다, 통하지 않다. 남이 나에게 하지 않는다는 말이다. 遠은 멀리 내다보는 안목을 가지다, 매우 현명하다.

　물에 젖듯이 서서히 무너뜨리는 헐뜯는 소리나 어느 날 갑자기 피부를 찌르는 듯한 따가운 하소연이 없으려면 평소 의사소통이 잘 되어야 하고, 관계 속에서 문제가 발생했을 때 미루지 않고 해결해야 하는 법이다. 이것이 멀리까지 관계를 잘 유지하고 공동체를 살리는 길이다.

안연-7 정치에 대하여_식량과 무기와 신뢰 중에서

　자공이 정치에 대하여 여쭈었다. 선생님께서 말씀하셨다. "먹을 것을 풍족하게 하고, 군비(軍備)를 넉넉하게 하고, 백성이 믿도록 하는 것이다." 자공이 여쭈었다. "부득이하여 꼭 하나를 버려야만 한다면, 이 세 가지 중에서 어느 것을 먼저 하시겠습니까?" "군대를 버려야지." "부득이하여 꼭 한 가지를 버려야만 한다면, 이 두 가지 중에서 어느 것을 먼저 버리시겠습니까?" "먹을 것을 버려야지. 옛날부터 죽음은 있었던 것이나, 백성의 믿음이 없으면 나라는 존립하지 못한다."

子貢問政. 子曰, "足食, 足兵, 民信之矣." 子貢曰, "必不得已而去, 於斯三者何先?" 曰, "去兵." 子貢曰, "必不得已而去, 於斯二者何先?" 曰, "去食. 自古皆有死, 民無信不立."

兵은 군사에 관한 것을 뜻한다. 去는 제거하다, 버리다. 나라는 개인을 넘어서는 커다란 공동체다. 나라라는 거대한 공동체가 유지되려면 구성원의 믿음이 가장 중요하다는 말이다. 공동체 구성원끼리 다른 견해를 가질 수는 있지만 공동체의 의사소통을 맡은 사람이 구성원에게 불신을 받는다면 그 공동체는 제대로 서지 못한다.

안연-8 바탕과 무늬의 불균형

극자성이 말하였다. "군자에게는 바탕만이 중요한 것이거늘, 문식을 해서 무엇 하겠소?" 자공이 말하였다. "애석하오, 선생이 군자를 논한 것이. 네 마리 말이 끄는 수레도 혀는 따라잡지 못하겠소. 무늬도 바탕만큼 중요하고, 바탕도 무늬만큼 중요하오. 호랑이와 표범의 털 없는 가죽은 개와 양의 털 없는 가죽과 같은 것이오."

棘子成曰, "君子質而已矣, 何以文爲?" 子貢曰, "惜석乎, 夫子之

說君子也. 駟^{사}不及舌. 文猶質也, 質猶文也. 虎豹^{표}之鞹^{곽}猶犬羊之鞹."

극자성은 위나라 대부이다. 駟는 네 마리 말이 끄는 매우 빠른 수레. 鞹은 鞟과 같은 글자로 털을 뽑은 가죽이다. 내용과 형식은 서로 균형을 이루어야 한다. 내용이 중요하지 형식이 뭐가 중요하겠냐는 말은 균형을 잃었다. 이를 꼬집는 말이다.

안연-9 유약의 반문

애공이 유약에게 물었다. "기근이 든 해에 비용이 모자라면 어떻게 해야 좋겠소?" 유약이 반문하였다. "어째서 십분의 일의 과세법을 쓰지 않으십니까?" "십분의 이도 내가 오히려 부족하게 여기거늘, 어떻게 십분의 일의 과세법을 쓰겠소?" 유약이 대답하였다. "백성이 풍족해지면 임금께서는 누구와 함께 부족해지겠습니까? 백성이 풍족해지지 않으면 임금께서는 누구와 함께 풍족해지시렵니까?"

哀公問於有若曰, "年饑^{기}, 用不足, 如之何?" 有若對曰, "盍^{합}徹^{철}乎?" 曰, "二, 吾猶不足, 如之何其徹也?" 對曰, "百姓足, 君孰^{숙}與不足? 百姓不足, 君孰與足?"

盍은 何不의 준말로 어찌 아니. 徹은 고대 중국에서 생산물의 10분의 1을 거두던 세법이다. 공자의 말은 간결하고 대구를 사용하여 균형미가 있으며 본질에 집중하여 군더더기가 없다. 그런 점에서 유약은 공자와 많이 닮았다. 임금이 자신의 입장에서 물은 것을 백성의 입장으로 바꾸어 말하는 화법까지도.

안연-10 살힘을 높이고 미욱함을 분별해내려면

자장이 살힘(德)을 숭상하는 것과 어리석음을 분별해내는 것에 대하여 여쭈었다. 선생님께서 말씀하셨다. "진심과 신의를 위주로 하고, 의로움으로 옮아가는 것이 살힘을 숭상하는 것이다. 좋아하면 그가 살기를 바라고 미워하면 그가 죽기를 바라는데, 그가 살기를 바랐다가 다시 그가 죽기를 바라는 것이 어리석음이다. '진실로 삶을 풍요롭게 하지도 못하고, 다만 기이하게 될 뿐이다.'라는 말도 있지."

子張問崇^숭德辨^변惑. 子曰, "主忠信, 徙^사義, 崇德也. 愛之欲其生, 惡^오之欲其死. 旣^기欲其生, 又欲其死, 是惑也. '誠不以富, 亦祗^지以異.'"

崇德은 살힘(德)을 높이는 것이고 辨惑은 미욱함을 분별해내는 것이다. 惑은 미욱하다, 어리석다. 祗는 다만, 단지의 뜻으로 祇(땅귀신 기)와는 다른 글자다. 다만 옛날 판본에서는 祗자가 祇를 대신하는 경우가 있었다. 誠不以富, 亦祗以異는 착간(錯簡)일 수도 있으므로 억지로 문맥을 맞출 필요는 없다. 誠不以富는 진실로 부유하게 하지는 못하다, 진실로 유익하게는 못하다.

안연-11 군군신신

제나라 경공이 공자에게 정치에 대하여 물었다. 공자께서 대답하셨다. "임금은 임금답고, 신하는 신하다우며, 아버지는 아버지답고, 자식은 자식다워야 합니다." 경공이 말하였다. "좋은 말씀이오! 진실로 임금이 임금답지 않고, 신하가 신하답지 않으며, 아버지가 아버지답지 않고, 자식이 자식답지 않다면, 비록 곡식이 있다 해도 내가 그것을 먹고 지낼 수가 있겠소?"

齊景公問政於孔子. 孔子對曰, "君君, 臣臣, 父父, 子子." 公曰, "善哉! 信如君不君, 臣不臣, 父不父, 子不子, 雖有粟속, 吾得而食諸저?"

君君臣臣父父子子의 어법에 대한 힌트는 뒤에 나오는 구절에 있다. 君不君에서 뒤의 君은 不 뒤에 쓰여 술어다. 따라서 이 구절의 君君에서 앞은 명사 뒤는 술어다. 《논어》에는 정치에 관한 질의와 대답이 많다. 공자의 말을 수신과 안인(安人)의 균형감각에 주목하여 보자. 위 구절은 정치에 대한 다양한 대답 가운데서도 특이하다. 공자 시대에는 사회적 혼란이 권력 승계 때문에 발생하는 경우가 많았다. 이런 불안정한 권력 승계 문제와 효의 강조는 밀접한 관련이 있다. 공자는 안정적인 권력 이양에 따른 질서에 기초해 예와 악을 중심으로 한 문화 시스템으로 사회를 운영하고자 했다.

〈공야장〉 5편 18장에 최자가 제나라 군주를 시해했다는 말이 나오는데, 이 군주가 제나라 경공의 형이다. 경공 때 재상 안영의 능력으로 제나라는 번영을 누린다. 한때 공자는 제나라에서 정치를 할 생각이 있었으나 안영의 반대로 무산되고 말았다. 안영은 공자의 생각이 다소 현실적이지 않다고 여긴 듯하다.

당시 제나라는 군주가 실정해 신하에게 정권이 있었다. 또한 태자를 제대로 세우지 못해 부자 관계가 좋지 않았다. 본문의 구절을 인용해 공자가 봉건주의를 옹호했다는 설을 펴기도 하는데 단순하게 볼 것이 아니다. 당시 사회의 무질서가 어디에 기인하는지를 보는 관점에 따라서 생각할 여지가 많다.

안연-12 자로에 대하여

선생님께서 말씀하셨다. "한마디 말로 송사의 판결을 내릴 수 있는 사람은 유일 것이다." 자로는 승낙한 것을 묵혀두는 일이 없었다.

子曰, "片言可以折^절獄^옥者, 其由也與." 子路無宿諾^낙.

片言은 한마디 말. 의미상 주체는 자로다. 평소 행동으로 믿음을 얻었기에 가능한 일이다. 한쪽 얘기만 듣고 판결을 내리는 것으로 해석하기도 한다. 折獄은 송사를 판결하다. 折은 斷의 뜻이다. 宿을 預(미리 예)로 보아 '(함부로) 미리 약속하지 않았다.'라고 해석하기도 한다.

안연-13 송사가 없도록

선생님께서 말씀하셨다. "송사를 듣고 판결하는 것은 나도 남들과 다를 게 없다. 하지만 기필코 송사 자체가 없도록 하고 싶구나."

子曰, "聽訟, 吾猶人也. 必也使無訟乎."

공자가 얼마나 근원적으로 문제를 해결하려는 의지를 가졌는지 잘 보여주는 대목이다. 그런 면에서 그는 이상주의자다.

안연-14 정치에 대하여_자장

자장이 정치에 대하여 여쭈었다. 선생님께서 말씀하셨다. "평소에도 (정치에) 마음을 두고 게을리하지 말 것이며, 정사를 처리할 때는 진실된 마음으로 해야 한다."

子張問政. 子曰, "居之無倦권, 行之以忠."

居之는 (정치에) 마음에 두다로 볼 수도 있고, (어떤 자리에) 거처하면서라고 볼 수도 있다. 倦은 게으르다, 게을리하다. '사람이 둘둘 말려 있는 모양'으로 기억해 두면 된다. 상대에 따라 답해주는 공자의 평소 모습을 감안하면 자장이 어떤 성향의 인물인지 짐작할 수 있다.

안연-15 박문약례

선생님께서 말씀하셨다. "배움을 학문으로 넓혀가고 그것을 예로 집약한다면, 빗나가지 않을 것이다."

子曰, "博學於文, 約之以禮, 亦可以弗畔반矣夫!"

畔은 叛(배반할 반)과 같은 뜻이다. 배움은 행동으로 나타나야 하는 것이 맞지만 학문으로 넓혀가야 하고, 그러한 배움은 결국 존중의 행동으로 묶여야 한다. 배움이 그저 책이나 시험으로 집중되고, 행동에 있어서 존중의 태도로 모아주지 못하고 방만하게 풀어놓는 교육이라면 더 이상 볼 것이 없다.

안연-16 군자와 소인

선생님께서 말씀하셨다. "군자는 남의 아름다운 점은 실현시켜주고, 남의 악한 점은 실현시켜주지 않는다. 소인은 이와 반대이다."

子曰, "君子成人之美, 不成人之惡. 小人反是."

좋은 뜻을 품고서 사람을 만나는 이가 군자다. 여기서 군자와 소인은 지위를 가지고 말한 것이 아니다. 美는 보편적인 것을 말한다. 군자는 자신뿐 아니라 남의 보편적인 아름다움까지 실현시켜간다. 군자는 서로를 살리고자 하는 사람이기 때문이다. 군자는 사람을 살리고자 하는 마음인 살맘(仁)을 굳건히 품고자 하기 때문에 이 마음이 인간관계에서 호응하게 된다. 여기서 成은 억지로 이루는 것이 아니라 호응으로 자연스럽게 이루어지는 것이다. 현재 내 안에 무엇이 있는지는 어떤 사람들과 어떻게 호응하고 있는지를 보면 분명해진다.

안연-17 정치에 대하여_계강자

계강자가 공자에게 정치에 대하여 물었다. 공자께서 대답하셨다. "정(政)이란 정(正)의 뜻입니다. 당신께서 올바르게 이끄신다면, 누가 감히 올바르지 않겠습니까?"

季康子問政於孔子. 孔子對曰, "政者, 正也. 子帥^솔以正, 孰^숙敢不正?"

帥은 率(거느릴 솔)과 같은 뜻이다. 장수는 병사를 '인솔하는' 사람이라고 기억하면 요긴하다. 계강자가 성년이 되기 전에 공자에게서 몇 차례 배움의 기회를 얻은 듯하다. 공자가 계강자에게 따끔하게 하는 말이 많은 것으로 보아서 그의 성년 이후의 모습을 짐작할 수 있다. 이 구절은 리더에 대한 조언이다. 정치에서 중요한 것은 술수나 장악력이 아니라 본인 스스로 선한 영향력의 구심점이 되려고 노력하는 것이다.

안연-18 도적을 걱정하자

계강자가 도적을 걱정하여 공자에게 물었다. 공자께서 대답하셨다. "진실로 당신께서 탐욕을 채우려 하지 않는다면, 비록 상을 준다 하더라도 도적질을 하지 않을 것입니다."

季康子患盜, 問於孔子. 孔子對曰, "苟子之不欲, 雖賞之不竊^절."

不欲은 여기서 '도적질을 하고자 하지 않는다면'이라는 뜻이니 어감이 상당히 세다. 이 또한 리더에 대한 이야기이다. 계강자의 인물됨과 그를 대하는 공자의 엄중함이 함께 느껴지는 구절이다.

안연-19 정치에 대하여_계강자

계강자가 공자에게 정치에 대하여 물었다. "무도한 자를 없애고, 올바른 길을 가는 사람에게 나아간다면 어떻겠습니까?" 공자께서 대답하셨다. "정치를 하는 데 어찌 죽이는 방법을 쓰겠습니까? 당신께서 선해지고자 하면 백성들도 선해지는 것입니다. 군자의 덕은 바람이고, 소인의 덕은 풀입니다. 풀 위에 바람이 불면 풀은 반드시 눕습니다."

季康子問政於孔子曰, "如殺無道, 以就有道, 何如?" 孔子對曰, "子爲政, 焉用殺? 子欲善而民善矣. 君子之德風, 小人之德草. 草上之風, 必偃언."

無道는 무도한 사람, 有道는 무도한 사람의 반대, 곧 올바른 길을 가는 사람을 말한다. 뒤의 有道를 그냥 '올바른 도'로 보는 주석도 있다. 여기서는 無道와 대를 이루는 것으로 보았다. 焉은 何와 같은 뜻이다. 偃은 눕다.

정치는 사람이 잘 살도록 하는 것이다. 공자는 계강자가 사람을 죽이는 방법으로 서둘러 정치적인 성과를 내려고 하는 마음을 간파했다. "당신께서 선해지고자 하면 백성들도 선해진다."라는 말은 리더의 중요성에 대한 언급이자, 강제나 규제보다는 정치인 스스로 선한 의지를 가져야 함을 말한다. 아마도 제자가 정치에 대해서 물었다면 다르게 대답해 주었을 것이다.

덕은 살힘이다. 사람을 살리는 힘이자 사람을 살아가게 하는 힘이다. 군자의 살힘은 바람과 같은 것이며, 소인의 살힘은 풀과 같다. 바람은 억지로 풀을 꺾으려 하지 않고 그저 자신의 방향으로 갈 뿐이다. 풀

위에 바람이 불면 풀은 바람이 부는 방향으로 자연스럽게 눕는다. 군자의 선한 지향점을 따라 소인이 자연스럽게 영향을 받는다는 말이다. 강제로 제압하려고 하지 않더라도 자연스러운 영향력으로 선을 향하도록 하는 것이 군자의 삶힘이다.

안연-20 달(達)에 대하여

자장이 여쭈었다. "선비는 어떠해야 현달(顯達)이라 할 수 있습니까?" 선생님께서 말씀하셨다. "네가 말하는 현달은 무엇을 뜻하느냐?" 자장이 대답하였다. "나라에서도 반드시 알려지고, 집안에서도 반드시 알려지는 것입니다." 선생님께서 말씀하셨다. "이것은 명성이 나는 것이지 현달은 아니다. 현달이란 마음의 바탕이 곧고 의로움을 좋아하며, 남의 말을 잘 헤아리고 남의 기색을 살피어 사려 깊고 겸손하게 처신하여, 나라에서도 반드시 현달하고, 집안에서도 반드시 현달하는 것이다. 명성이 있다는 것은 얼굴빛은 살맘(仁)을 품은 듯하지만 행실은 살맘과 어긋나고, 그렇게 살면서도 의심조차 없는 것이다. 그렇게 해서 그 나라 안에서도 명성이 있고 집안에서도 명성이 있는 것이다."

子張問, "士何如斯可謂之達矣?" 子曰, "何哉, 爾ᵒ所謂達者?" 子張對曰, "在邦必聞, 在家必聞." 子曰, "是聞也, 非達也. 夫達也者, 質直而好義, 察言而觀色, 慮ᵣ以下人. 在邦必達, 在家必達. 夫聞也者, 色取仁而行違, 居之不疑. 在邦必聞, 在家必聞."

士는 무사, 말단 귀족, 성년 남자, 아직 관직에 오르지 않은 지식인, 제대로 살고자 하는 뜻을 세운 사람이다. 達에는 통달하다, 전달하다, 현달하다 등 여러 뜻이 있다. 居之不疑는 그렇게 처신하면서도 전혀 의문을 품지 않는 것, 스스로 옳다고 여긴다는 말이다. 聞이란 명성이 알려지는 외적 기준일 뿐이다. 스승은 제자가 외적 기준만을 좇을까 염려하여 내적 기준으로 전환시켜주고 있다. 자장에게 현달의 의미는 세상사에 밝아 이것저것 모르는 것이 없고 어떤 일이든지 거뜬히 해내는 능력이라는 뜻에서 출발하여 그 능력이 사람들에게 알려지는 것이라는 통념으로 자리 잡은 듯하다. 이에 대해서 공자는 외적 기준을 내적 기준으로 바꾸어 말해주었다. 또한 자장이라는 인물은 재능을 제대로 발휘하지는 못했을지라도 평균 이상의 재능이 있었을 것이며(과유불급에서 '과'로 평가받은 인물이다), 〈위정〉 2편 18장의 "子張學干祿"이라는 문장에서 볼 수 있듯이 사회 진출에 뜻이 컸던 듯하다. 공자는 그의 기준을 전환시켜 주었다. 스승은 이렇듯 제자가 진정으로 성장하기를 바라는 마음에서, 제자가 가진 확고한 기준마저 전환시켜 주어야 할 만큼 그 책임감이 막중하다.

외적 기준에 휩쓸리는 사람은 겉으로는 진정한 삶을 살고자 하는 듯이 보여도 실제 행동은 그것과 어긋나기 쉽다. 또한 그렇게 살면서도 스스로 돌아볼 줄 몰라 자신의 기준을 의심하지 않는다. 공자가 제자를 대하는 모습을 보면 개인의 성향을 고려하지 않는 가르침은 아집이고, 개인의 성향만을 고려하는 가르침은 아부임을 아울러 알게 된다.

안연-21 무우의 제단 아래에서_번지

번지가 무우의 제단 아래에서 공자를 따라 노닐다가 여쭈었다. "감히 살힘(德)을 숭상하는 것과 못된 생각을 다스리는 것과 미욱함을 분별해내는 것에 대하여 여쭙고자 합니다." 선생님께서 말씀하셨다. "훌륭한 질문이다. 일을 먼저 하고 결과는 나중에 생각한다면 살핌을 숭상하는 게 아니겠느냐? 자신의 나쁜 점은 힐책하되 남의 나쁜 점을 공박하지 않는 것이 못된 마음을 다스리는 게 아니겠느냐? 느닷없는 분노로 자기 자신을 망각하고 부모님께 영향이 미치게 한다면 미욱함이 아니겠느냐?"

樊遲從遊於舞雩우之下, 曰, "敢問崇德, 修慝특, 辨惑." 子曰, "善哉問! 先事後得, 非崇德與? 攻其惡, 無攻人之惡, 非修慝與? 一朝之忿분, 忘其身以及其親, 非惑與?"

舞雩는 옛날 기우제를 드릴 때 어린 남녀가 춤을 추던 것이다. 여기서는 지명이다. 무우를 하던 곳이었을 것이다. 修는 다스리다. 慝은 간사함, 마음속에 품은 못된 생각이다. 惡은 타인에게 영향을 미치는 것이고, 慝은 못된 마음 자체이다. 惑은 '혹시 이걸까? 아니면 저걸까?' 하며 갈팡질팡하는 마음이다. 《도덕경》에 "多則惑"이라는 말이 있다. 선택할 것이 너무 많으면 헷갈리는 법이다. 삶은 간명할수록 좋다. 辨惑이란 어떤 것이 미욱함인지를 가려내는 것이니 곧 어리석음을 분별하는 것이다. 無攻人之惡은 타인의 나쁜 점을 말하지 않는 것이다. 그가 공인이라면 다르다. 여기서는 개인적인 차원에서 얘기한 것이다. 공인의 악을 말하지 않는 것으로 확대하여 이해하면 곤란하다. 공인의 악은 반드시 공박해야 한다.

안연-22 살맘과 지혜에 대하여_번지

번지가 살맘(仁)에 대하여 여쭙자, 선생님께서 말씀하셨다. "사람을 아끼는 것이다." 지혜로움에 대하여 여쭙자, 선생님께서 말씀하셨다. "사람을 알아보는 것이다." 번지가 잘 알아듣지 못하자, 선생님께서 말씀하셨다. "정직한 사람을 등용하여 비뚤어진 사람 위에 놓으면 비뚤어진 사람도 정직해질 것이다." 번지가 물러나와 자하를 보고 말하였다. "조금 전에 제가 선생님을 뵙고서 지혜로움에 대하여 여쭙자, 선생님께서 '정직한 사람을 등용하여 비뚤어진 사람 위에 놓으면 비뚤어진 사람도 정직해질 것이다.'라고 하셨는데, 무슨 말씀입니까?" 자하가 말하였다. "풍부하도다, 하신 말씀의 뜻. 순임금이 천하를 다스릴 적에 여러 사람 중에서 고요를 등용하자, 죽일맘(不仁)을 품은 자들이 멀리 사라졌소. 탕임금이 천하를 다스릴 적에는 여러 사람 중에서 이윤을 등용하자, 죽일맘을 품은 자들이 멀리 사라졌소."

樊遲問仁. 子曰, "愛人." 問知. 子曰, "知人." 樊遲未達. 子曰, "擧直錯조諸저枉왕, 能使枉者直." 樊遲退, 見子夏曰, "鄕也吾見於夫子而問知, 子曰, '擧直錯諸枉, 能使枉者直', 何謂也?" 子夏曰, "富哉言乎! 舜有天下, 選於衆, 擧皐陶, 不仁者遠矣. 湯有天下, 選於衆, 擧伊尹, 不仁者遠矣."

錯는 두다, 諸는 之於를 줄인 형태이다. 여기서 直은 바른 사람, 枉은 굽은 사람이라는 뜻이다. 鄕은 嚮(향할 향)과 같아 조금 전, 아까의 뜻이다. 번지는 지금으로 보면 공자의 운전수 역할을 하던 이다. 정식 제자는 아니었던 듯하다. 이동 중에 자연스레 대화하는 것을 동승한 제자가 기록한 듯하다. 번지의 질문에 대한 공자의 대답은 대체로 간명하다. 아무래도 듣는 이를 배려한 것이리라. 살맘(仁)과 愛는 원래 다르나(살맘은 보편적인 것이고, 애는 개별적인 것이다) 번지가 이해하도록 愛로 설명하였다.

공동체에서 사람을 쉽게 교체하는 것은 사람을 아끼는 방법이 아니다. 하지만 공동체의 성장을 위해서 사람을 바꾸어야 할 때는 있다. 의사소통의 허브 역할을 하는 사람을 선한 의지로 선출하느냐가 그 공동체의 생명력을 좌우한다. 바른 사람을 통해서 그 영향력이 자연스럽게 확대되도록 하는 것이 결국 사람을 아끼는 방법이다. 바른 사람을 뽑는 의사결정 구조가 관건이다.

안연-23 벗에 대하여

자공이 벗에 대하여 여쭙자, 선생님께서 말씀하셨다. "충고하여 잘 인도해주되, 잘 안되면 그만두어 스스로 욕을 보지는 말아야 한다."

子貢問友. 子曰, "忠告而善道之, 不可則止, 毋^무自辱焉."

道는 導(인도하다)와 같다. 친구에게 충고하는 데에도 선이 있다. 忠은 진심을 말한다. 얘기할 때 친구가 진심으로 잘되기를 바라는 마음이 있어야 한다. 하지만 길이 자꾸 달라지면 더 이상 벗이 아니다.

안연-24 글과 벗과 살맘

증 선생이 말하였다. "군자는 학문을 통하여 벗과 만나고, 벗을 통하여 살맘(仁)을 북돋운다."

曾子曰, "君子以文會友, 以友輔^보仁."

군자는 글(학문)을 통해 벗을 모으고 벗을 통해 살맘(仁)을 키워간다. 여기서 글이란 삶의 길(道)을 찾고, 삶의 힘(德)을 기를 수 있는 문장을 말한다. 글에 담긴 좋은 기운으로 벗을 만나고 그 벗을 통해서 삶의 힘을 길러 간다면, 함께 서로를 살리는 길을 갈 수 있다. 진정한 친구는 나를 성장하게 한다. 그리고 그 성장은 사람과 사람의 관계를 아름답게 만든다.

자로 13편

관계의 확장, 무엇을 지향할 것인가

전반부에는 정치에 관한 이야기가 주를 이룬다. 특히 정명(正名)에 대해 자로와 나눈 대화가 유명하다. 중반부에는 정치를 중심으로 수신과 한마디 말의 위력, 정직함 등이, 종반부에는 전쟁에 관한 이야기로 편집되었다.

자로-1 정치에 대하여_자로

자로가 정치에 대하여 여쭈었다. 선생님께서 말씀하셨다. "솔선수범하고 백성을 위로하라." 좀더 설명을 청하자 말씀하셨다. "게을리하지 마라."

子路問政. 子曰, "先之勞之." 請益. 曰, "無倦권."

先之勞之에서 先과 勞의 목적어는 之다. 여기서는 백성을 뜻한다. 先은 앞장서다, 솔선하다. 勞는 위로하다. 勞를 수고롭게 하다로 보기도 한다. 이때 先之勞之는 '그들을 선도하고 나서 그들을 수고롭게 하라'로 풀이된다. 無倦의 無는 금지사. 倦은 권태의 권이다.

政은 지금으로 치면 공동체를 이끌어나가는 것이다. 그 길은 솔선

수범하고 사람들의 마음을 헤아리며 게을리하지 않는 것뿐이다.

자로-2 정치에 대하여_중궁

중궁이 계씨 집안의 관리자가 되어 정치에 대하여 여쭈었다. 선생님께서 말씀하셨다. "담당 실무자를 선도하고, 작은 허물은 용서해주며, 뛰어난 인재를 등용하여라." "어떻게 뛰어난 인재를 알아보고 등용하라는 말씀입니까?" "네가 아는 사람 중에서 등용하거라. 네가 알지 못하는 사람은 남들이 그를 내버려 두겠느냐?"

仲弓爲季氏宰^재, 問政. 子曰, "先有司, 赦^사小過, 擧^거賢才." 曰, "焉知賢才而擧之?" 曰, "擧爾^이所知. 爾所不知, 人其舍諸^저?"

중궁은 미천한 출신이었으나 공자는 군자가 될 만한 그릇으로 여겼다. 先有司는 '담당 관리를 앞장세우다', '담당 관리 뽑는 일을 먼저 하다'로 보기도 한다. 다 뜻이 통한다. 赦는 용서하다. 諸는 之乎를 줄인 형태이다.

중궁이 계씨의 가재(경대부 집안의 집사)가 되어 여러모로 걱정이 앞서 스승께 가르침을 청하고 있다. 현명한 인재를 등용하라는 말을 듣고서 자신이 어떻게 세상의 인재를 다 알아볼 수 있을지 걱정하며 다시 물었다. 일단은 자신이 아는 사람부터 시작하면 된다며 마음을 보듬어주는 듯하다. 추천은 자칫 악용되기 쉽지만 그 나름대로 장점이 있는 제도.

자로-3 정명(正名)

자로가 여쭈었다. "위나라 임금이 선생님께 의지하여 정치를 한다면, 선생님께서는 무엇을 먼저 하시겠습니까?" 선생님께서 대답하셨다. "반드시 이름을 바로잡으리라." 자로가 여쭈었다. "그런 게 있습니까? 선생님께서는 현실과 동떨어져 있습니다. 어떻게 그걸 바로잡겠다고 하십니까?" 선생님께서 말씀하셨다. "거칠구나, 자로야. 군자는 자기가 알지 못하는 일에 대해서는 그냥 놔두는 법이다. 이름이 바로 서지 않으면 말이 순리에 맞지 않고, 말이 순리에 맞지 않으면 일이 제대로 되지 않는다. 일이 제대로 되지 않으면 예와 악이 흥성하지 않고, 예와 악이 흥성하지 않으면 곧 형벌이 적절하지 않게 되며, 형벌이 적절하지 않으면 곧 백성은 어떻게 행동해야 할지 갈피를 잡을 수 없게 된다. 그러므로 군자는 이름을 붙이면 반드시 말로 설명할 수 있고, 말로 설명할 수 있으면 반드시 실행할 수 있다. 군자는 말하는 데 있어서 구차한 바가 없어야만 한다."

子路曰, "衛君待子而爲政, 子將奚해先?" 子曰, "必也正名乎." 子路曰, "有是哉, 子之迂우也. 奚其正?" 子曰, "野哉, 由也. 君子於其所不知, 蓋개闕궐如也. 名不正, 則言不順, 言不順, 則事不成. 事不成, 則禮樂不興, 禮樂不興, 則刑罰不中, 刑罰不中, 則民無所措조手足. 故君子名之必可言也, 言之必可行也. 君子於其言, 無所苟구而已矣."

위군은 위나라의 출공 첩(輒)을 말한다. 할아버지 위령공이 죽자 아버지 대신 왕위를 이어받는다. 아버지 괴외가 공회와 함께 정변을 일으키자 노나라로 망명했다가 나중에 복위한다. 권력 투쟁으로 친족의 관계마저 뒤꼬이고 말았다. 공자가 바로잡겠다는 이름은 사물의 일반 명칭이 아니라 관계를 나타내는 이름이다. 따라서 이름을 바로잡겠다는 것은 위나라의 질서를 바로잡기 위해서 관계 규정을 정확히 하겠다는 뜻을 담고 있다. 有是哉는 哉를 어떻게 보느냐에 따라 의미가 달라진다. 哉를 의문형 종결어미로 보기도 하고 감탄의 뜻을 나타내는 어조사로 보기도 한다. 첫째 의문형 어미로 보면 '이런 이치가 있는 겁니까?', '어찌 이와 같은 것이 있겠습니까?' 정도의 의미가 된다. 감탄의 어조사로 보면 '이런 것(면)이 있었군요.' 곧 세속에 공자를 두고 현실감각이 떨어진다는 말이 있는데, 지금 선생님의 말씀을 듣고 나니 그런 면이 있다는 것을 알겠다는 뜻으로 풀이한다. 迂는 遠의 뜻으로 현실과 거리가 있다는 말이다. 자로는 이름을 바로잡는 일이 비현실적이라고 판단한 것이다. 野는 세련되지 못하다, 거칠다, 무식하다. 闕如의 如는 어조사로 별 뜻이 없다. 闕은 빼다, 제외하다의 뜻이다. 措는 놓다, 두다. 苟는 구차하다.

　예와 악이 긍정적, 상호적, 자율적이라면 형벌은 부정적, 일방적, 타율적 정치 행위이다. 공자는 예와 악을 주요한 것으로, 형벌을 부차적인 것으로 보았다. 전자가 바로 서야 후자가 제대로 기능할 수 있다고 보는 것이다. 여기서 이름과 말과 일은 정치적인 행위와 관련한 것을 가리킨다. 말로 표현할 만해서 이름을 붙이고 실행할 만해서 말하기 때문에, 말하는 데 구차함이 없다.

자로-4 번지가 곡식 기르는 법을 청하자

　번지가 곡식 기르는 법을 가르쳐달라고 청하였다. 선생님께서 말씀하셨다. "나는 늙은 농부만 못하다." 채소밭 가꾸는 법을 가르쳐 달라고 청하자, "나는 늙은 채소 농사꾼만 못하다."라고 하셨다. 번지가 나가자, 선생님께서 말씀하셨다. "소인 같구나, 번수는! 윗사람이 예를 좋아하면 백성은 감히 공경하지 않을 수가 없게 되고, 윗사람이 의로움을 좋아하면 백성은 감히 복종하지 않을 수가 없게 되며, 윗사람이 신의를 좋아하면 백성은 진심으로 행동하지 않을 수가 없게 된다. 이렇게만 되면 사방의 백성이 제 자식을 포대기에 싸 업고 모여들 것인데, 곡식 기르는 법을 어디에 쓰겠느냐?"

樊遲請學稼^가. 子曰, "吾不如老農." 請學爲圃^포. 曰, "吾不如老圃." 樊遲出. 子曰, "小人哉, 樊須也. 上好禮, 則民莫敢不敬, 上好義, 則民莫敢不服, 上好信, 則民莫敢不用情. 夫如是, 則四方之民襁^강負其子而至矣, 焉用稼?"

稼는 곡식, 여기서는 곡식 기르기이다. 爲圃는 채소밭을 가꾸는 것. 須는 번지의 이름이다. 情의 경우 고주는 '情實', 곧 '진심'으로 풀었고, 주희는 '성실'로 풀었다. 번역은 전자를 따랐다. 襁負의 襁은 포대기, 負는 업다, 곧 포대기로 업는 것을 말한다.

나라가 부강해지려면 농사를 잘 지어야 한다는 관점에서 질문한 것으로 추측된다. 거기에 대해서 공자는 물질적인 생산 증대에만 관심을 두지 말고, 사회관계를 잘 정립하면 자연히 농사를 짓는 사람도 늘어나 생산이 증대할 것이라고 말한다. 이 당시는 노동력과 농업에 대한 사회적 관심이 커지고 생산력이 비약적으로 발전하던 때다. 이 부분을 놓고 공자가 하부구조를 소홀히 보고, 상부구조에만 치중했다는 비판이 한때 있었다. 마르크시즘의 프리즘으로 보면 충분히 그런 면이 있겠으나, 내재적으로 접근하면 생산수단이나 생산력의 증대보다 더욱 중요한 것은 정치 구조나 환경이 아니었을까?

자로-5 시 삼백 편을 외운들

선생님께서 말씀하셨다. "시 삼백 편을 외웠으나, 그에게 정사를 맡기면 일을 제대로 해내지 못하고, 사방에 사신으로 가서는 독자적으로 대응하지 못한다면, 비록 많이 외웠다 한들 무슨 소용이 있겠는가?"

子曰, "誦송詩三百, 授之以政, 不達, 使於四方, 不能專對, 雖多, 亦奚해以爲?"

達은 능숙하게 해내다. 專對는 전문적으로 응대하는 것. 專은 獨의 뜻. 공자 시대에 시의 사회적 함의는 오늘날과 달리 개인과 사회, 국가의 일을 모두 아울렀다. 시의 내용 또한 개인적인 감상을 표현하기보다는 사회적이고 공적인 내용을 담은 것이 많았다. 이를 통해 관계를 이해하고 소통한 것이다. 이렇게 볼 때 시의 본질은 소통과 관계 맺기다. 공자 시대에 외교관은 국가 간의 소통과 관계 맺기에서 매우 중요한 역할을 담당했다. 당시에는 외교관이 서로 만나 시를 주고받으면서 상대의 의중을 살펴보는 경우가 많았다. 때문에 공자가 "시를 많이 외우고 있더라도 이런 힘이 없다면 무슨 소용이 있겠는가?"라고 한 것이다.

자로-6 자신이 올바르면

선생님께서 말씀하셨다. "자신이 올바르면 명령하지 않아도 제대로 되고, 자신이 올바르지 않으면 비록 명령한다 해도 따르지 않는다."

子曰, "其身正, 不令而行, 其身不正, 雖令不從."

정치적인 명령을 내리는 위치에 있는 사람에게 하는 말이다. 인간 관계는 명령에 의해서만 움직이지 않는다. 명령에 앞서 명령을 내리는 사람에 대한 도덕적 신뢰가 매우 중요하다는 말이다.

자로-7 노나라와 위나라의 정치는

선생님께서 말씀하셨다. "노나라와 위나라의 정치는 형제와 같다."

子曰, "魯衛之政, 兄弟也."

노나라의 시조 주공(周公)과 위나라의 시조 강숙(康叔)은 본디 형제이므로 두 나라를 형제의 나라라고 한 것이다. 당시 두 나라는 정치적으로 혼란스러웠다. 주희는 공자가 이를 탄식한 것으로 풀이했다. 위나라는 공자가 노나라를 떠나 첫번째로 방문한 나라다.

자로-8 지족(知足)

선생님께서 위나라 공자 형(荊)에 대하여 말씀하셨다. "집안을 잘 다스렸다. 부유해지기 시작하자, '그런대로 쓸 만큼 모였다.'라고 하였고, 약간 부유하게 되자, '그런대로 다 갖추었다.'라고 하였고, 아주 부유하게 되자, '그런대로 화려하다.'라고 하였다."

子謂衛公子荊, "善居室. 始有, 曰, '苟合矣.' 少有, 曰, '苟完矣.' 富有, 曰, '苟美矣.'"

公子는 제후의 아들이다. 居는 理, 室은 家의 뜻이다. 善居室은 집안 살림을 잘하다, 집안을 잘 다스리다. 재물에 대해 만족할 줄 아는 겸손한 공자 형의 말투와 그의 행실을 칭찬한 말이다. 참고로 '지족(知足)'과 관련해 조선 시대 송익필의 시를 소개해둔다.

부족을 만족으로 여기면 늘 넉넉하고, 不足之足每有餘
족한데도 부족하게 여기면 언제나 부족하네. 足而不足常不足
넉넉함을 즐기면 족하지 않음 없지만, 樂在有餘無不足
부족하다 걱정하면 어느 때 만족할고. 憂在不足何時足

자로-9 부유하게 한 뒤에는 또 무엇을 더해야 합니까

선생님께서 위나라에 가실 때, 염유가 수레를 몰았다. 선생님께서 말씀하셨다. "백성이 많구나." 염유가 여쭈었다. "백성이 많아지고 난 다음에는 또 무엇을 해야 하겠습니까?" "부유하게 해주어야지." "부유하게 해준 다음에는 또 무엇을 해야 합니까?" "그들을 가르쳐야지."

子適적衛, 冉有僕복. 子曰, "庶서矣哉!" 冉有曰, "旣기庶矣, 又何加焉?" 曰, "富之." 曰, "旣富矣, 又何加焉?" 曰, "敎之."

僕은 마부가 되었다는 것이니 수레를 몰았다는 뜻이다. 공자에게 정치란 먹고살게 해주고 나서 의식을 변화시키는 것이다.

자로-10 나를 임용하는 사람이 있다면

선생님께서 말씀하셨다. "진실로 나를 임용하는 사람이 있다면, 일 년이면 그런대로 괜찮아지고, 삼 년이면 성과가 있을 텐데."

子曰, "苟有用我者, 朞기月而已可也, 三年有成."

朞月은 같은 달이 다시 돌아오는 기간이니 일 년을 말한다. 정치를 통해 뜻을 펴보고자 하는 간절함이 묻어나는 구절이다.

자로-11 선한 사람이 정치를 하면

선생님께서 말씀하셨다. "선한 사람이 백 년 동안 나라를 만들어 간다면, 잔악한 자들을 물리치고 사형을 없앨 수 있다고 하는데, 정말 옳다, 이 말은!"

子曰, "'善人爲邦百年, 亦可以勝殘잔去殺矣.' 誠哉是言也!"

爲의 어감을 느껴보자. 爲를 곧바로 治의 뜻으로 보는데, 治와 달리 만들어간다는 어감이 있다. 勝殘은 잔악한 자를 물리치다. 去殺은 사형을 폐지하다. 선한 자가 정치를 해도 잔악한 자를 물리치고 사형을 없앨 만큼 나라가 안정되려면 어느 정도 시간이 걸린다는 말이기도 하다.

자로-12 제대로 된 왕이 나온다 하더라도

선생님께서 말씀하셨다. "만약 진실하게 왕의 길을 가는 자가 나온다 하더라도, 반드시 한 세대가 지나서야 살맘(仁)을 펴는 정치가 실현될 것이다."

子曰, "如有王者, 必世而後仁."

王者는 참된 왕이라는 뜻으로, 여기서는 왕으로서 마땅히 가야 하는 길을 가는 사람이라는 말이다. 사람을 살리는 정치를 실현하려면 어느 정도 시간이 필요하다. 강요나 힘으로 구현하는 것이 아니라, 문화를 바꾸고 자율의 힘을 바탕으로 자연스럽게 변화시켜야 하기 때문이다. 물이 번지는 것처럼 자연스럽게 파급되는 데에는 시간이 필요하다.

자로-13 수신과 정치

선생님께서 말씀하셨다. "진실로 그 자신을 바로잡으면 정치를 하는 데 무슨 문제가 있겠는가? 그 자신을 바로잡지 못하면 어떻게 남을 바로잡을 것인가?"

子曰, "苟正其身矣, 於從政乎何有? 不能正其身, 如正人何?"

如何는 '어떻게 하다'로 방법을 말한다. 목적어가 짧은 경우에는 '如+목적어+何'로 쓰지만, 목적절이 오면 '如之何其+목적절'의 형태로 쓴다. 참고로 何如는 상태를 물을 때 주로 쓴다. 풀이는 어떠하냐.

공자 사상의 핵심은 자신을 다스리고 남을 편안하게 하는 수기안인(修己安人)이다. 세상의 일이란 결국 나와 내가 관계를 맺는 사람들의 일일 뿐이다. '나'는 오직 나의 처지에서 시작할 수밖에 없으니, 곧 자신의 마음을 바로잡는 것에서 시작할 따름이다.

유가는 대체로 형식을 중하게 여기므로 시간이 지나면서 형식주의로 흐르는 경향이 있다. 중국에서 태동한 양명학은 주희의 성리학이 형식주의로 치우치는 것에 대한 반발이자 반성이었다. 물론 양명학도 형식에 대한 반발에서 심(心) 중심의 설을 확립했으나, 이 또한 명나라 말기에 외적인 형식을 경시하고 내면을 지나치게 강조하게 되었다. 유가의 강점은 수기치인(修己治人), 곧 내와 외의 균형이 아닌가? 하지만 균형은 저절로 주어지지 않으며, 주체가 자신을 닦고 관계를 건강하게 만들어가면서 도달하는 수밖에 없다. 그것도 진행형으로.

자로-14 스승과 어긋나는 염유

염유가 퇴근하자, 선생님께서 "어째서 늦었느냐?"라고 물으셨다. 염유가 대답했다. "정무가 있었습니다." 선생님께서 말씀하셨다. "그의 집안일이었겠지. 만약 정무가 있었다면 비록 내가 임용되어 있지는 않지만, 그것에 대하여 들었을 것이다."

冉子退朝. 子曰, "何晏안也?" 對曰, "有政." 子曰, "其事也. 如有政, 雖不吾以, 吾其與聞之."

晏은 晚과 같은 뜻으로 늦다. 其事의 其는 계씨를 가리킨다. 其事는 따라서 계씨 개인의 일을 말한다. 이때부터 제자 염유는 스승의 가르침에서 어긋나기 시작한 듯하다. 곧 삶의 지향점이 달라져 스승과 제자 사이에 틈이 생기고 말았다. 사제지간에 뜻이 완벽하게 일치하지 않을 수는 있다. 하지만 사람을 살리는 길과 같은 중차대한 뜻이 달라졌다면 함께할 수 없다.

자로-15 한마디 말의 위력

정공이 물었다. "한마디로 나라를 흥성케 할 수 있는 말이 있습니까?" 공자께서 대답하셨다. "말이란 그 같은 효과를 기대할 수는 없는 것입니다. 어떤 사람이 말하기를 '임금 노릇 하기도 어렵고, 신하 노릇 하기도 쉽지 않다.'라고 합니다. 만일 임금 노릇 하기가 어렵다는 것을 안다면, 한마디 말로 나라를 흥하게 하기에 가깝지 않겠습니까?" "한마디로 나라를 잃을 수 있는 그런 말이 있습니까?" 공자께서 대답하셨다. "말이란 그 같은 효과를 기대할 수는 없는 것입니다. 어떤 사람이 '나는 임금 노릇 하는 데 즐거움이 없고, 다만 내가 말을 하면 어기는 자가 없더라.'라고 말했다고 합니다. 그 하는 말이 좋고 이를 지키지 않는 이가 없다면 좋지 않겠습니까? 하지만 그 하는 말이 좋지 않은데 이를 지키지 않는 자가 없다면, 한마디 말로 나라를 잃게 되는 데 가깝지 않겠습니까?"

定公問, "一言而可以興邦, 有諸^저?" 孔子對曰, "言不可以若是其幾也. 人之言曰, '爲君難, 爲臣不易^이.' 如知爲君之難也, 不幾^기乎一言而興邦乎?" 曰, "一言而喪邦, 有諸?" 孔子對曰, "言不可以若是其幾也. 人之言曰, '予無樂乎爲君, 唯其言而莫予違也.' 如其善而莫

之違也, 不亦善乎? 如不善而莫之違也, 不幾乎一言而喪邦乎?"

諸는 之乎의 축약형이다. 幾는 크게 두 가지로 풀이한다. 첫째는 가깝다, 거의 되다(近)의 뜻이고, 둘째는 (효과를) 기대하는 것(期)이다. 문맥상 큰 차이는 없다.

자로-16 정치에 대하여_섭공

섭공이 정치에 대하여 묻자, 선생님께서 말씀하셨다. "가까이 있는 사람들이 기뻐하고, 멀리 있는 사람들은 찾아오도록 만드는 것입니다."

葉公問政. 子曰, "近者說열, 遠者來."

說은 悅의 뜻이다. 가까운 이는 진심으로 좋아하고, 멀리 있는 사람에게도 영향력을 미쳐 자발적으로 오도록 하는 것이다. 살기 좋은 정치를 하면 이같이 된다.

자로-17 정치에 대하여_자하가 거보의 읍재가 되었을 때

자하가 거보의 읍재가 되어 정치에 대하여 여쭙자, 선생님께서 말씀하셨다. "서둘러 성과를 보려 하지 말고, 작은 이익을 추구하지 마라. 서둘러 성과를 보려 하면 제대로 이루지 못하고, 작은 이익을 추구하면 큰일을 성사시키지 못한다."

子夏爲莒거父보宰, 問政. 子曰, "無欲速, 無見小利. 欲速, 則不達, 見小利, 則大事不成."

의욕이 앞서면 빨리 성과를 보려고 하기 쉽다. 또한 작은 이익에 급급해 큰일을 놓치기도 한다. 작은 이익을 좇다가 사람들의 믿음과 마음을 잃는 경우를 쉽게 볼 수 있다. 자하의 됨됨이를 고려해 해준 말이다. 동시에 정치를 하는 사람의 마음가짐에 대해서 한 말이기도 하다.

자로-18 정직함에 대하여

섭공이 공자에게 말하였다. "우리 마을에는 몸가짐이 바른 사람이 있는데, 그의 아버지가 양을 훔치자 아들이 그 일을 증언했지요." 공자께서 말씀하셨다. "우리 마을의 바른 사람은 그와 다릅니다. 아버지는 자식을 위해 그런 일을 숨기고, 자식은 아버지를 위해 그런 일을 숨깁니다. 바름은 바로 그 가운데 있습니다."

葉公語孔子曰, "吾黨당有直躬궁者, 其父攘양羊, 而子證증之." 孔子曰, "吾黨之直者異於是, 父爲子隱은, 子爲父隱. 直在其中矣."

黨은 마을. 直躬은 몸가짐을 바르게 하다. 直은 十과 目이 결합한 글자다. 열 개의 눈으로 직시한다는 어원을 갖고 있다. 攘은 어떤 계기가 생겨서 남의 물건을 몰래 갖는 것이다.

직시해야 하는 것은 사실만인가? 섭공은 사실만을 정직이라 여겼다. 공자는 사실을 넘어서 사람을 살리는 마음에서 발원한 인간의 보편적인 감정을 직시하는 것이라 말한다. 사실만 놓고 보면 부모의 잘못을 증언하는 것이 정직이라고 할 수도 있겠으나, 이때 자식이라면 꺼림직한 마음이 들 것이다. 보편적인 인간이 갖는 마음이다. 이 마음의 뿌리는 사람을 살리고자 하는 마음(仁)이며, 이 마음을 외면하지 않는 것이 바로 정직이다. 그래서 오늘날에도 불고지죄(不告之罪)의 예외를 둔다. 양심의 자유를 인정하는 것이다. 사람을 살리고자 하는 인간의 보편적이고 자연스러운 감정을 인정하고 이를 따르는 것이 '直'이다.

자로-19 살맘에 대하여_번지

번지가 살맘(仁)에 대해 여쭙자, 선생님께서 말씀하셨다. "평소에의 바르게 생활하고, 일할 때는 정중하며, 남과는 진심으로 지내야 하는 것이니, 비록 오랑캐 땅에 가더라도 이를 버려서는 안 된다."

樊遲問仁. 子曰, "居處恭, 執^{집}事敬, 與人忠. 雖之夷^{이}狄^{적}, 不可棄也."

居處는 일상생활, 평소의 태도와 행동이다. 恭과 敬의 차이를 보면, 恭은 용모, 敬은 일에 대한 것이다. 또는 敬은 마음을 위주로 말한 것이고 恭은 그것이 겉으로 드러나는 태도이다. 곧 예의 바른 태도를 말한다. 棄는 앞의 내용을 버린다는 것이다. 평소에 지낼 때 예의 바르고, 일할 때는 정중하며, 남과 어울릴 때는 진심으로 대하는 것은 어느 사회에서나 통하는 보편적인 가치이기 때문에 버릴 수 없다는 말이다.

자로-20 선비에 대하여_자공

자공이 여쭈었다. "어떤 사람을 선비라고 할 수 있습니까?" 선생님께서 말씀하셨다. "몸가짐에 있어서 부끄러움이 있고, 사방으로 사신을 가서 임금의 명령을 욕되게 하지 않는다면 선비라고 할 수 있지." "감히 그 다음을 여쭙겠습니다." "일가친척이 효성스럽다고 칭찬하고, 마을 사람들이 예의 바르다고 칭찬하는 사람이지." "감히 그 다음을 여쭙겠습니다." "말을 하면 반드시 이를 지키고 행동하고서 반드시 성과가 있다면, 융통성 없는 소인이라 하더라도 그 다음 등급은 될 만한 사람일 것이야." "요즘 정치하는 사람은 어떻습니까?" 선생님께서 말씀하셨다. "아아, 깜냥이 안 되는 사람들이야 헤아려볼 것이 있겠느냐?"

子貢問曰, "何如斯可謂之士矣?" 子曰, "行己有恥치, 使於四方, 不辱욕君命, 可謂士矣." 曰, "敢問其次." 曰, "宗族稱칭孝焉, 鄕黨稱弟焉." 曰, "敢問其次." 曰, "言必信, 行必果, 硜경硜然小人哉! 抑억亦可以爲次矣." 曰, "今之從政者何如?" 子曰, "噫희! 斗筲소之人, 何足算也?"

硜硜然의 硜은 돌이 단단한 것을 가리킨다. '경경연'은 돌이 단단하여 모양을 변화시키기 어려운 것처럼 잘 바뀌지 않는 모습을 말하니 융통성이 없고 꼬장꼬장한 것을 이른다. 말을 하면 반드시 그 말을 믿도록 하고, 행동으로 옮겨서 반드시 성과를 낸다면, 비록 융통성이 없고 잘 변하지 않는 소인 같은 사람이라고 하더라도 그 다음 등급은 될 것이라는 말이다. 斗는 한 말, 筲는 대그릇이니 '두소지인'은 그릇이 작은 사람을 일컫는다.

《맹자》〈진심〉편에 "사람에게는 부끄러움이 없을 수 없다. 부끄러움이 없음을 부끄러워한다면 부끄러워할 일이 없을 것이다."라는 말이 있다. 곧 몸가짐에 있어서 부끄러움이 있다는 말은 치욕을 멀리할 수 있다는 뜻이다.

자로-21 광자와 견자

선생님께서 말씀하셨다. "균형과 조화의 미덕을 갖춘 사람과 함께할 수 없다면, 반드시 뜻이 큰 사람이나 우직한 사람과 함께하리라! 뜻이 큰 사람은 진취적이고, 우직한 사람은 하지 않는 바가 있기 때문이다."

子曰, "不得中行而與之, 必也狂狷乎! 狂者進取, 狷者有所不爲也."

中行은 균형과 조화의 덕을 행하는 사람을 말한다. 狂者는 뜻은 높으나 실천력이 부족한 사람, 狷者는 뜻은 높지 않으나 하지 말아야 할 행동은 하지 않는 사람을 말한다. 뜻이 높으면서 실천력이 있는 사람이 가장 좋다. 이상적인 사람과 함께할 수 없다면 어느 한쪽의 덕이라도 갖춘 사람과 함께하고 싶다는 말이다. 뜻을 세우는 것과 실력을 기르는 일은 균형을 이루어야 한다.

자로-22 한결같지 못하면

선생님께서 말씀하셨다. "남쪽 사람들이 말하기를 '사람이면서 한결같지 못하면 무당이나 의원 노릇도 할 수 없다.'라고 하는데, 훌륭한 말이다."

"'그 덕을 한결같이 하지 않으면 수치스런 일을 맞게 될 것이다.'라는 말이 있다." 선생님께서 말씀하셨다. "(군자는) 점을 치지 않아도 알 수 있다."

子曰, "南人有言曰, '人而無恆항, 不可以作巫醫.' 善夫!"
"不恆其德, 或承之羞." 子曰, "不占而已矣."

恆은 한결같음이다. 不恆其德, 或承之羞는 《주역》 항(恒)괘 구삼의 효사다. 承은 받다, 羞는 수치스러운 일이니 承之羞는 수치스러운 일을 맞게 된다는 뜻이다.

子曰이 다시 나오므로 문맥이 자연스럽지 못하다. 어떤 맥락에서 이런 말이 나온 것인지 알기 어렵다. 다만 문맥으로 보면 군자는 이치에 따라 옳은 선택을 할 줄 알기 때문에 굳이 점을 치지 않아도 어떻게 행동해야 하는지 안다는 말로 이해할 수 있다.

자로-23 화이부동

선생님께서 말씀하셨다. "군자는 사람들과 조화롭게 지내되 동화되지는 않고, 소인은 사람들에게 동화되지만 조화롭게 지내지는 못한다."

子曰, "君子和而不同, 小人同而不和."

同은 동화되는 것이다. 소인은 자신의 이익에 따라 움직이는 사람이므로 사람들과 조화롭게 지내지 못한다. 사람들과 화합하는 것과 남에게 동화되어 쏠리는 것은 분명 다르다. 올바르게 중심을 잡고 사람들과 화합하는 것이 가장 좋다.

자로-24 호오의 경지

자공이 여쭈었다. "마을 사람이 모두 그를 좋아한다면 어떻습니까?" 선생님께서 말씀하셨다. "글쎄다." "마을 사람이 모두 그를 미워한다면 어떻습니까?" 선생님께서 말씀하셨다. "글쎄다. 마을의 선한 사람들이 그를 좋아하고, 그 마을의 선하지 않은 사람들이 그를 미워하는 것만은 못하다."

子貢問曰, "鄕人皆好之, 何如?" 子曰, "未可也." "鄕人皆惡오之, 何如?" 子曰, "未可也, 不如鄕人之善者好之, 其不善者惡之."

사람을 좋아하느냐 싫어하느냐는 결국 그 사람에 대한 최종적인 감정 판단이다. 섣불리 판단하지 말고, 사람들의 보편적인 마음을 살피고 나서 해야 한다. 그래야 개인의 호오 차원을 넘어설 수 있다.

자로-25 군자와 소인

선생님께서 말씀하셨다. "군자는 그를 위해 일하기는 쉬워도 기쁘게 하기는 어렵다. 그를 기쁘게 하려 해도 올바른 도리가 아니면 기뻐하지 않는다. 그리고 군자가 남에게 일을 시키는 경우에는 그 사람의 역량에 따라 일을 맡긴다. 소인은 그를 위해 일하기는 어려워도 기쁘게 하기는 쉽다. 그를 기쁘게 하려 할 때 올바른 도리로 하지 않더라도 기뻐한다. 그리고 소인이 남에게 일을 시키는 경우에는 그가 모두 갖추고 있기를 요구한다."

子曰, "君子易이事而難說열也. 說之不以道, 不說也, 及其使人也, 器之. 小人難事而易說也. 說之雖不以道, 說也, 及其使人也, 求備焉."

군자는 있는 그대로의 자질에 따라 역할을 주기 때문에 섬기기 쉬우며, 소인은 자신의 요구대로 해줄 것을 바라므로 섬기기 어렵다. 군자란 자신을 생각하지 않고 모두를 살리는 길을 모색하는 사람이다. 이런 사람은 이해심과 공감능력이 있다. 타인을 이해하고 공감할 줄 모르는 사람은 결국 자기 자신만을 생각하게 된다.

자로-26 군자와 소인_태연과 교만

선생님께서 말씀하셨다. "군자는 태연하되 교만하지 않고, 소인은 교만하되 태연하지 않다."

子曰, "君子泰而不驕교, 小人驕而不泰."

泰는 느긋하다, 편안하다의 뜻이다. 참고로 지나치게 편안한 것을 佚(일)이라고 한다.《대학》에 다음과 같은 구절이 있다. "속마음(진심)과 믿음으로 얻고, 교만과 태만으로 잃는다(忠信以得之, 驕泰以失之)."

자로-27 살맘에 가까운 것

선생님께서 말씀하셨다. "강인함과 의연함과 질박함과 과묵함은 모두 살맘(仁)에 가깝다."

子曰, "剛^강毅^의木訥^눌近仁."

생명을 살리려는 강인함, 고난과 역경에 굴하지 않는 의연함, 순수함을 잃지 않는 질박함, 그리고 말보다 행동이 먼저 앞서는 것이 살맘(仁)에 가깝다. 말이 행동보다 앞서지 않도록 하려 하기에 과묵해지는 것이다.

자로-28 어떠해야 선비인가

자로가 여쭈었다. "어떠해야 선비라고 할 수 있습니까?" 선생님께서 말씀하셨다. "서로 격려하고 마음을 쓰면서 올바른 길을 가도록 하며 정답게 지내면 선비라고 할 수 있다. 벗 사이에서는 서로 격려하며 노력하고, 형제간에는 정답게 지내는 것이다."

子路問曰, "何如斯可謂之士矣?" 子曰, "切^절切偲^시偲, 怡^이怡如也, 可謂士矣. 朋友切切偲偲, 兄弟怡怡."

切切偲偲의 切切은 간절히 격려하고 관심을 갖다, 偲偲는 올바른 길로 노력하다. 怡怡는 뜻이 맞고 정답다.

자로-29 가르침과 전쟁 (1)

선생님께서 말씀하셨다. "선한 사람이 칠 년 동안 백성을 가르치면 전쟁에 나아가게 할 수 있다."

子曰, "善人敎民七年, 亦可以卽^{즉}戎^{융}矣."

卽戎의 卽은 타동사로 쓰여 나아가게 하다, 戎은 전쟁. 무슨 얘기 끝에 이런 말을 했을까? 전쟁은 공동체의 생사가 걸린 중차대한 일이다. 전쟁에 나아갈 수 있게 가르치는 일은 대개 강인한 사람이 하는 것으로 여긴다. 그런데 선한 사람이라고 했으니 말이다. 마음과 몸을 다 바쳐 공동체를 구하기 위해 전쟁에 나아가게 하는 것은 강제로 할 수 있는 일이 아니었을 것이다.

자로-30 가르침과 전쟁 (2)

선생님께서 말씀하셨다. "백성을 가르치지 않고 전쟁을 하게 하는 것은 그들을 버리는 것이라 하겠다."

子曰, "以不敎民戰, 是謂棄^{기}之."

여기서 전쟁은 공동체를 지키기 위한 최후의 보루이다. 그런데 제대로 싸우도록 가르치지도 않고 전쟁터에 내보낸다면 그들을 유기하는 것이나 다름없다.

헌문 14편

세상을 대하는 자세

모두 47장으로 구성되어 《논어》 가운데 가장 장이 많은 편이다. 세상을 대하는 자세, 살맘(仁)과 살힘(德)의 중요성, 온전한 사람 등에 대한 구절과 남궁괄, 자산, 관중을 비롯해 여러 나라의 사대부에 관한 이야기가 다수 실려 있다.

헌문-1 수치에 대하여

원헌이 수치에 대하여 여쭙자, 선생님께서 말씀하셨다. "나라에 도가 행해지고 있을 적에 녹을 먹고 지내고, 나라에 도가 행해지지 않을 적에도 녹이나 먹고 지내는 것이 수치스러운 일이다."

憲問恥. 子曰, "邦有道穀곡, 邦無道穀, 恥也."

원헌은 원사이다. 〈옹야〉 6편 3장을 참고할 것. 穀은 봉록. 나라에 도가 행해진다는 것은 나라가 제대로 된 길을 간다는 말이다. 나라가 제대로 된 길을 갈 때 녹을 받는 것은 수치스러운 일이 아니다. 〈태백〉 8편 13장에 "天下有道則見"이라는 구절이 있다. 나라가 제대로 된 길을 갈 때는 자신을 드러내도 된다는 말이다. 하지만 나라가 제대로 된 길을 가고 있지 않은데 계속 녹만 먹고 지낸다면 수치스러운 일이다.

《사기열전》에 원헌이 어떤 인물인지를 보여주는 이야기가 있다. 공자가 세상을 떠난 뒤에 원헌은 후미진 곳에 은거하였다. 위나라 재상이 된 자공이 어느 날 사두마차를 타고 호위병을 거느리고 원헌을 찾아왔다. 원헌은 해진 옷에 낡은 관을 쓴 채로 자공을 맞았다. 자공은 초라한 몰골의 원헌을 만나는 자신이 부끄러워 이렇게 말하고 말았다. "어쩌다가 이렇게 병이 들었습니까?" 이 말을 듣고 원헌이 말했다. "제가 듣기로 재물이 없는 것을 가난이라고 하고, 도를 배우고도 행하지 않는 것을 병이라고 합니다. 저로 말하면 가난하기는 하지만 병들지는 않았습니다." 이 말을 듣고서 자공은 아무 말도 못하고 자리를 떠났다. 자공은 평생 자신의 말이 지나쳤음을 부끄럽게 여겼다.

헌문-2 살맘을 품었는지는 모르겠다

"남을 이기려 들고, 자기 공을 뽐내고, 남을 원망하고, 자기 욕심을 부리는 일을 하지 않으면 살맘(仁)을 품었다고 할 수 있겠습니까?" 선생님께서 말씀하셨다. "하기 어려운 일이다만 살맘을 품었는지는 모르겠다."

"克伐怨欲不行焉, 可以爲仁矣?" 子曰, "可以爲難矣, 仁則吾不知也."

克은 남을 이기기 좋아하다. 伐은 자기 공을 자랑하는 것. 자신의 선행을 뽐내는 것을 '벌선'이라고 한다. 남을 이기려 들고, 자기 공을 뽐내고, 남을 원망하고, 자기 욕심을 부리는 일을 하지 않는 것은 어렵기는 하나 그것이 곧 생명을 살리고자 하는 마음이라고 단정할 수는 없다.

헌문-3 선비라면

선생님께서 말씀하셨다. "거처의 편안함을 추구한다면, 선비가 되기에 부족하다."

子曰, "士而懷회居, 不足以爲士矣."

懷는 어떤 생각을 품는 것을 말한다. 懷居는 거처의 편안함을 추구하는 것. 안락하게만 살려고 한다면 뜻을 품은 사람이라 보기 어렵다.

헌문-4 세상을 대하는 자세

선생님께서 말씀하셨다. "나라에 도가 행해지고 있을 적에는 엄중하게 말을 하고 엄중하게 행동하지만, 나라에 도가 행해지지 않으면 행동은 엄중하게 하되 말은 공손하게 해야 한다."

子曰, "邦有道, 危言危行, 邦無道, 危行言孫."

危는 높다, 엄중하다. 危言危行은 말과 행동을 엄중하게 하다. 세상이 상식적으로 돌아간다면 말과 행동을 엄중하게 해야 하며, 세상이 상식적으로 돌아가지 않는다면 행동은 엄중하게 하되 말을 공손하게 하여 불필요한 해코지를 당하지 말아야 한다는 의미이다. 처세에 관한 말인 듯 보이지만 행동 자체는 엄중하게 해야 한다는 뜻을 읽을 수 있다.

헌문-5 살맘과 살힘이 우선

선생님께서 말씀하셨다. "살힘(德)이 있는 사람에게는 (살힘에 걸 맞은) 말이 있지만, (살힘의) 말을 한다고 해서 반드시 살힘이 있는 것은 아니다. 살맘(仁)을 품은 사람은 반드시 용기가 있지만, 용기 있는 사람이라고 해서 반드시 살맘을 품은 것은 아니다."

子曰, "有德者必有言, 有言者不必有德. 仁者必有勇, 勇者不必有仁."

有德과 有言이 대를 이루고 있다. 생명을 아끼고 사람을 살리는 살힘(德)이 있는 사람은 그 살힘이 말과 행동으로 드러난다. 하지만 사람을 살리는 듯한 말을 한다고 해서 살힘이 있다고 단정하기 어렵다. 일시적인 용기를 낼 수 있지만, 그런 용기를 냈다고 해서 그가 생명을 아끼고 사람을 살리는 마음인 살맘(仁)을 품고 있다고 단정하기는 어렵다.

헌문-6 남궁괄의 칭송

남궁괄이 공자에게 여쭈었다. "예(羿)는 활을 잘 쏘았고, 오(奡)는 땅 위로 배를 끌고 다닐 만한 힘을 가졌지만, 모두 제 명에 죽지 못했습니다. 하지만 우(禹)와 직(稷)은 몸소 농사를 짓다가 천하를 다스렸습니다." 공자께서 대답하지 않으셨다. 남궁괄이 밖으로 나가자, 선생님께서 말씀하셨다. "군자로구나, 그 사람은! 살힘(德)을 숭상하는구나, 그 사람은!"

南宮适問於孔子曰, "羿善射^사, 奡盪^탕舟, 俱^구不得其死. 然禹稷躬稼^가而有天下." 夫子不答. 南宮适出, 子曰, "君子哉若人! 尙德哉

若人!"

　　예(羿)는 유궁(有窮)이라는 작은 나라의 임금이었다. 활의 명수였다고 한다. 하후상의 지위를 찬탈하였으나 신하인 한착에게 죽임을 당했다. 한착이 예를 죽이고 그의 자리를 뺏은 뒤에 낳은 자식이 오(奡)다. 둘 다 힘으로 지위를 뺏은 자다. 盪은 흔들다, 곧 육지에서 배를 움직이게 했다는 것. 전설에 따르면 오는 육지에서 배를 끌 만큼 힘이 장사였다고 한다. 俱는 모두, 其死는 제대로 된 죽음이니 곧 자연스러운 죽음을 말한다. 若은 如此, 영어 such의 뜻이다.

　　천하를 다스리는 일은 꼭 힘이 세거나 지위가 있어야 하는 것이 아니라 살힘(德)이 있어야 함을 남궁괄이 말하고 있다. 남궁괄의 질문에는 지위나 힘이 없는 사람이라고 하더라도 살힘이 있으면 천하를 다스릴 수 있지 않느냐는 뜻이 담겨 있다. 은연중에 공자를 두고 한 말일 것이다. 이를 알아들은 공자가 그래서 대답하지 않은 것이다. 남궁괄의 질문 속에는 권세나 지위가 아니라 살힘이 있는 사람을 숭상하는 뜻이 있으므로 공자가 이것만은 분명히 칭송하였다.

헌문-7 소인이면서 살맘을 품은 사람은 없다

　　선생님께서 말씀하셨다. "군자이면서 살맘(仁)을 품지 않은 사람은 있어도, 소인이면서 살맘을 품은 사람은 없다."

　　子曰, "君子而不仁者有矣夫, 未有小人而仁者也."

而가 문장 속에서 쓰이면 대부분은 문장과 문장을 잇는 접속사다. 따라서 여기서 君子는 명사가 아니라 술어다.

군자와 소인은 원래 지위의 유무를 구분하는 명칭이었으나 공자는 이 단어의 개념을 변화시켰다. 오늘날의 언어로 번역하면 군자는 참된 삶을 살려고 하는 자이며, 생명을 살리는 삶을 지향하는 사람이자 남과 나를 함께 살리고자 하는 사람이다. 살리고자 하는 뜻을 세웠어도 아직 살맘(仁)을 온전히 품지 못한 사람도 있을 것이다. 소인은 자기 자신만 생각하는 사람이니 이런 사람은 살맘을 품고 있지 않다고 말한 것이다.

헌문-8 아낀다면 이렇게

선생님께서 말씀하셨다. "아끼면서 수고롭게 하지 않을 수 있겠는가? 진심으로 대하면서 깨우쳐주지 않을 수 있겠는가?"

子曰, "愛之, 能勿勞乎? 忠焉, 能勿誨회乎?"

愛는 아끼다. 忠은 진심. 誨는 가르쳐서 인도한다는 뜻이다.

어버이라면 자식을 아끼게 마련인데, 아낀다고 해서 수고로운 일을 시키지 않으면 자식을 망친다. 자신의 주변 정리는 물론이거니와 살아가면서 해야 하는 일을 스스로 하도록 시켜야 한다. 그러니 어버이나 스승이 자식과 제자를 진심으로 대하면서 잘못을 보고도 일깨워주지 않을 수 있겠는가?

헌문-9 외교문서를 작성할 때

선생님께서 말씀하셨다. "정나라에서 외교문서를 작성할 때는 비침이 기초하였고, 세숙이 자세히 검토하였고, 행인 자우가 자구와 내용을 수정하였고, 동리의 자산이 문장을 매끄럽게 손질하였다."

子曰, "爲命, 裨諶草創之, 世叔討論之, 行人子羽修飾之, 東里子産潤ᆫ色之."

네 사람은 모두 정나라 대부다. 여기서 命은 외국에 보내는 외교문서, 爲命은 외교문서를 작성하는 것이다. 草創은 초고를 만들다, 기초(起草)하다. 討論之는 초고의 내용을 검토하는 것. 行人은 사절의 임무를 맡은 관리. 修飾之는 검토를 마친 초고의 문장을 다듬는 것이다.

위의 글을 보면 고대 중국의 외교문서는 한 사람이 작성하지 않았음을 알 수 있다. 중요한 문서를 작성할 때는 여러 사람이 참여하였다. 또한 글이란 초고를 쓰고 이를 검토하고 난 뒤 표현과 내용을 수정하고, 마지막으로 윤문을 하는 것이 통상적인 순서다.

헌문-10 자산과 관중

어떤 사람이 자산에 대하여 여쭙자, 선생님께서 말씀하셨다. "남에게 은혜로운 사람이다." 자서에 대하여 여쭙자, "그 사람, 그 사람." 하고 대답하셨다. 관중에 대하여 여쭙자 말씀하셨다. "인물이다. 백씨의 변읍 삼백 호를 빼앗았는데도, 백씨가 하찮은 음식을 먹고 지내면서 평생토록 원망의 말을 하지 않을 정도였다."

或問子産. 子曰, "惠人也." 問子西. 曰, "彼哉! 彼哉!" 問管仲. 曰,

"人也. 奪탈伯氏騈변邑三百, 飯疏食, 沒齒無怨言."

자산은 정나라 대부이다. 〈공야장〉 5편 15장의 설명을 참고하라. 彼哉彼哉는 별 볼 일 없는 사람임을 뜻하는 표현이다. 騈邑은 지명이다. 疏는 蔬와 통하여 푸성귀 위주의 하찮은 음식을 말한다. 沒齒는 이가 없어지도록, 곧 평생토록이라는 말이다.

헌문-11 어려운 일과 쉬운 일

선생님께서 말씀하셨다. "가난하면서 원망하지 않기는 어렵지만, 부유하면서 교만하지 않기는 쉽다."

子曰, "貧빈而無怨難, 富而無驕교易이."

현실적인 경향성을 말하고 있다. 물질적 여유가 없을 때는 남과 사회를 탓하거나 원망하기 쉽고, 여유가 생기고 나면 거들먹거리기 쉽다. 둘 가운데 전자가 더 어렵다. 〈학이〉 1편 15장에서 공자는 자공과 대화를 나누며 가난하면서도 도를 즐기고, 부유하면서도 존중의 태도를 좋아하는 것이 가장 좋다고 하였다.

헌문-12 일의 차이에 따라

선생님께서 말씀하셨다. "맹공작은 조씨나 위씨 집안의 가신으로서는 훌륭한 인물이나, 등이나 설 같은 작은 나라의 대부는 될 수 없다."

子曰, "孟公綽爲趙魏老則優우, 不可以爲滕등薛설大夫."

老는 여기서 家老, 즉 가신의 우두머리를 말한다. 가신은 관직은 아니나 대부가 자신의 아래에 두는 직위이다. 바꾸어 말하면 맹공작은 관직이 아닌 한에 있어서 큰 역할을 수행하는 인물이나 작은 나라에서 대부의 관직을 수행할 정도는 아니라는 말. 사적 영역의 일을 잘하지만 공적 영역의 일은 못하는 사람이라는 평가인 셈이다. 그런 사람이 있기는 하다.

헌문-13 온전한 사람에 대하여

자로가 온전한 인간에 대하여 여쭙자, 선생님께서 말씀하셨다. "만약 장무중의 지혜와 맹공작의 과욕(寡欲)과 변장자의 용기와 염구의 재주에다가 예악으로 다듬는다면 온전한 인간이겠지." 그러고는 다시 말씀하셨다. "오늘날의 온전한 인간이라고 한다면 어찌 반드시 그렇다고야 하겠느냐? 이익될 일을 보면 의로운지 생각하고, 나라가 위태로운 것을 보면 목숨을 바치며, 오래되었다 하더라도 평소에 하던 그 약속의 말들을 잊지 않는다면 또한 온전한 인간이겠지."

子路問成人. 子曰, "若臧武仲之知, 公綽之不欲, 卞莊子之勇, 冉求之藝, 文之以禮樂, 亦可以爲成人矣." 曰, "今之成人者何必然? 見利思義, 見危授命, 久要不忘平生之言, 亦可以爲成人矣."

成人은 완전한 인간 또는 온전한 인간, 곧 이상적인 인간을 가리킨다. 文은 술어로 쓰였다. 修와 통한다. 기본적인 자질이 뛰어나도 예약과 같은 문화로 계속 다듬어가야 한다는 뜻이다. 久要를 '곤궁한 세월을 견디다'로 해석하기도 한다. 여기서는 '오래된 약속'으로 보는 것이 자연스럽다. 오래된 약속이라고 하더라도 반드시 지켜야 하는 것은 아니지만, 평소에 늘 하는 말이라면 평생 지켜가야 한다. 그런 약속을 잊는다면 온전한 사람이라고 보기 어렵다.

온전한 인간에 대해서 이상적인 얘기를 했지만 당시 사람들에게 이상적인 기준을 가져다 댈 필요는 없다는 말이다. 그만큼 기대치가 낮아진 것일까? 공자가 오늘날을 산다면 어떤 사람을 온전하다고 할까?

헌문-14 정말 그런 사람인가

선생님께서 공명가에게 공숙문자에 대해서 물으셨다. "정말입니까? 그분은 말도 잘 하지 않고, 잘 웃지도 않고, 물건을 함부로 취하지도 않습니까?" 공명가가 대답하였다. "말을 전한 사람이 지나쳤습니다. 그분은 말할 때가 된 후에 말하므로 사람들이 그분의 말을 싫어하지 않고, 즐거울 만한 때가 된 후에야 웃으므로 사람들이 그분의 웃음을 싫어하지 않으며, 의로운지 확인하고 나서 취하므로 사람들이 그분이 취하는 것을 싫어하지 않았습니다." 선생님께서 말씀하셨다. "그렇습니까? 어찌 그럴 수가 있습니까?"

子問公叔文子於公明賈曰, "信乎, 夫子不言, 不笑, 不取乎?" 公明賈對曰, "以告者過也. 夫子時然後言, 人不厭^염其言, 樂然後笑, 人不厭其笑, 義然後取, 人不厭其取." 子曰, "其然? 豈其然乎?"

공숙문자에 대한 공명가의 평가가 이상적이다. 그가 어떤 인물이었는지는 알려진 바가 거의 없는데 아마도 공자는 그에 대한 평가를 온전히 받아들이지 못한 것 같다. 균형과 조화의 가치를 깊이 체득하고 현실에서 이를 적절히 발휘할 정도의 인물은 아니었던 듯하다. 참고로 율곡 이이의 '자경문(自警文)'이란 글에 "時然後言則, 言不得不簡."이라는 문장이 있다. "때가 되고 나서야 말을 한다면 말이 간략하지 않을 수 없다."라는 말이다.

헌문-15 당대 정치인에 대해서

선생님께서 말씀하셨다. "장무중은 방 고을을 근거로 하여, 자신의 후계자를 세워줄 것을 노나라에 요구하였는데, 비록 임금에게 강요한 것은 아니라고 하나 나는 믿지 못하겠다."

子曰, "臧武仲以防求爲後於魯, 雖曰不要君, 吾不信也."

장무중이 자신의 지방 세력을 믿고 자식에게 벼슬을 내리도록 요구한 것이다. 공자가 당대 정치인에 대해서도 분명하게 평가했음을 알 수 있다. 정치인은 사인이 아니라 공인이기 때문이다.

헌문-16 올바름과 술수

선생님께서 말씀하셨다. "진나라 문공은 술수를 쓰고 바르지 않았으나, 제나라 환공은 올바르고 술수를 쓰지 않았다."

子曰, "晉文公譎^휼而不正, 齊桓公正而不譎."

諞은 속이다, 술수에 밝다. 위정자에 대한 극명한 평가다. 공자가 위정자에 대해 분명하게 평했음을 다시금 확인할 수 있다.

헌문-17 관중에 대하여_자로와의 대화

자로가 말하였다. "환공이 공자 규를 죽였을 때, 소홀은 그를 위해 죽었으나, 관중은 죽지 않았습니다. 살맘(仁)을 품지 않았다고 해야 되겠지요?" 선생님께서 말씀하셨다. "환공이 제후를 규합하는 데 무력을 쓰지 않은 것은 관중의 힘이었다. 그 정도면 살맘을 품은 거지, 그 정도면 살맘을 품은 거지."

子路曰, "桓公殺公子糾, 召忽死之, 管仲不死." 曰, "未仁乎?" 子曰, "桓公九合諸侯, 不以兵車, 管仲之力也. 如其仁, 如其仁."

死는 목적어를 취하는 술어로 쓰일 때는 '~를 위해서 죽다', 예컨대 死國은 '나라를 위해서 죽다'의 뜻이다. 위 문장에서 死之의 之는 앞의 공자 규를 받는다. 九는 集, 聚의 뜻으로 모으다, 규합하다. 如其仁의 如는 완벽하게 인정하지는 않지만 살맘(仁)을 품은 것으로 볼 수 있다는 어감이다. 주희는 공안국의 주에 따라 "누가 관중의 어짊만 하겠는가?"라고 해석했다.

제나라 양공이 시해되고 어수선한 정세에서 공자 규와 소백이 권력을 놓고 다투었다. 포숙은 소백(훗날의 환공)을 섬기고, 관중과 소홀은 공자 규를 모시고 있었다. 소백이 결국 승리하고 공자 규와 함께 관중까지 죽이려 하자, 관중의 친구 포숙이 세상을 경영하려면 관중을 포섭해야 한다고 환공을 설득해서 훗날 관중은 제나라의 재상이 된다.

관중과 포숙의 이야기는 관포지교로 유명하다.

헌문-18 관중에 대하여_자공과의 대화

자공이 말하였다. "관중은 살맘(仁)을 품은 사람이 못 되는 듯합니다. 환공이 공자 규를 죽였는데도 공자 규를 위해 죽지 않고 도리어 환공을 도왔습니다." 선생님께서 말씀하셨다. "관중이 환공을 도와 제후들의 패주가 되게 하였고, 천하를 크게 바로잡아 백성이 지금에 이르기까지 그의 혜택을 입고 있다. 관중이 아니었다면 우리는 머리를 풀어 헤치고 옷섶을 왼편으로 여미는 야만인이 되었을 것이다. 어찌 여느 사람들처럼 작은 신의를 지킨답시고 도랑의 시궁창에서 스스로 목매어 죽더라도 아무도 그를 알아주지 못하게 되는 꼴과 같겠느냐?"

子貢曰, "管仲非仁者與! 桓公殺公子糾, 不能死, 又相之." 子曰, "管仲相桓公, 覇패諸侯, 一匡광天下, 民到于今受其賜사. 微미管仲, 吾其被髮발左衽임矣. 豈若匹夫匹婦之爲諒량也, 自經於溝구瀆독而莫之知也?"

相은 돕다. 匡은 正의 뜻으로 바로잡다. 微는 未, 無의 뜻으로 부정어이다. 被髮은 머리를 풀어 헤치는 것, 左衽은 옷섶을 왼편으로 여미는 것인데 모두 변방 이민족의 습속이다. 匹夫匹婦는 보잘것없는 평범한 사람을 말한다. 諒은 작은 신의. 經은 목을 매다. 溝瀆은 도랑의 시궁창. 莫之知는 그를 알아주는 사람이 없다. 부정어 莫 뒤에서 술어 知와 목적어 之가 도치되었다. 관중에 대해서는 〈팔일〉 3편 22장을 함께 보라.

헌문-19 공숙문자와 문(文)

공숙문자의 가신인 대부 선이 (공숙문자의 추천으로) 함께 위나라 조정의 신하가 되었다. 선생님께서 그 말을 들으시고 말씀하셨다. "시호를 문(文)이라 할 만하다."

公叔文子之臣大夫僎, 與文子同升ᄒ諸저公. 子聞之, 曰, "可以爲文矣."

공숙문자가 자신이 데리고 있던 사람을 추천하여 함께 위나라 조정의 신하가 되었다. 대개는 자신이 데리고 있던 사람과 동등한 지위가 되는 것을 꺼리지만 공숙문자는 달랐다는 말이다.

헌문-20 인재의 중요성

선생님께서 위나라 영공의 무도함을 말씀하셨다. 계강자가 말하였다. "그렇다면 어째서 망하지 않습니까?" 공자께서 말씀하셨다. "중숙어가 빈객을 접대하고, 축타가 종묘를 관리하고, 왕손가가 군사를 맡고 있습니다. 이와 같으니 어찌 그가 망하겠습니까?"

子言衛靈公之無道也, 康子曰, "夫如是, 奚而不喪?" 孔子曰, "仲叔圉治賓客, 祝鮀治宗廟, 王孫賈治軍旅. 夫如是, 奚其喪?"

奚는 何와 같다. 喪은 잃다. 여기서는 나라를 잃는 것이다. 이 구절은 사람을 잘 등용하는 것이 얼마나 중요한지를 말하고 있다.

헌문-21 말과 실천

선생님께서 말씀하셨다. "말하는 것을 부끄럽게 여기지 않는다면, 그것을 실천하기는 어렵다."

子曰, "其言之不怍^작, 則爲之也難."

평문으로 쓰면 不怍言則難爲之也. 하지만 이렇게 쓰면 본문과 비교해 문장의 힘이 떨어진다. 본문은 言과 爲를 강조한 형태다. 부끄러움 없이 함부로 말을 꺼내는 사람이라면 자신의 말을 실천하리라고 생각하기 어렵다.

헌문-22 해야 할 일을 할 뿐

진성자가 제나라 간공을 시해하였다. 공자께서 목욕재계하고 배알하고서는 노나라 애공에게 아뢰었다. "진항이 그의 임금을 시해하였으니 토벌하십시오." 애공이 말하였다. "세 집안 사람들에게 말하시오."

공자께서 (훗날 제자들에게) 말씀하셨다. "내가 대부의 말석에 있었기 때문에, 감히 아뢰지 않을 수가 없었다. 그런데 군주께서는 세 집안 사람들에게 말하라고 하셨다." 세 집안 사람들에게 가서 말하자, 안 된다고 하였다. 공자께서 말씀하셨다. "내가 대부의 말석에 있었기 때문에, 감히 아뢰지 않을 수가 없었다."

陳成子弑^시簡公. 孔子沐浴而朝, 告於哀公曰, "陳恒弑其君, 請討^토之." 公曰, "告夫三子!"

孔子曰, "以吾從大夫之後, 不敢不告也. 君曰告夫三子者!" 之三子告, 不可. 孔子曰, "以吾從大夫之後, 不敢不告也."

공자가 애공과 대화를 마치고 후에 제자들에게 한 말로 보아야 자연스럽다. 현실을 감안하면 안 될 줄 알았지만 자신의 지위에서 해야 하는 일이었으므로 말해야만 했다. 충언을 하지 않고 자리만 지키는 신하를 구신(具臣)이라고 하는데 이는 공자가 지양하는 바였다. 안 될 줄 알아도 해야 하는 일이라면 하는 것이다.

다음은 《벌새의 물 한 방울》에 나오는 이야기다. 안데스에 다음과 같은 얘기가 전해온다고 한다. 숲이 타고 있었다. 숲속의 동물들은 도망가기 바빴다. 그때 크리킨디(벌새)란 이름의 새가 작은 주둥이로 물 한 방울을 물고 불을 끄느라 분주했다. 다른 동물들이 이런 모습을 보고 말했다. "저런다고 무슨 소용이 있겠어?" 크리킨디가 대답했다. "나는 내가 할 수 있는 일을 할 따름이야."

헌문-23 임금 섬기기에 대하여_자로

자로가 임금을 섬기는 일에 대하여 여쭈었다. 선생님께서 말씀하셨다. "(마음을) 속이지 않고 나서 면전에서 올바른 말을 하라."

子路問事君. 子曰, "勿欺기也, 而犯之."

欺와 犯은 모두 之를 목적어로 취하는데, 여기서 之는 앞의 君을 가리킨다. 자로는 과감하고 용기 있는 성품이라 직언하기는 어렵지 않았을 것이나 먼저 임금을 향한 마음을 속이지 말라는 것이다. 공자에게도 스스럼없이 대하던 제자가 혹여 임금을 업신여길지 모른다고 염려한 것이다. 犯은 자신보다 지위가 높은 사람이 싫은 표정을 하는데도 말을 한다는 뜻이다. 임금이 싫은 안색을 하는데도 간하는 것을 범안(犯顔)이라고 한다.

헌문-24 위로 나아가라

선생님께서 말씀하셨다. "군자는 위로 나아가고, 소인은 아래로 간다."

子曰, "君子上達, 小人下達."

'상달'이란 긍정적이고 발전적인 방향으로 꾸준히 성장하는 것이고, '하달'은 부정적이고 좋지 않은 쪽으로 나아가는 것이다. 군자와 소인의 차이는 결국 자신의 작은 자아를 넘어서 성장하느냐, 아니면 작은 자아에 묶여 있느냐.

헌문-25 위기지학

선생님께서 말씀하셨다. "옛날에 공부하는 사람은 자기를 위해서 했는데, 요즘 공부하는 사람은 남을 위해서 한다."

子曰, "古之學者爲己, 今之學者爲人."

언뜻 보면 남을 위해서 공부하는 것이 좋게 보이기도 할 테지만, 여기서 남을 위한 공부는 남에게 인정받기 위한 또는 남에게 보이기 위한 공부다. 자신을 위해서 하는 공부는 자신의 진정한 성장과 발전을 위한 공부다. 爲는 '때문'의 어감도 있다. 남 때문에 하는 공부는 진정한 공부가 아니다.

헌문-26 멋진 심부름꾼

거백옥이 공자께 심부름꾼을 보냈다. 공자께서 그와 함께 앉아서 물으셨다. "선생께서는 무얼 하고 계시오?" 심부름꾼이 대답하였다. "선생께서는 자기 잘못을 적게 하고자 하시나, 잘 안되는 것 같습니다." 심부름꾼이 나가자 선생님께서 말씀하셨다. "좋은 심부름꾼이야, 좋은 심부름꾼이야!"

蘧伯玉使人於孔子. 孔子與之坐而問焉, 曰, "夫子何爲?" 對曰, "夫子欲寡其過而未能也." 使者出. 子曰, "使乎! 使乎!"

공자가 위나라에 있을 때 거백옥의 집에 묵은 적이 있었는데, 공자가 노나라로 돌아간 뒤에 거백옥이 심부름꾼을 보낸 것이다. "그와 함께 앉았다."라는 것은 거백옥을 존경했기에 그가 보낸 심부름꾼을 존중의 마음으로 대한 것이다. 여기서 夫子는 거백옥을 말한다.

자신의 잘못을 줄이고자 하는데도 잘 안된다는 말은 거백옥이 자신의 잘못을 알고 있으면서 그 잘못을 줄이려고 힘쓴다는 말이다. 겸손하면서도 훌륭하게 거백옥의 성품을 전한 심부름꾼을 공자가 칭찬한 것이다.

헌문-27 직위와 도모

선생님께서 말씀하셨다. "그 직위에 있지 않으면, 그 직위에 해당하는 정무를 도모하지 않는다."

子曰, "不在其位, 不謀其政."

〈태백〉 8편 14장에서 이미 한 차례 나온 구절이다. 여기서 謀는 언급하거나 말하는 정도를 넘어서 공식적으로 도모하는 것을 뜻한다.

헌문-28 직위와 사려

증 선생이 말하였다. "군자는 생각하는 것이 자기 직위를 벗어나지 않도록 해야 한다."

曾子曰, "君子思不出其位."

판본에 따라서는 위의 27장과 한 장으로 편집한 책도 있다. 증자가 공자의 말을 재연하는 것으로 볼 수 있는데, 어감에는 차이가 난다. 증자의 말은 군자는 자신의 지위를 벗어나는 생각을 하지 말라는 것이고, 공자의 말은 군자는 자신이 공적으로 맡은 일이 아니면 공적으로 논의하지 말아야 한다는 것이다. 증자가 철두철미한 듯하지만, 지위를 둘러싼 균형감각이 잘 느껴지지 않는다.

헌문-29 말과 행동

선생님께서 말씀하셨다. "군자는 그가 말한 것이 그의 행동을 넘어서는 것을 부끄러워한다."

子曰, "君子恥其言而過其行."

而가 之로 된 판본도 있는데, 어법으로 보면 之가 더욱 선명하다. 말은 하기 쉽고, 행하기는 어렵나니.

헌문-30 군자의 세 가지 도

선생님께서 말씀하셨다. "군자의 도가 세 가지 있는데, 나는 그것을 잘 실천하지 못하고 있다. 살맘(仁)이란 근심하지 않는 것이고, 지혜로움이란 미혹되지 않는 것이고, 용감함이란 두려워하지 않는 것이다." 자공이 말하였다. "선생님께서 자신에 대하여 말씀하신 것이군요."

子曰, "君子道者三, 我無能焉, 仁者不憂, 知者不惑, 勇者不懼ᄀ."
子貢曰, "夫子自道也."

살맘(仁)이란 생명을 아끼고 사람을 살리고자 하는 마음이다. 이런 마음에는 근심이 없다. 지혜로움이란 이것인지 저것인지 헷갈려하지 않는 것이다. 용감함이란 두려워하지 않는 것이다. 군자의 세 가지 길이란 곧 살맘, 지혜로움, 용감함이다. 知는 智와 통한다. 보통은 이 문장에서 者를 사람으로 해석하는데 세 가지를 길과 연결하면 사람으로 보지 않는 것이 자연스럽다. 여기서 지혜로움이란 살맘을 펴기 위해서 어떻게 해야 하는지를 아는 것이다. 여기서 용감함이란 살맘을 향한 용감함이다. 〈헌문〉 14편 5장에 "용기 있는 사람이라고 해서 반드시 살맘(仁)을 품은 것은 아니다."라는 구절이 있다. 결국 무엇을 위한 용감함인지가 중요하다. 용감함과 지혜로움은 모두 '살맘'에 포섭된다.

헌문-31 남을 비교하는 자공에 대하여

자공이 남을 비교하자 선생님께서 말씀하셨다. "사는 똑똑한가 보구나. 나는 그럴 겨를이 없는데."

子貢方人. 子曰, "賜也賢乎哉! 夫我則不暇^가."

자공은 상인의 기질이 있어서 많은 재산을 모은 인물이다. 사람들을 비교하기 좋아한 것은 평소 상품의 가치를 비교하던 버릇 때문인지도 모를 일이다. 이 구절을 보면 자공이 평소 사람들을 자주 품평한 듯하다. 공자가 그런 제자의 태도를 넌지시 나무라고 있다.

헌문-32 걱정과 균형

선생님께서 말씀하셨다. "사람들이 자신을 알아주지 않는다고 걱정하지 말고, 자신이 능하지 않음을 걱정하라."

子曰, "不患人之不己知, 患其不能也."

〈학이〉 1편 16장에 "남이 자신을 알아주지 않는다고 걱정하지 말고, 내가 남을 제대로 알지 못하는지를 걱정해야 한다."라는 비슷한 구절이 있다.

걱정에도 균형감각이 필요하다. 대개 남이 나를 알아주지 않는 것을 지나치게 걱정하는 경향이 있다. 우선 자신이 충분히 능력을 쌓았는지 걱정하라는 말이다.

헌문-33 현명함

선생님께서 말씀하셨다. "남이 나를 속일 것이라고 미리 헤아리지 않고, 남이 나를 믿지 않을 것이라고 미리 생각하지 않으면서도, 미리 알아차리는 것이 바로 현명함이다."

子曰, "不逆詐사, 不億억不信, 抑억亦先覺者, 是賢乎!"

逆은 그 일이 아직 생기지 않았지만 미리 헤아린다는 뜻이다. 億은 미리 생각하다. 현실에서 나를 속이는 것은 아닌지 의심 없이 지내다가 속기도 한다. 또 나의 행동과 말을 상대가 믿어주지 않으면 어쩌나 걱정하기 일쑤다. 현명함이란 남이 나를 속이지 않을까 미리 생각하지 않으면서도 속기 전에 미리 알아차리는 것이고, 남이 나를 오해할 것을 미리 생각하지 않으면서도 오해하기 전에 미리 알아차리는 것이다. 말이야 쉽지만 그렇게 하기가 얼마나 어려운가!

헌문-34 말재주를 부리려는 것이 아니라

미생무가 공자를 비평하였다. "공구는 무엇 때문에 불안하게 서성대고 있는 것인가? 말재주나 피려는 게 아닌가?" 공자께서 말씀하셨다. "감히 말재주를 부리려는 게 아니라, 세상의 고루함을 가슴 아파하기 때문이오."

微生畝謂孔子曰, "丘何爲是栖^서栖者與? 無乃爲佞^녕乎?" 孔子曰, "非敢爲佞也, 疾固也."

미생무가 어떤 인물인지는 불분명하다. 丘라고 이름을 곧바로 지칭한 것과 말의 내용으로 볼 때 공자보다 나이가 많은 은자로 추정된다. 栖栖는 불안하게 서성이는 모양. 爲佞은 말재주를 피다. 疾固의 疾은 술어로 아파하다, 싫어하다. 固는 몇 가지 풀이가 있다. 후한의 학자 포함은 세상이 고루해지는 것이 싫어서 道로써 변화시키고자 한 것으로 풀이하였고, 《논어집주》에서는 '하나만 고수하다가 꽉 막혀버리는 것'으로 풀이했다. 번역은 전자의 설을 따랐다.

꽉 막힌 세상을 변화시키려고 여기저기 다니며 말을 하다 보니 그렇게 된 것이지, 말재주나 피려는 것이 아니라는 말이다.

헌문-35 준마란

선생님께서 말씀하셨다. "준마란 그 힘을 지칭하는 것이 아니라 그 덕성을 지칭하는 말이다."

子曰, "驥^기不稱其力, 稱其德也."

驥는 준마이다. 여기서 덕이란 성질을 뜻한다. 준마는 잘 조련된 말을 가리키는 것이지 단지 힘이 센 것을 뜻하지 않는다. 말에 빗대어 힘을 숭상하는 시대를 안타까워하고 있다.

헌문-36 원한과 살힘

어떤 사람이 물었다. "살힘(德)으로 원한을 갚으면 어떻겠습니까?" 선생님께서 말씀하셨다. "그러면 살힘은 무엇으로 갚겠소? 정직함으로 원한을 갚고 살힘으로 살힘을 갚는 것입니다."

或曰, "以德報怨, 何如?" 子曰, "何以報德? 以直報怨, 以德報德."

'정직함으로써 원한을 갚는다.'라는 말은 사적인 감정을 배제하고 공심(公心)을 가지고 객관적인 기준에 따라 상대를 대한다는 것이다. 원한을 산 이에게 살힘(德)으로 대하는 것은 인간의 자연감정과 어긋난다. 공심(公心)으로 상대를 대한다는 것은 인간의 자연스러운 감정을 배제하지 않으면서 개인의 감정에 매몰되지도 않는다는 뜻이다. 공자의 균형감각이 돋보인다.

헌문-37 하늘은 나를 알아주리라

선생님께서 말씀하셨다. "아무도 나를 알아주지 않는구나." 자공이 말하였다. "어째서 선생님을 알아주는 이가 없다고 하십니까?" 선생님께서 말씀하셨다. "하지만 하늘을 원망하지 않고, 사람들을 탓하지도 않는다. 낮은 것을 배워서 높은 것까지 통달했으니, 하늘은 나를 알아주리라."

子曰, "莫我知也夫!" 子貢曰, "何爲其莫知子也?" 子曰, "不怨天, 不尤ᵒ人, 下學而上達. 知我者其天乎."

안연이 살아 있었다면 자신을 알아주는 이가 없다는 얘기까지는 하지 않았을 것이다. 공자가 이 말을 한 시점은 분명히 안연 사후일 것이다. 언뜻 한탄하는 말처럼 들리기도 하지만 무한히 확장하는 자의식을 느끼게 하는 구절이다.

헌문-38 타이름

공백료가 계손씨에게 자로를 모함하였다. 자복경백이 그것을 아뢰었다. "그분은 틀림없이 공백료에게 휘둘리고 있습니다. 제 힘으로도 아직은 공백료를 죽여 시체를 저자나 조정에 내걸 수 있습니다." 선생님께서 말씀하셨다. "올바른 도가 행하여지는 것도 운명이고, 올바른 도가 무너지는 것도 운명이네. 공백료가 운명을 어찌하겠는가?"

公伯寮愬ᵃ子路於季孫. 子服景伯以告, 曰, "夫子固有惑志於公伯寮, 吾力猶能肆ᵃ諸ᵃ市朝." 子曰, "道之將行也與, 命也, 道之將廢也與, 命也. 公伯寮其如命何!"

愬는 죄가 없는 사람을 헐뜯어 윗사람에게 고해 바치는 것이다. 惑志는 마음이 미혹되는 것이다. 惑志於에서 於는 피동의 쓰임새다. 肆는 죄인을 죽여서 효시하는 것이다.

　공자가 자복경백을 진정시키며 한 말이다. 자복경백이 자로에 대한 안타까움과 공백료에 대한 분함으로 흥분한 상태였던 것 같다. 무슨 일을 저지를지 모르는 상황. 이때 공자가 차분히 공백료의 존재가 미약함을 말하여 자복경백을 타이르고, 자로를 넌지시 위로한 것이었으리라.

헌문-39 피함의 경지

　선생님께서 말씀하셨다. "현명한 사람은 세상을 피하고, 그 다음의 사람은 나라를 피하고, 그 다음의 사람은 안색을 피하고, 그 다음의 사람은 말을 피한다."
　子曰, "賢者辟^피世, 其次辟地, 其次辟色, 其次辟言."

辟는 避(피할 피)와 같다. 地는 나라나 지역을 뜻한다. 세상, 나라, 안색, 말을 피하는 까닭은 그것이 고약하기 때문이다. 세상을 피한다는 것은 이름을 알리지 않고 조용히 지내는 것을 말한다. 자신이 관계를 맺을 수 있는 최소한의 여건이나 환경이 되는지 살펴보라는 말로도 이해할 수 있다. 최소한의 여건이나 환경이 되지 않는다면 차라리 피하는 편이 나을 수 있다. 그것이 사람이든 나라이든.

헌문-40 일곱 사람

　선생님께서 말씀하셨다. "그렇게 한 이로는 일곱 사람이 있었다."

子曰, "作者七人矣."

39장과 연결된 장으로 보기도 한다. 이때 作은 爲의 뜻이다. 일곱 사람이 요, 순, 우, 탕, 문, 무, 주왕이라는 설이 있기는 하나 신빙하기 어렵다. 일곱 사람이 누구인지 지금으로서는 알기 어렵다.

헌문-41 공자에 대하여

자로가 석문에서 묵게 되었다. 문지기가 물었다. "어디에서 오셨소?" 자로가 말하였다. "공씨 문하에서 왔소이다." "안 되는 줄을 알면서도 그걸 하고 계시는 분 말이오?"

子路宿於石門. 晨신門曰, "奚해自?" 子路曰, "自孔氏." 曰, "是知其不可而爲之者與?"

晨門은 아침 일찍 성문을 여는 일을 맡은 문지기. 奚自의 奚는 何, 自는 ~부터, 영어로 표현하면 'Where from'이다.

안 되는 줄 알면서도 그것이 사람을 살리는 길이므로 하지 않을 수 없는 것이다. 그 길을 가다가 세상에 길을 내지 못하더라도 그 길을 그냥 갈 뿐이다. 그런 의미에서 공자는 '숭고한 실패자'이다.

헌문-42 공자를 비판하는 은자

선생님께서 위나라에서 경을 치고 계셨는데, 삼태기를 지고 공자께서 계신 곳 문 앞을 지나던 사람이 말하였다. "마음이 있구나, 경을 치는 품이." 조금 있다가 다시 말하였다. "답답할새그려, 땡땡거리는 소리가! 아무도 자기를 알아주지 않으면 그만둘 것이지. '깊으면 옷을 입고 건너가고, 얕으면 옷을 걷어 올리고 건너간다'고 하였건만." 선생님께서 말씀하셨다. "(세상을 버리는 것이) 과감하도다. 그렇게 하는 것이야 어려울 게 없지."

子擊격磬경於衛, 有荷하蕢궤而過孔氏之門者, 曰, "有心哉, 擊磬乎!" 旣기而曰, "鄙비哉, 硜경硜乎! 莫己知也, 斯已而已矣. 深則厲려, 淺천則揭게." 子曰, "果哉. 末之難矣."

有荷蕢而過孔氏之門者는 有~者 구문. 鄙는 고집이 세고 완고한 것을 말한다. 厲는 옷을 입은 채로 강을 건너는 것, 揭는 옷을 걷어 올리고 건너는 것이다.

 돌로 만든 악기를 연주하는 소리를 들은 은자가 공자의 마음을 읽은 것이다. 여전히 세상의 평화를 구하려는 의도를 연주에서 간파하였으리라. 공자는 방문한 나라에서 예악을 실연하는 경우가 있었다. 은자는 공자가 연주하는 음악에서 예악을 통해 세상을 변화시키려는 의도를 읽었을 것이다. 의도 자체를 무시하지는 않지만 미련해 보인다는 말이다. 은자가 보기에 당시의 세상은 이미 공자가 노력한다고 바뀌지 않을 거라 생각한 듯하다. 《논어》 후반부에는 전반부과 달리 은자가 여러 차례 등장한다.

헌문-43 상례와 정치

자장이 말하였다. "《서》에 말하기를 '고종은 묘막에서 복상하면서 삼 년 동안 말씀을 하시지 않았다.' 하였는데, 무슨 뜻입니까?" 선생님께서 말씀하셨다. "어찌 반드시 고종뿐이겠느냐? 옛날 사람들은 모두 그러하였다. 임금이 돌아가시면, 모든 관리는 자기 직책을 스스로 수행하여 삼 년 동안 재상의 지휘를 따랐다."

子張曰, "書云, '高宗諒량陰, 三年不言.' 何謂也?" 子曰, "何必高宗? 古之人皆然. 君薨훙, 百官總己以聽於冢총宰三年."

諒陰은 亮陰과 같은 뜻이다. 임금이 묘막을 짓고 거상(居喪)하는 것을 말한다. 不言이란 사적인 말이 아니라 공적인 발언을 하지 않았다는 것이다. 살맘(仁)에 뿌리를 둔 인간의 보편적인 자연감정을 훼손하지 않도록 하기 위함일 것이다. 임금의 죽음을 薨이라 쓴다. 總己는 스스로 임무를 수행하는 것. 冢宰는 관명. 여섯 관직의 우두머리다. 태재(太宰)라고도 한다. 지금의 국무총리에 해당한다.

헌문-44 윗사람이 예를 좋아하면

선생님께서 말씀하셨다. "윗사람이 예를 좋아하면 백성은 시키기가 수월해진다."

子曰, "上好禮, 則民易이使也."

시키기가 수월해진다는 말은 정치적인 명령을 따르도록 하기 수월해진다는 말이다. 윗사람이 예를 좋아한다는 것은 존중의 마음과 태도를 좋아한다는 말이니 백성 입장에서는 그런 위정자의 정치적 명령을 거부감 없이 따른다는 뜻이다.

헌문-45 자신을 수양하여 남을 편안히

자로가 군자에 대하여 여쭈었다. 선생님께서 말씀하셨다. "자신을 수양하여 삼가야 한다." "그렇게만 하면 됩니까?" "자신을 수양하여 남을 편안히 해주어야 한다." "그렇게만 하면 됩니까?" "자신을 수양하여 백성을 편안하게 해주어야 한다. 자신을 수양하여 백성을 편안하게 해주는 일은 요임금과 순임금도 고민하셨다."

子路問君子. 子曰, "修己以敬." 曰, "如斯而已乎?" 曰, "修己以安人." 曰, "如斯而已乎?" 曰, "修己以安百姓. 修己以安百姓, 堯舜其猶病諸저."

《논어》에서 敬은 대체로 삼가다, 조심하다의 뜻이다. 이때는 아직 敬이 개념화되기 전이다. 조심하다로 보면 무난하다. 敬이란 사람을 존중하는 마음이고, 이 마음이 표현되면 恭이다. 諸는 之乎를 줄여 쓴 형태.

사람을 존중한다는 것은 달리 말해 사람을 불편하게 하지 않는 것이니, 곧 사람을 편안하게 하는 것이다. 존중의 마음으로 자신을 수양하고 나아가 다른 이를 편안하게 하는 것 말고 달리 또 무엇이 있을까?

헌문-46 고약한 녀석

원양이 두 다리를 뻗고 앉아 기다리고 있었다. 선생님께서 "어려서는 겸손과 어른 공경을 모르고, 자라서는 남에게 일컬어지는 게 없고, 늙어서 죽지 않고 있으니, 고약한 인물일세."라고 말씀하시며, 지팡이로 그의 정강이를 때리셨다.

原壤夷俟사. 子曰, "幼而不孫弟, 長而無述焉, 老而不死, 是爲賊." 以杖叩고其脛경.

夷는 다리를 뻗고 앉는 것이다. 俟는 기다리다. 賊은 해악의 뜻이다. 여기서는 세상에 해악을 끼치는 사람이라는 말이다. 원양은 공자의 오랜 벗이었다고 한다. 《예기》에는 원양이 모친이 죽자 관을 짜려 준비한 나무 위에서 노래를 불렀다는 이야기가 나온다. 도가의 분위기를 풍기는 인물이다.

편안한 사이이기에 이렇게 말했을 것이다. 원양이 진정 몹쓸 사람이었다면 그를 만나지도 않았을 것이다. 제자들은 이렇게 편안한 모습의 공자까지 기록으로 남겼다.

헌문-47 빠른 성취를 바라는 녀석

궐당의 동자가 손님 시중드는 일을 하고 있었는데, 어떤 사람이 그에 대하여 여쭈었다. "성장하는 아이입니까?" 선생님께서 말씀하셨다. "저 아이가 어른 자리에 앉는 것을 보았고, 손윗사람과 나란히 걸어다니는 것을 보았소. 공부를 하고자 하는 자가 아니라, 빠른 성취를 바라는 녀석 같소."

闕黨童子將命. 或問之曰, "益者與?" 子曰, "吾見其居於位也, 見其與先生並^병行也. 非求益者也, 欲速成者也."

闕黨은 공자가 살던 곳의 지명이다. 오늘날 산동성 곡부에 위치한 곳이다. 將命의 將은 奉과 같다. 將命은 명을 받든다는 것이니 곧 옆에서 시중드는 것이다. 益者는 공부하여 스스로를 발전시키는 사람이다.
　행동을 보면 마음을 알 수 있다. 남에게 보이는 모습에 열중해서는 진정 성장하기 어려운 법이다.

위령공 15편

살맘을 펴는 방법

모두 41장이라 〈헌문〉편 다음으로 장이 많지만 문장은 대체로 짧다. 중반부에는 살신성인과 살맘(仁)을 펴는 방법, 덕에 대한 희망, 군자다움에 대해 말하고 있고, 후반부에는 일정한 주제 없이 여러 이야기가 실려 있다.

위령공-1 군자가 곤궁할 때

위나라 영공이 공자에게 진법(陣法)에 대해 물었다. 공자께서 대답하셨다. "제사에 관한 일은 제가 들어서 알고 있지만, 군사에 관한 일은 아직 배우지 못했습니다." 그러고는 이튿날 마침내 떠나셨다. 진나라에서 식량이 떨어졌다. 따르던 사람들이 굶주림으로 병이 나서 일어나지 못했다. 자로가 뾰루퉁한 얼굴로 찾아뵙고 말하였다. "군자도 곤궁할 때가 있습니까?" 선생님께서 말씀하셨다. "군자는 곤궁한 때를 굳게 견뎌내고 소인은 곤궁해지면 함부로 행동한다."

衛靈公問陳於孔子. 孔子對曰, "俎^조豆之事, 則嘗聞之矣, 軍旅之事, 未之學也." 明日遂^수行. 在陳絶糧, 從者病, 莫能興. 子路慍^온見^현曰, "君子亦有窮乎?" 子曰, "君子固窮, 小人窮斯濫^람矣."

陳은 陣과 통한다. 군대의 진법을 말하는 것이니 군사에 관해 물은 것이다. 俎豆의 俎는 고기를 담는 그릇이고, 豆는 굽이 높은 그릇이다. 俎豆는 제사 때 쓰는 그릇을 아울러 가리키는 말이다. '조두지사'란 곧 제사에 관한 일이다. 興은 起와 통하여 일어나다. 固窮은 곤궁함을 단단히 견디다.

공자는 위나라에서 정치적인 꿈을 펼쳐보려고 했다. 하지만 위나라 군주는 예악에 대한 관심보다 오로지 전쟁을 통한 영토 확장과 강국이 되고자 하는 뜻을 드러내면서 진법을 물었다. 이는 공자 입장에서 볼 때 가망이 없는 것이다. 만약 공자가 진법에 대해서 잘 모를 것을 알면서도 물어보았다면 공자에 대한 존중의 뜻이 없다는 의미이다. 서로 최소한의 존중이 없으면 관계를 지속하기 어렵다. 싹을 충분히 보았으니 더이상 무언가를 도모하기는 어렵다. 그런데도 공자의 대답은 겸손하다. "제사에 쓰는 그릇 정도라면 제가 알고 있어서 말씀드릴 수 있지만, 군사에 대한 것이라 아직 배우지 못했습니다." 아직 배우지 못한 것이 아니라 배울 뜻이 없음이 당연하지만 군주 앞에서 최소한의 예의를 지킨 것이다. 하지만 기미를 보았으니 머뭇거릴 이유 없이 제자들을 데리고 위나라를 떠났다. 이후 주유천하를 이어가다 진나라에서 식량이 떨어지고 말았다. 따르던 사람은 제자들과 일시적으로 공자의 무리에 합류한 사람들일 것이다. 먹지 못해서 병이 날 정도니 상황은 절망적이다. 다른 제자들은 공자에게 감히 감정을 드러내지 못해도 직설적인 성격의 자로만큼은 가만히 있지 못했다. "선생님께서 말씀하신 그 군자다움을 위해서 열심히 살아왔건만 우리가 이렇게 타향에서 굶주려 죽어야 합니까? 말씀 좀 해보십시오, 스승님!"

공자가 보기에 이대로 두었다가는 자로가 무슨 일을 벌일지 알 수 없다. 무리의 목숨을 구하기 위해서 도적질이라도 할 자로다. 미연에 이를 막을 필요도 있었을 것이다.

"군자의 길을 가다 보면 곤궁한 때를 만나기도 하느니라. 군자는 그 곤궁한 때를 꿋꿋이 견뎌내야 하는 법이다. 하지만 소인은 이런 때에 해서는 안 되는 일을 저지르고 만다. 알겠느냐, 자로야!"

위령공-2 일이관지

선생님께서 말씀하셨다. "사(자공)야, 너는 내가 많이 배워서 그것을 기억하는 사람이라고 생각하느냐?" 자공이 대답하였다. "그렇습니다. 아니옵니까?" "그래, 아니다. 나는 배운 것을 하나로 꿰었느니라."

子曰, "賜也, 女以予爲多學而識^지之者與?" 對曰, "然, 非與?" 曰, "非也. 予一以貫之."

賜는 자공의 이름이다. 女는 이인칭. 一以貫之의 之는 앞의 學을 받는다. 一이란 하나의 본질로 수렴한다는 말이니 자신이 배운 것을 하나로 수렴했다는 뜻이다. 그것은 살맘(仁)일 것이다.

위령공-3 살힘을 아는 자가 드물구나

선생님께서 말씀하셨다. "유(자로)야, 살힘(德)을 아는 사람이 드물구나."

子曰, "由, 知德者鮮矣."

진정 세상을 구원할 힘은 죽일 힘(무력)이 아니라 살힘(德)이거늘 이를 아는 사람이 드물다며 한탄하고 있다.

위령공-4 순임금에 대하여

선생님께서 말씀하셨다. "인위적인 작위(作爲) 없이 나라를 다스린 사람은 순임금일 것이다. 무엇을 하였을고? 몸가짐을 공손히 하고 바르게 임금의 자리를 지키셨을 뿐이다."

子曰, "無爲而治者其舜也與. 夫何爲哉? 恭己正南面而已矣."

爲는 성과를 내기 위해서 애써 어떤 일을 만들려고 하는 것을 말한다. 여기서는 인위적인 수단으로서의 정치적 명령이나 형벌을 포함한다. 따라서 '무위이치'는 곧 살힘(德)으로 사람이 자연스럽게 변하도록 하는 것을 말한다. 敬이 존중의 마음을 품은 것이라면, 恭은 존중의 마음을 겉으로 표현하는 것이다. 恭己는 몸가짐을 공손히 하였다는 의미인데, 다르게 표현하면 늘 존중의 마음으로 행동했다는 것이다.

위의 구절은 자칫 도가의 이야기로 오해하기 쉽다. 《서경》을 보면 순임금이 작위 없이 나라를 다스릴 수 있었던 것은 인재를 적재적소에 잘 썼기 때문이다. 인재를 제대로 못 쓰는 것은 지도자의 무능이다.

김명호의 《중국인 이야기》에는 다음의 이야기가 실려 있다. 1928년 봄 상하이의 명문 중국공학에서 학생 소요가 발생하자 이사회에서 후스(胡適)를 교장으로 초빙했다. 그는 취임식날 '無爲而治'를 선언했다. "권한을 쥐고 있다 보면 개인의 지식이나 능력에 한계가 있다는 것을 망각하기 쉽습니다. 남들이 상상도 못했던 일을 한다며 함부로 결정하고 시행하는 것은 강도보다 더 위험합니다." 그의 말은 '아무것도 안 하고 내버려두면 일이 저절로 굴러간다'는 것이 아니라 각자가 할 일을 알아서 하라는 식이었다. 단, 교수 임용과 교육은 직접 챙겼다.

위령공-5 세상에 통하는 행동이란

자장이 (세상에 통하는) 행동을 여쭙자, 선생님께서 말씀하셨다. "말이 진실되고 미더우며 행동이 독실하고 조심스러운 것은 비록 오랑캐의 나라라 하더라도 통하는 행동이다. 그러나 말이 진실하지도 미덥지도 않고 행실이 독실하지도 조심스럽지도 못한 것은 비록 자기 마을에서인들 통하는 행동이겠느냐? 서 있을 때는 눈앞에 있는 듯하고, 수레에 있을 때는 그것들이 멍에에 적혀 있는 듯이 분명하고 나서야 세상에 통할 것이다." 자장이 예복의 띠에 이 말씀을 적었다.

子張問行. 子曰, "言忠信, 行篤敬, 雖蠻^만貊^맥之邦, 行矣. 言不忠信, 行不篤敬, 雖州里, 行乎哉? 立則見其參^참於前也, 在輿^여則見其倚^의 於衡^형也, 夫然後行." 子張書諸^저紳^신.

蠻貊의 蠻은 남쪽 변방의 이민족, 貊은 북쪽 변방의 이민족이다. 行은 직역하기 까다롭다. 앞에서 나온 達과도 통한다. '세상에 통할 수 있는 행동' 정도로 이해해두자. 參은 나열되어 있다. 倚於衡의 倚는 기대다. 적혀 있는 모습을 표현한 것이다. 衡은 가로로 대는 나무. 여기서는 수레의 멍에를 뜻한다.

분명하게 눈에 보인다는 것은 무엇을 행해야 하는지를 분명하게 알고서 행동한다는 말이다. 곧 어떻게 말하고 어떻게 행동해야 하는지 명확하게 인지한다는 뜻이다.

위령공-6 사어와 거백옥에 대하여

선생님께서 말씀하셨다. "곧구나, 사어는. 나라에 도(道)가 행해질 때는 화살처럼 곧았고, 나라에 도가 행해지지 않을 때도 화살처럼 곧았다. 군자답구나, 거백옥은. 나라에 도가 행해지면 벼슬을 하고, 나라에 도가 행해지지 않으면 거두어 가슴속에 품어둘 줄 아는구나."

子曰, "直哉史魚. 邦有道, 如矢^시, 邦無道, 如矢. 君子哉蘧伯玉. 邦有道, 則仕, 邦無道, 則可卷^권而懷^회之."

可卷而懷之의 卷은 싸서 가리다. 懷는 가슴속에 간직하다. 대개 之의 내용을 '능력'으로 보나, '뜻'으로 보아도 무방하다.

나라에 도가 있다는 말은 나라가 원칙을 지키고 백성을 살리는 쪽으로 운영된다는 뜻이니 이럴 때는 나아가 공적인 활동을 하고, 그렇지 않을 때는 조용히 물러나 뜻을 잘 품고 있는 것이다. 세상이 혼탁하여 상식과 어긋날 때 하지 말아야 할 행동은 분명히 있다.

위령공-7 잃지 말아야 할 것

선생님께서 말씀하셨다. "함께 말할 만한데도 함께 말하지 않으면 사람을 잃고, 함께 말할 만하지 않은데도 함께 말하면 말을 잃는다. 지혜로운 이는 사람을 잃지 않으며 또한 말도 잃지 않는다."

子曰, "可與言而不與之言, 失人, 不可與言而與之言, 失言. 知者不失人, 亦不失言."

함께 말하지 않아야 하는 사람과 함께 말을 하면 말의 가치를 잃어버리게 된다. 함께 이야기를 나눌 사람인데도 이야기를 나누지 않으면 사람을 잃으므로 함께 이야기를 나눌 사람과는 이야기를 하라는 뜻이다.

위령공-8 살신성인

선생님께서 말씀하셨다. "뜻있는 선비와 살맘(仁)을 품은 사람은 살기 위해 살맘을 해치지 않으며, 자신을 희생하여 살맘을 이룬다."

子曰, "志士仁人, 無求生以害仁, 有殺身以成仁."

志士는 마음의 방향을 잡은 사람이다. 殺身은 일신의 이익이나 욕망을 꺾는 것이다. 생명을 살리는 쪽으로 마음의 방향을 잡은 사람과 살맘(仁)을 품은 사람은 자신만 살자고 살맘을 해치지 않는다. 자신을 희생해서라도 살맘을 완성한다.

위령공-9 살맘을 펴는 방법

자공이 살맘(仁)을 펴는 방법을 여쭈었다. 선생님께서 말씀하셨다. "기술자는 자신의 일을 잘하려고 할 때 반드시 연장을 먼저 벼 린다. 마찬가지로 어떤 나라에 거처한다면 그 나라의 대부 가운데 덕이 있고 능력이 있는 사람을 섬기고, 그 나라의 선비 중 살맘을 품은 사람과 벗해야 한다."

子貢問爲仁. 子曰, "工欲善其事, 必先利其器. 居是邦也, 事其大夫之賢者, 友其士之仁者."

先利其器의 利는 원래 날을 세우다, 곧 벼리다의 뜻이다. 여기서는 자신이 쓰는 연장을 잘 손질한다는 의미이다. 器는 연장이다.

자신이 있는 곳을 살 만하게 변화시키고자 하는 사람은 장인이 자신의 일을 잘하기 위해서 먼저 연장을 잘 손질하듯이, 먼저 재능과 덕을 겸비한 현인을 섬기고, 살맘을 품은 사람을 사귀어야 한다. 관계를 맺고 나서야 어떤 일이든 할 수 있다. 세상을 아름답게 하는 일은 혼자 할 수 없다. 함께할 사람들과 관계를 맺으며 시작하는 것이다.

위령공-10 나라를 만들어가는 것에 대하여

안연이 나라를 만들어가는 것에 대하여 여쭈었다. 선생님께서 말씀하셨다. "하나라의 역법을 쓰고, 은나라의 수레를 타고, 주나라의 예관을 쓰고, 순임금의 음악을 쓰고, 정나라의 음악을 몰아내고, 말을 번드르르하게 하는 사람을 멀리해야 한다. 정나라의 음악은 음란하고, 말을 번드르르하게 하는 사람은 위험하다."

顔淵問爲邦. 子曰, "行夏之時, 乘殷之輅로, 服周之冕면, 樂악則韶소舞. 放鄭聲, 遠佞녕人. 鄭聲淫, 佞人殆태."

하나라의 역법은 실제 봄이 오는 때에 맞춰 정월을 정했다. 뒤이은 은나라가 나라를 세운 뒤 역법을 새로 제정하여 새 세상이 왔음을 알리면서 하나라 때보다 정월이 한 달 빨라졌다. 뒤이은 주나라 또한 나라를 세우고는 정월을 은나라 때보다 한 달 앞당겼다. 명분과 실질의 불균형이 초래된 것이다. 공자가 하나라의 역법을 쓴다는 것은 명분과 실질의 균형을 추구한다는 뜻이다.

은나라의 수레는 소박하였다. 예는 형식에 치우치기 쉬우므로 항상 검소하게 행하려고 해야 한다. 공자가 은나라의 수레를 타겠다는 것은 형식과 내용의 균형을 이루는 예를 따르겠다는 뜻이다.

〈팔일〉 3편 25장에서 공자는 순임금 때의 음악인 소에 대해서 "음악이 매우 아름답고 그 내용이 참으로 좋구나."라고 하였다. 순임금의 음악을 쓰겠다는 것은 내용과 형식이 균형을 이루는 음악을 쓰겠다는 뜻이다. 淫은 원래 즐거움이 지나친 것을 말한다. 즐거움에 너무 치우친 음악은 불균형을 초래하고, 교묘하게 꾸며대는 말재주는 진실을 가린다.

위령공-11 멀리까지 생각하지 않으면

선생님께서 말씀하셨다. "사람이 멀리까지 생각하지 않으면, 반드시 가까운 데 근심이 있게 된다."

子曰, "人無遠慮려, 必有近憂우."

遠慮는 원대한 사려를 말한다. 이는 어떻게 생기는가? 원대한 질문이 있어야 원대한 사려가 뒤따른다. 각자에게 원대한 질문은 다르겠지만 분명한 점은 인생의 성장은 대답이 아닌 질문에 있다는 것이다.

위령공-12 살힘에 대한 희망

선생님께서 말씀하셨다. "끝났나보구나. 나는 살힘(德)을 좋아하기를 외모가 아름다운 사람을 보듯이 하는 사람을 여태 보지 못했다."

子曰, "已矣乎! 吾未見好德如好色者也."

〈자한〉 9편 17장의 문장과 거의 같다.

위령공-13 장문중과 유하혜

선생님께서 말씀하셨다. "장문중은 직위를 도둑질한 자다. 유하혜가 현명한 줄 알면서도 그를 추천하여 함께 조정에 서지 않았다."

子曰, "臧文仲其竊절位者與. 知柳下惠之賢而不與立也."

장문중이 훌륭한 인물을 추천하지 않은 것은 자리에 연연한 탓이다. 자리에 사심을 두고 품성과 능력을 갖춘 사람을 추천하지 않는 것은 자리를 도둑질하는 것과 같다는 말이다.

위령공-14 원망을 멀리하려면

선생님께서 말씀하셨다. "자신에게는 엄격하고, 다른 사람에게는 가볍게 책임을 추궁하면, 원망을 멀리할 수 있다."

子曰, "躬^궁自厚而薄責於人, 則遠怨矣."

자신에게 관대하고 남에게 엄격하기 쉽다. 그래서 자기 자신에게는 더욱 엄격해야 하고, 남에게는 자신이 생각하는 것보다 관대해야 균형이 맞는다.

위령공-15 어찌할 수 없는 사람

선생님께서 말씀하셨다. "어찌하면 좋을까, 어찌하면 좋을까.'라고 말하지 않는 사람이라면 내가 어찌할 수 없다."

子曰, "不曰如之何, 如之何者, 吾末如之何也已矣."

제발 어떻게 좀 해보라는 말이다. 일차적으로 배우는 사람이 의지를 내어야 그를 도울 수 있다. 억지로 가르치려고 하면 애만 쓰게 되어 성과가 없을 뿐 아니라 관계마저 틀어진다. 교사나 부모라면 학생이나 자식이 배우려는 의지를 낼 수 있도록 해주는 것에서 시작해야 한다. 학생이나 자식을 가르치려 하지 말고 그들이 스스로 배울 수 있도록 돕는 것이다. 물론 말처럼 쉽지 않다.

위령공-16 곤란한 자들

> 선생님께서 말씀하셨다. "여럿이 모여 종일토록 의로운 일에 대해서는 이야기하지 않고 작은 꾀나 재주 부리기를 좋아한다면 글렀다."
>
> 子曰, "群居終日, 言不及義, 好行小慧, 難矣哉!"

小慧는 작은 꾀나 재주를 말한다. 공자의 말년 제자 가운데는 공자의 명성을 듣고 세속적인 성공을 위해 찾아온 이도 있었을 것이다. 그런 무리를 꾸짖던 말이 기록으로 남았는지 모를 일이다.

위령공-17 군자다움

> 선생님께서 말씀하셨다. "군자는 의로움으로 바탕을 삼고, 예에 따라 행동하며, 겸손하게 드러내고, 신의로써 이루어낸다. 그래야 군자다운 것이다."
>
> 子曰, "君子義以爲質, 禮以行之, 孫以出之, 信以成之. 君子哉!"

孫은 遜(겸손할 손)과 같다. 혼자만 살고자 하는 소인이 아니라 서로를 살리고자 하는 군자는 올바름을 근본으로 삼아 존중의 마음으로 올바르게 행동하고, 겸손하게 올바름을 표현하며 믿음으로 그 올바름을 실현시켜가는 사람이다. 관계에서의 올바름은 일개인의 차원을 넘어서서 보편적이므로 근본으로 삼는 것이다.

위령공-18 군자의 근심 (1)

선생님께서 말씀하셨다. "군자는 자신에게 능력이 없는 것을 근심하지, 남이 자기를 알아주지 않는다고 근심하지 않는다."

子曰, "君子病無能焉, 不病人之不己知也."

비슷한 구절이 여러 차례 변형되어 보인다. 공자가 누차 얘기했을 수도 있고, 제자에 따라 조금씩 다르게 기록해 전해졌을 수도 있겠다.

위령공-19 군자의 근심 (2)

선생님께서 말씀하셨다. "군자는 죽고 나서 이름이 일컬어지지 않을까 근심한다."

子曰, "君子疾沒^몰世而名不稱焉."

여기서 이름은 명예로 볼 수도 있지만 《논어》 전체의 내용으로 미루어 보면 '실질적인 행동으로 생기는 자연스러운 명성'을 뜻한다. 어떤 이에 대한 평가는 그의 삶을 통해 드러낼 수밖에 없다. 이름은 생전에는 기득권으로 작용하기도 하겠지만, 사후라면 그의 삶에 대한 진실을 보여주는 경우가 더 많다. 곧 군자는 실질적인 행동으로 좋은 영향력을 남기지 못하는 것을 근심한다는 뜻이다.

위령공-20 군자와 소인

선생님께서 말씀하셨다. "군자는 자기 자신에게서 찾고 소인은 남에게서 찾는다."

子曰, "君子求諸^저己, 小人求諸人."

求는 고주(古注)에서 책하다로 풀이하여 대체로 이에 따라 해석하는 편이지만, 찾는다고 해야 문맥이 자연스럽다. 책하다로 쓰인 용례는 극히 드물고, 찾는다의 뜻으로 쓰인 용례가 훨씬 많다. 諸는 之於의 축약형이다.

인간관계에서 문제가 생길 때 남과 나를 아울러 생각할 줄 아는 사람은 먼저 자신에게서 문제의 원인을 찾아서 생각하고, 자신만을 생각하는 사람은 남에게서 문제의 원인을 찾기 마련이다.

위령공-21 군자는 (1)

선생님께서 말씀하셨다. "군자는 자긍심을 지니지만 다투지는 않고, 무리를 이루더라도 편파적으로 치우치지 않는다."

子曰, "君子矜^긍而不爭, 群而不黨^당."

矜은 엄숙, 장엄. 곧 내적 자긍심에 외적 엄숙함이 더해진 것이다. 黨은 不 뒤에 쓰여서 숨어다. 파벌에 따라 움직인다는 뜻이다.

위령공-22 군자는 (2)

선생님께서 말씀하셨다. "군자는 말만 듣고서 사람을 등용하지 않으며, 그 사람 때문에 (그가 한) 말의 가치까지 묵살하지 않는다."

子曰, "君子不以言擧人, 不以人廢言."

말을 잘한다고 해서 또는 다른 사람의 말만 듣고 사람을 등용해서는 안 된다. 어떤 사람을 등용하느냐에 따라 일의 성패가 결정되기도 하기 때문이다. 마음에 들지 않는 사람은 그 사람이 비록 좋은 말을 하더라도 마음에 들지 않기 마련이다. 하지만 그 사람이 하는 좋은 말까지 묵살하지는 말아야 한다. 사람 자체를 판단하는 것과 그 사람이 하는 말을 판단하는 것 사이에서 어느 한쪽으로 치우치지 말고 균형을 잡아야 한다.

위령공-23 서(恕)에 대하여

자공이 여쭈었다. "평생 실천할 만한 한마디 말이 있습니까?" 선생님께서 말씀하셨다. "그것은 서(恕)일 것이다. 자기가 원하지 않는 것을 남에게 하지 않는 것이다."

子貢問曰, "有一言而可以終身行之者乎?" 子曰, "其恕乎. 己所不欲, 勿施於人."

恕는 남과 내가 같은 마음이 되는 것이다. 己所不欲, 勿施於人은 타인을 이해하고 그에게 부덕한 짓을 하지 않는 것이다. 이것은 곧 살맘(仁)

을 펴는 것과 연결된다.

　이누이트 말 중에는 용서라는 말이 따로 없고 대신에 '당신의 마음과 같아졌다.'라고 말한다고 한다. 남과 나는 보편적인 마음으로 공감한다. 어떤 특별한 상황이나 사람에 따라 달라지는 마음이 아니라 인간 보편의 마음이다. 보편적인 마음으로 남을 이해하는 것이 바로 恕다. 살맘은 모든 인간이 마음속에 품고 있다. 이를 펴려면 우선 내 마음속의 보편적인 것으로 남을 헤아려 공감해야 한다. 울림이 생기면 살맘은 움직인다.

위령공-24 누구를 비난하고 누구를 칭찬하더냐

　선생님께서 말씀하셨다. "사람들에 대해서 내가 누구를 비난하고 누구를 칭찬하더냐? 내가 칭찬을 했다면 이미 그가 살힘(德)이 있는지 살펴본 것이다. 이 백성들은 하, 은, 주 삼대에 걸쳐 바른 도(道)로 다스려온 사람들인 것을."

　子曰, "吾之於人也, 誰毁훼誰譽예? 如有所譽者, 其有所試矣. 斯民也, 三代之所以直道而行也."

시험해 보았다는 것은 그 좋은 점을 공자 스스로 검증해 보았다는 말이다.

위령공-25 풍습의 변화

　선생님께서 말씀하셨다. "나는 사관이 의심이 드는 글을 빼놓는 것과 말을 가진 이가 사람들에게 빌려주어 타게 하는 것을 보았건만, 지금은 그런 일들이 없어졌구나!"

子曰, "吾猶及史之闕^궐文也. 有馬者借人乘之, 今亡^무矣夫!"

의심이 들면 함부로 적지 않는 것과 서로 돕는 풍습이 점차 사라지는 세태를 안타까워한 것으로 볼 수 있으나 정확히 어떤 맥락에서 한 말인지 알기 어렵다.

위령공-26 경계해야 할 것들

선생님께서 말씀하셨다. "번드르르한 말은 살힘(德)을 어지럽힌다. 작은 것을 참지 못하면 큰 것을 그르친다."

子曰, "巧言亂德. 小不忍, 則亂大謀."

小不忍은 不忍小의 도치이다. 교묘하게 진실을 가장한 말이 진정한 살힘(德)을 어지럽힌다. 작은 것을 참지 못하다가 큰 것을 그르치는 일이 얼마나 많던가.

위령공-27 살펴보라

선생님께서 말씀하셨다. "많은 사람이 미워해도 반드시 잘 살펴보고, 많은 사람이 좋아해도 반드시 잘 살펴보라."

子曰, "衆惡^오之, 必察焉, 衆好之, 必察焉."

보통 사람은 타인의 영향을 잘 받는다. 남들이 다 미워하면 덩달아 미워하고, 남들이 다 좋아하면 덩달아 좋아하는데, 충분히 살펴보고 나서 판단해야 한다는 말이다. 살맘(仁)을 해쳐서 미워할 만한지, 살맘을 위하기에 좋아할 만한지.

위령공-28 사람이 하는 것

선생님께서 말씀하셨다. "사람이 도(道)를 넓히는 것이지 도가 사람을 넓히는 것이 아니다."

子曰, "人能弘道, 非道弘人."

말은 짧고 뜻은 풍부하다. 도(道)는 혼자만 가는 길이 아니라 여러 사람이 함께 갈 수 있는 길이다. 그 길은 많은 사람이 다님으로써 더욱 넓어진다. 길 자체가 사람을 넓혀주지는 않는다.

위령공-29 진정한 잘못은

선생님께서 말씀하셨다. "잘못을 하고도 고치지 않는 것, 이것이 바로 잘못이다."

子曰, "過而不改, 是謂過矣."

번역문에서는 過를 잘못을 하다로 옮겼지만 過와 誤는 다르다. 過는 지나친 것이고, 誤는 아예 잘못을 한 것이다. 적극이 지나쳐도 과이고,

소극이 지나쳐도 과다. 관심이 지나쳐도 과고, 무관심이 지나쳐도 과다. 過에서 돌아오지 못하면 誤가 되는 것이다.

셰익스피어는 이런 말을 남겼다. "사람의 잘못은 좀처럼 자신에게는 나타나지 않는다." 자신의 잘못을 보기가 힘들다는 말이다. 왕수인은 "잘못이 없는 것을 귀히 여길 것이 아니라 잘못을 고치는 것을 귀히 여겨야 한다."라고 했다. 동서양을 막론하고 자신의 잘못을 고치는 일이 얼마나 어려운지 알 수 있다.

위령공-30 배우는 것만 못하다

선생님께서 말씀하셨다. "내가 일찍이 종일 먹지도 않고 밤새도록 자지도 않고서 사색을 해보았지만 유익함이 없었다. 배우는 것만 못했다."

子曰, "吾嘗終日不食, 終夜不寢침, 以思無益, 不如學也."

이때의 배움은 밖으로부터의 공부를 뜻한다. 배우지 않고 생각만 해서는 무익할 뿐만 아니라 위험할 수 있다. 〈위정〉 2편 15장의 "생각만 하고 배우지 않으면 위태롭다."라는 구절과 연결된다. 공자가 배움에 얼마나 치열했는지 느껴지는 구절이다.

위령공-31 무엇을 걱정해야 할 것인가

선생님께서 말씀하셨다. "군자는 도에 뜻을 두지 밥에 뜻을 두지 않는다. 농사를 지어도 굶주릴 수 있고 (반대로) 공부를 하더라도 녹봉이 그 안에 있는 법이다. 그러므로 군자는 도를 걱정하지 가난을 걱정하지 않는다."

子曰, "君子謀道不謀食. 耕也, 餒^뇌在其中矣, 學也, 祿^록在其中矣. 君子憂道不憂貧."

시험공부를 열심히 해서 돈을 많이 버는 직업을 얻더라도 일이 잘 풀리지 않는 경우도 있고, 학교 공부를 잘하지 못했더라도 자기가 좋아하는 일을 꾸준히 하다가 그것이 밥벌이가 되기도 하는 법이다. 그러니 무엇을 걱정해야 할 것인가?

위령공-32 색다른 문장

선생님께서 말씀하셨다. "지혜가 그것(직책)에 미치더라도 살맘(仁)으로 지킬 수 없다면, 비록 (직책을) 얻는다 하더라도 반드시 잃고 만다. 지혜가 그것에 미치고 살맘으로 그것을 지킬 수 있더라도, 엄숙하게 임하지 않으면 백성이 공경하지 않는다. 지혜가 그것에 미치고 살맘으로 그것을 지킬 수 있고 엄숙하게 임하더라도, 백성을 움직이게 할 때 예(禮)로 하지 않으면 좋다고 할 수 없다."

子曰, "知及之, 仁不能守之, 雖得之, 必失之. 知及之, 仁能守之. 不莊以涖^리之, 則民不敬. 知及之, 仁能守之, 莊以涖之, 動之不以禮, 未善也."

《논어》 전체를 놓고 보면 표현이 매우 색다른 문장이다. 전국시대의 수사법에 영향을 받았거나 출처가 의심스러운 구절이나 내용만큼은 충분히 납득이 된다.

위령공-33 군자와 소인

선생님께서 말씀하셨다. "군자는 작은 일을 잘 못해도 큰일은 맡을 수 있다. 소인은 큰일을 맡을 수는 없지만 작은 일은 잘할 수 있다."

子曰, "君子不可小知而可大受也. 小人不可大受而可小知也."

보편과 관계의 올바름을 추구하는 이가 군자이므로 이런 사람은 큰일을 할 수 있다. 자신만을 생각하고 자신의 이익만을 추구하는 이가 소인이다. 이런 사람은 작은 일은 맡을 수 있지만, 넓은 인간관계에 기반한 큰일은 잘하지 못한다.

위령공-34 살맘 때문에 죽었다는 사람은 못 보았다

선생님께서 말씀하셨다. "백성에게 살맘(仁)은 물이나 불보다 훨씬 더 중요하다. 물이나 불을 품고 있다가 죽은 사람은 보았으되, 살맘을 품었다고 죽은 사람은 보지 못했다."

子曰, "民之於仁也, 甚於水火. 水火, 吾見蹈^{도}而死者矣, 未見蹈仁而死者也."

자신을 희생하여 생명을 살리는 사람이 있다. 이것은 살맘을 품고서 죽은 것이 아니다. 살맘을 이룬 것, 곧 살신성인이다.

위령공-35 양보하지 말아야 할 것

선생님께서 말씀하셨다. "살맘(仁)을 펴야 할 때는 스승에게도 양보하지 않는다."

子曰, "當仁, 不讓於師."

사람을 살려야 하는 때에 발을 빼고 스승에게 양보할 수는 없다.

위령공-36 군자는

선생님께서 말씀하셨다. "군자는 정정당당하지 고집스럽지 않다."

子曰, "君子貞정而不諒량."

貞而不諒의 貞은 곧다, 諒은 작은 신의, 여기서는 不 뒤에 쓰여 술어다. 고집스럽게 자잘한 신의를 지키는 것을 말한다.

위령공-37 일을 할 때

선생님께서 말씀하셨다. "임금을 섬길 때는 먼저 맡은 일을 경건히 수행하고 녹봉은 나중에 생각해야 한다."

子曰, "事君, 敬其事而後其食."

얻기를 먼저 바라는 마음으로 치우치지 않도록 경계하는 말이다. 일과 성과 사이에서 먼저 일에 비중을 두어야 둘 사이에 균형이 맞는다.

위령공-38 유교무류

선생님께서 말씀하셨다. "가르침에 있어서는 부류를 가리지 않는다."

子曰, "有敎無類."

가르침의 내용이 개인의 호오를 넘어 인간 보편에 해당하기 때문이다.

위령공-39 추구하는 길이 다르면

선생님께서 말씀하셨다. "추구하는 길이 다르면 함께 일을 도모하지 않는다."

子曰, "道不同, 不相爲謀."

추구하는 길이 같지 않으면서 함께 일을 도모하는 것은 추구하는 길보다 다른 데 마음이 있기 때문일 것이다.

위령공-40 말은

선생님께서 말씀하셨다. "말(의 뜻)은 정확히 표현해서 전달되게 할 따름이다."

子曰, "辭達而已矣."

辭는 문장으로 표현된 것을 말한다. 전달하고자 표현하면 그만이라는 뜻이 아니라, 진정으로 그 의미가 상대에게 전달되는 데 초점을 맞추라는 말이다. 메시지가 상대에게 최종적으로 전달되는 것이 중요하다. 때로는 표현 방식이나 표현 과정에서 내용의 누수나 왜곡이 일어나기도 한다. 메시지의 '전달'에 집중할 것. 그러려면 전달하려는 뜻이 잘 전해지는 표현이나 전달 과정도 당연히 아울러 생각하고 실습하면서 배워야 한다.

위령공-41 배려하는 모습

앞 못 보는 악사 면이 뵈러 왔다. 그가 섬돌에 이르자 선생님께서는 "섬돌이 있습니다."라고 말씀하셨고, 자리에 이르자 선생님께서는 "자리가 있습니다."라고 말씀하셨다. 모두 앉자 선생님께서는 그에게 "아무개는 여기에 있고 아무개는 여기에 있습니다."라고 일러주셨다. 악사 면이 나가고 자장이 여쭈었다. "앞을 보지 못하는 악사와 말씀하실 때의 도리입니까?" 선생님께서 말씀하셨다. "그렇다. 그것이 본래 앞을 보지 못하는 악사를 도와주는 도리이니라."

師冕見현, 及階계. 子曰, "階也." 及席, 子曰, "席也." 皆坐, 子告之

曰, "某在斯, 某在斯." 師冕出. 子張問曰, "與師言之道與?" 子曰, "然, 固相師之道也."

배려를 상황마다 일일이 배울 수는 없다. 상황과 사람에 따라 조건이 너무 많기 때문이다. 그러니 상대에게 공감하고 이해하는 그 마음을 품고 스스로 헤아리는 수밖에.

계씨 16편

어긋난 행동에 대하여

이 편은 전반부의 《논어》와 달리 '자왈'이 아니라 '공자왈'로 시작하는 문장이 많다. 아마도 공자 제자의 제자들이 편집했을 가능성이 높다. 자신들의 선생과 구분하기 위함이다. 이 편의 후반부에는 종류를 나누는 표현이 많이 보이는데, 전국시대 수사법이 반영된 듯하다.

계씨-1 자로와 염유를 꾸짖다

계손씨가 전유를 치려고 하자, 염유와 자로가 공자를 찾아뵈었다. "계씨가 전유에 일을 내려고 합니다." 공자께서 말씀하셨다. "구야! 그것은 너의 잘못이 아니더냐? 전유는 옛날 선왕께서 동몽주로 삼으셨고 또한 이 나라의 영토 안에 있다. 이 지역 사람은 이 나라 사직의 신하인데 어째서 정벌한다는 것이냐?" 염유가 말하였다. "계씨께서 그렇게 하려는 것입니다. 우리 두 사람은 하고자 하지 않습니다."

공자께서 말씀하셨다. "구야, 주임이 말하기를 '능력을 펼쳐 벼슬자리에 나아가되 능력이 안 되면 그만둔다.'라고 했다. 위태로운데도 지키지 않고 넘어가는데도 부축하지 않는다면 그런 보좌관을 어디에 쓰겠느냐? 그리고 또 너의 말이 잘못되었다. 호랑이나 외뿔소가 우리에서 뛰쳐나오고 점치는 데 쓰는 거북이나 귀한 옥이 궤 속에서 훼손되었다면 이것은 누구의 잘못이겠느냐?"
염유가 말하였다. "지금 전유는 성곽이 견고한 데다가 계씨의 관할인 비 땅에 가깝습니다. 그래서 지금 손에 넣지 않으면 후세에 반드시 자손들의 근심거리가 될 것입니다."
공자께서 말씀하셨다. "구야! 군자는 솔직하게 원한다고 말하지 않고서 말을 꾸며대는 짓을 미워하느니라. 나는, 제후나 경대부는 백성이나 토지가 적다고 걱정하지 말고 분배가 균등하지 못함을 걱정하며, 가난을 걱정하지 말고 평안하지 못한 것을 걱정하라고 들었느니라. 대개 분배가 균등하면 가난이 없고 서로가 화합하면 백성의 수가 적어지지 않고, 평안하면 나라가 기울어질 일이 없다. 이와 같으므로 먼 곳의 사람들이 복종하지 않으면 예악의 문화와 살힘(德)을 갖추어 그들이 귀의해 오도록 하고, 온 다음에는 그들을 평안하게 해주는 것이다. 지금 유(자로)와 구(염유)는 계씨를 돕는다면서도 먼 곳의 사람들을 복종하게 하지도, 귀의하게 하지도 못하고 있다. 나라가 무너지고 떨어져 나가는데도 지키지 못할지언정 나라 안에서 군사를 동원하려 꾀하고 있구나. 나는 계손씨의 근심이 전유 땅에 있는 것이 아니라 군주의 병풍 안에 있을까 걱정이다."

季氏將伐顓^전臾^유. 冉有季路見^현於孔子曰, "季氏將有事於顓臾." 孔子曰, "求! 無乃爾是過與? 夫顓臾, 昔者先王以爲東蒙^몽主, 且在邦域之中矣. 是社稷^직之臣也, 何以伐爲?" 冉有曰, "夫子欲之, 吾二臣者皆不欲也."
孔子曰, "求! 周任有言曰, '陳力就列, 不能者止.' 危而不持^지, 顚^전而不扶^부, 則將焉用彼相矣? 且爾言過矣, 虎兕^시出於柙^합, 龜玉毀^훼於

櫝^독中, 是誰之過與?"

冉有曰, "今夫顓臾, 固而近於費^비. 今不取, 後世必爲子孫憂."

孔子曰, "求! 君子疾夫舍曰欲之而必爲之辭. 丘也聞有國有家者, 不患寡而患不均, 不患貧而患不安. 蓋均無貧, 和無寡, 安無傾^경. 夫如是, 故遠人不服, 則修文德以來之. 旣來之, 則安之. 今由與求也, 相夫子, 遠人不服, 而不能來也, 邦分崩離析^석, 而不能守也, 而謀動干戈^과於邦內. 吾恐季孫之憂, 不在顓臾, 而在蕭^소牆^장之內也."

顓臾는 노나라에 속한 작은 나라다. 훗날 有事는 관용적인 표현이 되었다. '유사시'를 참고하라. 求는 제자 염유의 이름이다. 無乃~與는 부정의문문의 형태. 여기서 與는 의문형 종결어미이다. 東蒙主는 동몽산에 지내는 제사를 주관하는 사람으로, 곧 그 지역을 관장한다는 뜻이다. 社稷之臣은 곧 노나라의 신하라는 말이다. 夫子는 여기서 계씨를 가리킨다. 周任은 고대의 현명한 사관이다. 陳力就列의 陳力은 능력을 펼치다. 就列은 관직의 대열에 나아가다. 止는 그만두다. 持는 돕다, 지키다. 相은 지팡이나 돕는 사람을 뜻하는데 여기서는 임금을 돕는 신하를 말한다. 柙은 우리, 櫝은 함, 궤를 뜻한다. 修文德以來之의 문덕은 예악과 살힘(德)에 의한 교화를 말한다. 來는 귀의해 오게 하다. 相夫子의 相은 돕다. 季孫之憂는 문맥상 '계손씨가 걱정하는 것은'의 의미이다. 蕭牆은 군신 사이에 대면할 때 쓰는 병풍이라는 설과 문 앞의 작은 담장이라는 설이 있다. 전자를 따랐다. 여기서는 '궁중 안'을 뜻하는 말이다. 공자는 계씨가 전유가 아니라 궁중 안에 대해서 근심할까봐 걱정스럽다는 말이니, 혹여 궁중에서 무슨 일이라도 벌일까 걱정된다는 뜻이다. 훗날 '소장지우(蕭牆之憂)'라고 하면 내부에서 일어나는 소란이나 형제끼리의 싸움을 이르게 되었다.

　재주가 많은 염유가 계씨의 가신이 되어 함께 일을 도모했을 것이다. 공자가 이를 간파하고 염유를 꾸짖자 염유가 변명하고 있다. 이래서 공자는 말 잘하는 이 중에 살맘(仁)을 품은 자가 드물다고 한 것이리라. 무력으로 세력을 키우고 영토를 확장할 게 아니라 문화의 영향력을 발휘하라는 말이다. 그 본질은 사람들을 편안하게 해주는 것임을 재차 강조하고 있다.

계씨-2 세상에 도가 있을 때와 없을 때

　공자께서 말씀하셨다. "세상이 제대로 된 길을 가면 예악과 정벌이 천자에게서 나오고, 세상이 제대로 된 길을 가지 못하면 예악과 정벌이 제후에게서 나온다. 제후에게서 나오면 대체로 열 세대를 넘기는 일이 드물고, 대부에게서 나오면 다섯 세대를 넘기는 일이 드물다. 가신이 나라를 좌지우지하면 세 세대를 넘기는 일이 드물다. 세상이 제대로 된 길을 가면 정권이 대부에게 있지 않으며, 세상이 제대로 된 길을 가면 일반 백성이 정치를 논하지 않는다."

　孔子曰, "天下有道, 則禮樂征伐自天子出, 天下無道, 則禮樂征伐自諸侯出. 自諸侯出, 蓋十世希^희不失矣, 自大夫出, 五世希不失矣. 陪^배臣執國命, 三世希不失矣. 天下有道, 則政不在大夫, 天下有道, 則庶人不議."

　道는 살맘(仁)을 펴는 길이다. 세상에 도가 없다는 말은 세상이 생명을 살리는 길로 가지 못한다는 뜻이다. 希는 드물다. 陪臣은 대부의 가신. 執國命은 나라의 명령을 집행한다는 것이니 나라를 좌지우지한다는 말이다. 議는 시비를 따지는 것. 나라의 정치에 대해서 시비를 논하는 것이다. 백성이 정치를 논하는 이유는 정치가 잘 되지 않기 때문이다.

세상에 도가 있을 때는 예악의 문화를 제정하는 일과 악을 징벌하는 권한이 천자에게서 시작되지만, 세상에 도가 없을 때는 예악을 제정하고 악을 징벌하는 권한을 제후가 행사하게 된다. 정치 질서의 균형이 깨지고 힘의 논리로 세상이 돌아가는 것을 우려하고 있다.

계씨-3 지속되지 못할 권한

공자께서 말씀하셨다. "작록을 수여하는 권한이 노나라의 공실을 떠난 지 다섯 세대가 지났고, 정권이 대부의 손에 들어간 지 네 세대가 지났다. 그러므로 (실세인) 삼환 자손의 세력이 쇠약해지는 것이다."

孔子曰, "祿^록之去公室五世矣, 政逮^체於大夫四世矣. 故夫三桓之子孫微^미矣."

祿은 벼슬살이에 대한 보수로 주던 물건을 통칭하는 말로, 여기서는 관리 임명권을 뜻한다. 去+A는 A를 떠나다. 世는 한 차례 임금이 바뀌는 기간이다. 逮는 미치다, 다다르다. 三桓은 맹손, 숙손, 계손. 공자 당시 노나라의 실세이다.

작록을 수여하는 권한이 정치 권한의 핵심이므로 이를 거론한 것이다. 힘으로 장악한 권력은 오래가지 않음을 말하고 있다.

계씨-4 벗에 대하여

공자께서 말씀하셨다. "유익한 벗이 셋이 있고, 해로운 벗이 셋이 있다. 곧은 이, 신의가 있는 이와 견문이 넓은 사람을 벗하면 유익하다. 위엄 있는 체하면서 바르지 못하거나 아첨을 잘하거나 말만 번드르르한 사람을 벗하면 해롭다."

孔子曰, "益者三友, 損^손者三友. 友直, 友諒^량, 友多聞, 益矣. 友便^편辟^벽, 友善柔, 友便佞^녕, 損矣."

友는 여기서 술어로 벗하다, 벗으로 삼다. 諒은 신의가 있는 것. 便辟은 위엄 있는 체하면서 바르지 못한 사람이라는 뜻이다. 善柔는 남에게 좋게 보이려고 노력하지만 진심이 없는 사람. 便佞은 말만 번드르르하게 하는 사람을 말한다.

벗은 내 마음의 얼굴이다. 내가 사귀는 벗이 내 마음을 보여준다. 유익하다는 것은 내가 바른길을 가고 성장하는 데 보탬이 된다는 뜻이고, 해롭다는 것은 내가 바른길을 가고 성장하는 데 걸림돌이 된다는 뜻이다.

계씨-5 유익한 즐거움과 해로운 즐거움

공자께서 말씀하셨다. "즐기면 유익한 것이 셋 있고 즐기면 해로운 것이 셋 있다. 예악을 절도에 맞추기를 즐기고, 남의 좋은 점을 말하기를 즐기고, 현명한 벗을 많이 사귀기를 즐기면 유익하다. 거드름 부리기를 즐기고, 과도하게 놀기를 즐기고, 주연의 쾌락을 즐기면 해롭다."

孔子曰, "益者三樂락, 損者三樂. 樂節禮樂악, 樂道人之善, 樂多賢友, 益矣. 樂驕교樂락, 樂佚일遊유, 樂宴연樂락, 損矣."

예는 '節'자와 호응을 잘 이룬다. 존중의 마음인 예는 관계에서 알맞게 드러나야 한다. 그렇기에 '節'과 함께 예절이라고 하는 것이다. 관습적으로 앞의 樂은 좋아하다의 뜻으로 보고 '요'로 읽는데, '요'로 읽는 경우는 "知者樂水, 仁者樂山."이 유일하다고 봐도 무방하다. 이 구절에서는 '락'으로 읽어도 된다. 佚은 지나치다. 佚遊는 방탕하여 절제가 없는 것을 말한다.

驕樂은 자기가 좀 있다고, 자기가 좀 안다고 거들먹거리며 남을 업신여기며 논다는 말이다. 자기는 모르겠지만, 옆에서 보면 참 꼴불견이다. '꼴不見'은 말 그대로 그 꼴을 볼 수 없다는 뜻이다.

계씨-6 세 가지 잘못

공자께서 말씀하셨다. "군자를 모실 때 세 가지 허물이 있다. 말할 때가 아닌데도 말하는 것을 '조급'이라고 하고, 말할 때인데도 말하지 않는 것을 '은폐'라고 하고, 얼굴빛을 살피지 않고 말하는 것을 '눈먼 사람'이라고 한다."

孔子曰, "侍시於君子有三愆건, 言未及之而言謂之躁조, 言及之而不言謂之隱은, 未見顏色而言謂之瞽고."

愆은 허물을 가리킨다. 말할 때와 말하지 않을 때는 어떻게 가려야 하는가? 시중(時中)이라는 말이 있다. 늦지도 이르지도 않은 균형의 때를 맞추는 것이다. 그 '때'를 알려면 늘 마음을 예민하게 하여 깨어 있어야 한다. 이 또한 때에 맞춰 연습하며 배우는 수밖에 없다.

계씨-7 세 가지 경계

공자께서 말씀하셨다. "군자는 세 가지를 경계해야 한다. 젊을 때는 혈기가 불안정하므로 성욕을 경계해야 한다. 장성하면 혈기가 왕성하므로 다툼을 경계해야 한다. 노년에는 혈기가 쇠약해지므로 탐욕을 경계해야 한다."

孔子曰, "君子有三戒계, 少之時, 血氣未定, 戒之在色. 及其壯也, 血氣方剛강, 戒之在鬪투. 及其老也, 血氣旣衰쇠, 戒之在得."

인생의 단계마다 기운의 경향성이 있다. 불균형으로 치닫지 않도록 기운을 온전하게 다스리려면 자신이 처한 상황에 따라 조심할 것들이 달라지게 마련이다.

계씨-8 세 가지 경외하는 바

공자께서 말씀하셨다. "군자에게는 세 가지 경외하는 바가 있다. 천명을 경외하고, 위대한 사람을 경외하고, 성인(聖人)의 말씀을 경외한다. 소인은 천명을 알지 못하여 경외하지 않고, 위대한 사람을 함부로 대하며, 성인의 말씀을 업신여긴다."

孔子曰, "君子有三畏, 畏天命, 畏大人, 畏聖人之言. 小人不知天命

而不畏也, 狎^압大人, 侮^모聖人之言."

畏는 단순한 두려움이 아니라 경외한다는 뜻이다. 狎은 소홀히 대하거나 가벼이 여기는 것, 무람없이 대하는 것이다. 侮는 업신여기다, 모멸하다.

무엇을 존중하고 무엇을 두려워하는지를 보면 그 사람이 어떠한지 알 수 있다. 하늘이 내린 소명을 존중하고 그것을 해내지 못할까 두려워하는 사람, 위대한 사람을 경외하는 사람, 성인의 말씀을 존중하고 그대로 살지 못할까 두려워하는 사람이 군자라면, 하늘이 내린 소명 따위는 알 바 아니고, 위대한 사람이라고 하더라도 자신의 이익과 부합하지 않는다면 함부로 대하고, 성인의 이야기 따위는 자신의 삶과 무관하다고 생각하는 것을 넘어 업신여기는 사람이 소인이다.

계씨-9 삶의 경지 또는 배움의 경지

공자께서 말씀하셨다. "태어나면서 아는 것이 최상이다. 배워서 아는 것이 그 다음이다. 곤란해지고 나서 배우는 것이 또 그 다음이다. 곤란해지고 나서도 배우지 않으면 사람 중에 최하이다."

孔子曰, "生而知之者上也. 學而知之者次也. 困而學之, 又其次也. 困而不學, 民斯爲下矣."

위 구절은 달리 보면 스스로 곤란해지고 있다는 것만큼은 알아야 한다는 말이다. 그래야 배우려고 하기 때문이다.

계씨-10 아홉 가지 생각

공자께서 말씀하셨다. "군자는 아홉 가지를 생각한다. 볼 때는 분명하게 보기를 생각하고, 들을 때는 똑똑하게 듣기를 생각하며, 얼굴빛은 온화하게 할 것을 생각하고, 몸가짐은 공손하게 할 것을 생각하며, 말할 때는 진실하게 할 것을 생각하고, 일할 때는 조심할 것을 생각하며, 의심이 들 때는 질문을 생각하고, 화가 날 때는 곤란한 일이 생길 것을 생각하며, 이득이 될 것을 보았을 때는 의로움을 생각한다."

孔子曰, "君子有九思, 視思明, 聽思聰총, 色思溫온, 貌모思恭, 言思忠, 事思敬, 疑思問, 忿思難, 見得思義."

이 구절에서 생각한다는 것은 그냥 한번 생각해보는 것이 아니라 행동의 기준으로 마음속에 깊이 품는다는 뜻이다.

계씨-11 은자에 대하여

공자께서 말씀하셨다. "선한 것을 보면 마치 그것에 다다르지 못한 듯이 간절히 노력하고, 선하지 않은 것을 보면 마치 끓는 물에 손을 넣은 듯이 하라고 하는데 나는 그런 사람을 보았고 그런 말도 들었다. 숨어 살면서 자신의 뜻을 다잡고, 의로움을 실천함으로써 자신의 도를 달성해야 한다고 하는데, 내가 그런 말을 들었어도 그런 사람은 아직 보지 못하였다."

孔子曰, "見善如不及, 見不善如探탐湯탕. 吾見其人矣, 吾聞其語矣. 隱居以求其志, 行義以達其道. 吾聞其語矣, 未見其人也."

求는《맹자》의 "求其放心"의 求와 같아 다잡는다는 말이다.

은자들이 공자를 비판한 것을 두고 한 말인 듯하다. 숨어 살면서 뜻을 추구하고, 의로움을 실천함으로써 도를 달성한다는 말은 매우 좋으나 진정 그렇게 사는 사람을 아직 보지 못했다고 했으니, 공자는 은자들이 추구하는 최고의 경지를 실제 실현하기는 어렵다고 여긴 것이다. 공자는 이런 경지에 대해서 내면으로 인정하지 않았으리라.

계씨-12 죽고 나서야

제나라 경공은 말을 사천 필이나 가지고 있었지만, 죽던 날 살힘(德)을 베풀었다고 칭송하는 백성이 없었다. 백이와 숙제는 수양산 아래서 굶어 죽었지만, 백성이 지금까지도 칭송한다. 바로 이것을 말하는 것일까?

齊景公有馬千駟사, 死之日, 民無德而稱焉. 伯夷叔齊餓아于首陽之下, 民到于今稱之. 其斯之謂與?

어떻게 살아왔는지가 그 사람을 가장 확실하게 보여주는 법이다. 마지막 구절은 가리키는 바가 불분명하다. 잘못 들어온 구절로 보기도 한다.

계씨-13 아들을 대하는 모습

진항이 백어에게 물었다. "특별히 가르침을 들은 것이 있습니까?" 백어가 대답하였다. "없습니다. 언젠가 홀로 서 계실 때 제가 종종걸음으로 마당을 지나가는데, '시를 공부했느냐?' 하고 물으셨습니다. '아직 못 했습니다.'라고 대답했더니 '시를 공부하지 않으면 제대로 말을 할 수 없다.'라고 하셔서 물러나 시를 공부했습니다. 다른 날 또 홀로 서 계실 때 제가 종종걸음으로 마당을 지나가는데, '예(禮)를 공부했느냐?'라고 물으셨습니다. '아직 못 했습니다.'라고 대답했더니 '예를 공부하지 않으면 제대로 설 수 없다.'라고 하셔서 물러나 예를 공부했습니다. 제가 들은 것은 이 두 가지입니다."

진항이 물러나 기뻐하면서 말하였다. "하나를 물어서 세 가지를 알았노라. 시에 대하여 듣고, 예에 대하여 들었으며, 군자가 자기 자식을 멀리한다는 것을 들었노라."

陳亢問於伯魚曰, "子亦有異聞乎?" 對曰, "未也. 嘗獨立, 鯉趨^추而過庭. 曰, '學詩乎?' 對曰, '未也.' '不學詩, 無以言.' 鯉退而學詩. 他日, 又獨立, 鯉趨而過庭. 曰, '學禮乎?' 對曰, '未也.' '不學禮, 無以立.' 鯉退而學禮. 聞斯二者."

陳亢退而喜曰, "問一得三, 聞詩聞禮, 又聞君子之遠其子也."

진항은 〈학이〉 1편 10장에 나온 공자의 제자 자금(子禽)이다. 백어는 공자의 아들이다. 자는 백어이고, 이름은 리(鯉)다.

　진항은 아마도 공자가 자식에게 특별한 가르침을 주었으리라고 생각한 듯하다. 공자가 자식에게 어떻게 대했는지를 엿볼 수 있다. 자신의 자식에게 마음이 가는 것은 인지상정이다. 그러나 스스로 자식에게 치우칠까 경계하였다. 공자의 처지에서 제자에게 마음을 더 써서 제자와 자식 사이의 균형을 취한 것이다.

계씨-14 호칭에 대하여

임금의 아내를 임금이 부를 때는 부인(夫人)이라고 하고, 부인이 자신을 칭할 때는 소동(小童)이라고 한다. 그 나라 사람이 부를 때는 군부인(君夫人)이라고 하고, 다른 나라 사람에게 칭할 때는 과소군(寡小君)이라고 하며, 다른 나라 사람이 부를 때도 군부인이라고 한다.

邦君之妻, 君稱之曰夫人, 夫人自稱曰小童, 邦人稱之曰君夫人, 稱諸^저異邦曰寡小君, 異邦人稱之亦曰君夫人.

호칭에 대해서 공자가 제자에게 얘기한 것인지 불분명하다. 아무튼 겸양의 태도에 따라 남이 부르는 것과 자신이 스스로를 호칭하는 것은 달라지게 마련이다.

양화 17편

진짜를 가장한 가짜를 대하는 법

이 편은 쇠락한 시대와 제대로 된 길을 가지 못하는 세상에 대한 언급이 주를 이루면서 정치에 대한 강한 염원, 시를 배워야 하는 이유, 예와 악의 본질, 진짜를 가장한 가짜, 살힘(德)을 해치는 도적, 군자가 미워하는 것 등에 대한 내용을 담고 있다.

양화-1 양화와 공자

양화가 공자를 만나고자 했으나 공자께서 찾아가지 않자 공자께 삶은 돼지를 선물로 보냈다. 공자께서는 그가 (집에) 없는 때를 맞추어 사례하러 가시다가 길에서 마주치셨다. (양화가) 공자에게 말하였다. "어서 오시오. 내가 그대와 나누고 싶은 이야기가 있소." 양화가 이어서 말하였다. "귀한 보물을 가슴에 품고서도 나라가 길을 잃도록 한다면 살맘(仁)을 품었다고 할 수 있겠소?" "그렇다고 할 수 없지요." "정치에 종사하기를 좋아하면서도 자주 때를 놓친다면 지혜롭다고 할 수 있겠소?" "그렇다고 할 수 없지요." "해와 달은 지나갑니다. 세월은 우리를 기다리지 않습니다." 공자께서 말씀하셨다. "알겠습니다. 벼슬을 할 것입니다."

陽貨欲見孔子, 孔子不見, 歸孔子豚돈. 孔子時其亡무也, 而往拜之.

遇^우諸^저塗^도. 謂孔子曰, "來! 予與爾言." 曰, "懷^회其寶而迷其邦, 可謂仁乎?" 曰, "不可." "好從事而亟^기失時, 可謂知乎?" 曰, "不可." "日月逝^서矣, 歲不我與." 孔子曰, "諾^낙, 吾將仕矣."

歸는 보내다. 時其亡의 時는 술어로 때를 맞추다. 亡는 없다. 其亡는 '그의 부재'를 뜻한다. 諸는 之於의 음가를 줄인 형태이다. 亟는 자주의 뜻이다. 빠르다를 뜻할 때는 '극'으로 읽는다.

양화는 노나라 계씨의 가신으로서 노나라 전체를 좌우지하던 인물이다. 정치적인 수완이 뛰어났던 듯하다. 당시 예법에 따르면 대부가 사(士)에게 선물을 보냈을 때 사가 집에 없었다면 나중에 따로 대부를 찾아가 인사해야 했다. 일부러 집에 없을 때 선물을 보내어 공자가 자신을 찾아오도록 한 것이다. 공자가 그 뜻을 간파하고 예법을 지키면서 양화의 뜻에 응하지 않으려고 일부러 그가 집에 없을 때 찾아가다가 우연히 마주친 상황이다.

양화의 말이 비유적이면서 운문 형식을 띠고 있다. 그가 상당한 교양을 갖추었음을 알 수 있다. 서로 추구하는 바가 다르지 않으므로 자신과 손을 잡자고 하였다. 공자는 양화의 질문 자체에는 동의하지 않을 수 없었지만, 그와 함께할 뜻은 없었다. 공자의 대답은 '내가 벼슬할 생각이 없지 않으나 당신이 주는 벼슬은 하지 않겠다.'라는 의미를 담고 있다.

양화-2 성상근 습상원

선생님께서 말씀하셨다. "품성(禀性)은 서로 가깝건만, 습성은 서로 멀구나."

子曰, "性相近也, 習相遠也."

性은 하늘에서 받는 마음의 씨앗이다. 사람이 생명을 받고 태어날 때 우리의 마음속에 이미 존재하는 것이다. 이는 사람들의 공통분모다. 習의 자원(字源)은 새가 날기 위해 날갯짓을 반복하는 것이다. 모든 인간은 마음의 좋은 씨앗을 가지고 태어나지만, 후천적인 행동에 따라 서로 달라진다. 좋은 습관을 가져야 좋은 본성을 지켜낸다.

양화-3 상지와 하우

선생님께서 말씀하셨다. "가장 지혜로운 사람과 가장 어리석은 사람은 바뀌지 않는다."

子曰, "唯上知與下愚不移이."

지혜로운 사람을 두고 한 말이 아니라 너무 어리석은 사람이 변하지 않아 안타까워하는 마음이 느껴진다.

양화-4 농담

선생님께서 무성에 가시어 현악기를 연주하며 부르는 노래를 들으셨다. 선생님께서 빙그레 웃으시며 말씀하셨다. "닭을 잡는 데 어찌 소 잡는 칼을 쓰리오?" 자유가 대답하였다. "예전에 제가 선생님께 '군자가 도(道)를 배우면 사람을 아끼고, 소인이 도를 배우면 일을 시키기 쉽다.'라고 들었습니다." 선생님께서 말씀하셨다. "얘들아, 언(자유)의 말이 옳다. 좀 전에 한 말은 농담이니라."

子之武城, 聞弦^현歌之聲. 夫子莞^완爾^이而笑曰, "割^할雞焉用牛刀?" 子游對曰, "昔者偃^언也聞諸^저夫子曰, '君子學道則愛人, 小人學道則易^이使也.'" 子曰, "二三者! 偃之言是也. 前言戲^희之耳."

子之武城의 之는 가다. 弦歌之聲은 현악기를 연주하며 부르는 노랫소리. 莞爾는 빙그레 웃는 모습이다. 偃은 자유의 이름이고, 諸는 之於를 줄여 쓴 것이다. 戲는 희롱하다.

자유가 이때 무성의 벼슬아치가 되어 공자에게 배운 예악에 따라 무성을 다스렸다. 공자가 무성에 갔을 때 곳곳에서 현악기를 연주하며 부르는 노랫소리가 들려왔다. 외진 곳에서 듣는 우아한 노래가 좋아서 가볍게 한 말이다. 기분이 좋아서 가볍게 한 말에 제자가 진지하게 응하자 흔쾌히 제자의 손을 들어주고 있다. 이런 제자를 보는 스승의 마음은 답답하기보다는 흐뭇했을 것이다.

양화-5 큰 그림

공산불요가 비 땅을 근거지로 삼아 반란을 일으키고 선생님을 불렀다. 선생님께서 가려 하셨다. 자로가 불쾌해하며 말하였다. "그러지 마십시오. 하필 공산씨에게 가려 하십니까?" 선생님께서 말씀하셨다. "나를 부르는 사람이 어찌 공연히 그랬겠느냐? 나를 써주는 사람이 있다면 나는 그곳을 동쪽의 주나라로 만들 것이다."

公山弗擾以費畔^반召^소, 子欲往. 子路不說^열曰, "末之也已. 何必公山氏之之也?" 子曰, "夫召我者, 而豈徒哉? 如有用我者, 吾其爲東周乎."

召는 초빙하다. 末之也已의 末은 금지사, 之는 앞의 내용을 받는다. 也已는 뜻이 없는 어조사이다. 公山氏之之에서 앞의 之는 公山氏가 도치되면서 나온 것이고, 뒤의 之는 가다. 其爲東周乎의 '其~乎'는 의지, 희망, 감탄 등을 나타낸다. 여기서는 의지나 희망을 뜻한다.

공산불요는 계씨 밑에 있으면서 그에게 반항한 인물인데 당시 평판이 몹시 좋지 않았다. 이런 인물의 초빙에 공자가 응하려 하자 자로가 불만을 나타낸 것이다. 공자 50대 초반의 일인 듯하다. 공자가 정계 진출에 대한 의욕이 강해서 응하려 했다고 볼 수도 있겠으나, 아마도 삼가의 세력을 약화시키려는 큰 정치적 그림에서 공산불요의 초빙에 응하려 한 듯하다. 비 땅은 결국 무장해제 당하고, 이후 공자는 자로가 계씨의 가신이 되도록 제안한 듯하다. 공자에게는 어떤 정치적인 그림이 있었던 듯한데 자로가 그것을 이해하기는 어려웠을 것이다.

양화-6 살맘을 향한 다섯 가지 미덕

자장이 공자께 살맘(仁)에 대하여 여쭈었다. 공자께서 말씀하셨다. "천하에 다섯 가지를 실천할 수 있다면 그것이 살맘이다." "그것이 무엇입니까?" "정중함, 너그러움, 미더움, 민감함, 은혜로움이다. 정중하면 업신여김을 받지 않고, 너그러우면 많은 사람의 마음을 얻으며, 신실하면 사람들이 신임하고, 부지런하면 공이 있게 되고, 은혜로우면 사람들에게 일을 시킬 수 있다."

子張問仁於孔子. 孔子曰, "能行五者於天下爲仁矣." "請問之." 曰, "恭寬관信敏惠. 恭則不侮모, 寬則得衆, 信則人任焉, 敏則有功, 惠則足以使人."

恭은 여기서 정중하고 예의가 바르다는 뜻이다. 敏은 민감하다, 부지런하다. 〈공야장〉 5편 14장을 참고하라.

존중은 살맘과 가깝다. 상대를 존중한다는 것은 상대를 중하게 여긴다는 뜻이다. 이는 '살리고자 하는 마음'인 살맘에 뿌리를 둔다. 존중의 마음으로 정중하고 예의 바르게 사람들을 대한다면 사람들이 그를 업신여길 리 없다. 너그러움은 상대를 감싸고 받아들이는 마음이다. 이 또한 살맘에 뿌리를 두고 있다. 미더움은 살맘에 부합하는 말과 행동의 일치에서 생긴다. 따라서 이 또한 살맘에 뿌리가 있다. 부지런함은 열심히 꾸준하게 살맘에 부합하는 행동을 하는 것이다. 은혜로움은 상대를 살리고자 하는 마음이 없으면 생기지 않는다. 이 다섯 가지는 살맘에 뿌리를 둔 것이니 이를 실천한다면 그것이 살맘이라는 말이다.

양화-7 공자의 강한 염원

필힐이 선생님을 초빙하자 선생님께서 가려 하셨다. 자로가 말하였다. "예전에 제가 선생님께 '몸소 선하지 않은 일을 하는 사람에게 군자는 들어가지 않는다.'라고 들었습니다. 필힐은 중모 땅을 가지고 반란을 일으켰는데, 선생님께서 가려 하시니 어찌된 일입니까?" 선생님께서 말씀하셨다. "그래. 그런 말을 했지. 그러나 단단하다고 말하지 않을쏜가, 갈아도 얇아지지 않으면. 희다고 말하지 않을쏜가, 검게 물들여도 검어지지 않으면. 내가 어찌 박과 같은 신세이겠느냐? 어찌 매달려 있기만 하고 쓰이지 않을 수 있겠느냐?"

佛肹召, 子欲往. 子路曰, "昔者由也聞諸^저夫子曰, '親於其身爲不善者, 君子不入也.' 佛肹以中牟^모畔, 子之往也, 如之何?" 子曰, "然, 有是言也. 不曰堅^견乎, 磨^마而不磷^린, 不曰白乎, 涅^녈而不緇^치. 吾豈匏^포瓜^과也哉? 焉能繫^계而不食?"

親은 여기서 부사로 친히의 뜻이다. 不入은 들어가지 않는다, 즉 그가 다스리는 땅에 들어가지 않는다는 뜻이다. 磷은 돌이 닳아서 얇아지다. 涅은 술어로 검게 만들다. 緇는 검어지다. 焉은 何의 뜻.

공자 나이 60대 초반(대략 기원전 490년)으로 추정된다. 필힐은 진나라 조간자의 가신이다. 나이가 들어가면서 이상을 펼칠 기회가 점점 줄어듦을 느끼고 한 말처럼 들린다. 이 구절에서는 정치에 직접 참여하고자 하는 강인한 의지가 느껴진다.

양화-8 육언육폐

선생님께서 말씀하셨다. "유(자로)야, 너는 여섯 가지 덕목과 그것을 가리는 여섯 가지 폐단에 대해 들어보았느냐?" 자로가 대답하였다. "아직 들어보지 못했습니다." "앉거라. 네게 일러주겠다. 살 맘(仁)을 좋아하되 배우기를 좋아하지 않으면 그 폐단은 어리석게 되는 것이다. 지혜로움을 좋아하되 배우기를 좋아하지 않으면, 그 폐단은 방자해지는 것이다. 신의를 좋아하되 배우기를 좋아하지 않으면, 그 폐단은 남에게 해를 끼치는 것이다. 정직을 좋아하되 배우기를 좋아하지 않으면, 그 폐단은 매몰차게 되는 것이다. 용기를 좋아하되 배우기를 좋아하지 않으면, 그 폐단은 질서를 어지럽히게 되는 것이다. 굳센 것을 좋아하되 배우기를 좋아하지 않으면, 그 폐단은 경솔하고 무모해지는 것이다."

子曰, "由也! 女聞六言六蔽폐矣乎?" 對曰, "未也." "居! 吾語女. 好仁不好學, 其蔽也愚, 好知不好學, 其蔽也蕩탕, 好信不好學, 其蔽也賊, 好直不好學, 其蔽也絞교, 好勇不好學, 其蔽也亂, 好剛不好學, 其蔽也狂."

六言六蔽의 육언은 仁, 知, 信, 直, 勇, 剛의 여섯 가지, 육폐는 여섯 가지 폐단이다. 蕩은 제멋대로 하다, 방자하다. 絞는 박절하다, 매몰차다. 狂은 좌충우돌하다, 경솔하고 무모하다.

배움은 늘 과정으로만 존재한다. 배웠다는 과거는 의미가 없다. 현재 배우고 있는지가 중요하다. 덕목 자체를 좋아한다고 하더라도 이것은 구체적인 관계 속에서 온전히 구현되도록 노력할 때만 의미가 있다. 이것은 행위자의 몫이다. 공자가 평생 배움을 강조한 까닭이다.

양화-9 시를 배워야 하는 이유

선생님께서 말씀하셨다. "얘들아, 왜 시를 공부하지 않느냐? 시를 배우면 정서를 불러일으킬 수 있고, 잘 살펴볼 수 있으며, 잘 어울릴 수 있고, 원망도 할 수 있다. 가까이는 어버이를 섬기고, 멀리는 임금을 섬기며, 새와 짐승과 풀과 나무의 이름에 대해서도 많이 알게 된다."

子曰, "小子何莫學夫詩? 詩, 可以興, 可以觀, 可以群, 可以怨. 邇^미之事父, 遠之事君, 多識於鳥獸草木之名."

시를 배우면 정서가 발달하고, 관계를 세밀히 볼 수 있고, 서로 무리를 이루어 지낼 수 있으며, 사회와 세상에 대한 원망도 자연스럽게 표현할 수 있다. 정서가 풍부해지고 관계를 세밀히 볼 줄 알며 어울려 지낼 줄 안다면, 집에서 가족과 잘 지내고 사회생활도 잘 할 수 있다. 시의 본질은 관계 맺기와 소통이기 때문이다. 늘어나는 지식은 덤이다.

양화-10 시를 배운다는 것

선생님께서 아들 백어에게 말씀하셨다. "너는 '주남'과 '소남'을 공부하였느냐? 사람으로서 '주남'과 '소남'을 공부하지 않으면 담벼락을 마주하고 서 있는 것과 같으니라."

子謂伯魚曰, "女爲周南召南矣乎? 人而不爲周南召南, 其猶正牆^장面而立也與."

여기서 爲는 공부하다, 배우다, 연구하다의 뜻이다. 〈술이〉 7편 33장을 참고할 것. 주남, 소남은 《시경》 속 시의 편명으로 수신제가, 치국평천하의 뜻을 담고 있다.

양화-11 예와 악의 본질

선생님께서 말씀하셨다. "예가 어떻다, 예가 어떻다 말을 하지만 예라는 것이 옥이나 비단을 말하는 것이겠느냐? 음악이 어떻다, 음악이 어떻다 말을 하지만 음악이 종이나 북을 말하는 것이겠느냐?"

子曰, "禮云禮云, 玉帛^백云乎哉? 樂^악云樂云, 鐘^종鼓^고云乎哉?"

예의 본질은 존중이다. 의례나 예식은 이를 형식화한 것이다. 존중의 마음 없이 물질이나 표현 방식 자체에 매몰되어서는 안 된다. 악의 본질은 조화다. 악기의 종류나 방식 자체에 치우쳐 본질을 놓쳐서는 안 된다.

양화-12 진짜를 가장한 가짜

선생님께서 말씀하셨다. "얼굴빛은 위엄 있게 하면서 속은 유약한 것을 소인을 들어 비유하자면, 담벼락을 뚫고 담장을 뛰어넘는 도둑과 같으니라."

子曰, "色厲^려而內荏^임, 譬^비諸^저小人, 其猶穿^천窬^유之盜也與."

厲는 위엄이 있는 것, 荏은 유약한 것이다. 穿은 담 밑에 구멍을 내는 것이고, 窬는 담을 뛰어넘는 것이다.

생명을 살리는 쪽으로 삶의 지향점을 두고 이를 지키려 하면 내면이 유약할 리 없다. 내면의 힘이 떨어지면 상황이나 환경에 따라 살힘

(德)을 잃어버리기도 한다. 더군다나 내면에 살힘이 없으면서 겉으로 위엄 있는 척하는 것은 살힘을 훔치는 도둑과 같다는 말이다.

양화-13 살힘을 해치는 도적

선생님께서 말씀하셨다. "향원은 살힘(德)을 해치는 도적이다."

子曰, "鄉原, 德之賊也."

德之賊은 賊德의 도치이다. 이때 之는 강조의 의미이다.

향원이란 시세에 영합하면서 겉으로 진실한 척하며 마을 사람에게 인정받는 사람이다. 이런 인물은 진정한 살힘(德)을 해치는 사람이다. 거짓이 진실을 가장해 현실적인 힘까지 얻은 것이다. 도둑은 자신이 취하지 말아야 할 것을 취하는 자다.

《맹자》마지막 편의 만장과 맹자의 대화에 "그래서 비슷하지만 그른 것(사이비)을 싫어하는 것이다."라는 문장이 나온다. 진짜의 모습을 훔친 가짜를 조심하자.

양화-14 살힘을 버리는 짓

선생님께서 말씀하셨다. "큰길에서 듣고 작은 길에서 말하는 것은 살힘(德)을 버리는 짓이다."

子曰, "道聽而塗^도說, 德之棄^기也."

德之棄는 棄德의 도치 형태이다. 德이 중요한 말이기에 앞으로 온 것이다. 道는 여러 사람이 함께 다니는 길이고, 塗는 道와 道 사이를 질러가는 흙길이니 곧 여러 사람이 함께 다니기 어려운 길이다. 큰길에서 배워서 작은 길에서 써먹는다면 곧 배움의 가치를 내버리는 것이다.

양화-15 너절한 인간

    선생님께서 말씀하셨다. "너절한 사람과 함께 임금을 섬길 수 있겠느냐? 원하는 것을 아직 얻지 못했을 때는 얻으려고 근심하고, 얻고 나서는 잃을까 근심한다. 진정 잃을까 근심하게 되면 못하는 바가 없게 되느니라."

    子曰, "鄙비夫可與事君也與哉? 其未得之也, 患得之, 旣得之, 患失之. 苟患失之, 無所不至矣."

鄙夫는 하찮은 사람을 말한다. 자신의 이익에만 집중하는 사람과는 뜻있는 일을 도모해서는 안 된다. 재주가 아무리 많더라도.

양화-16 옛사람의 세 가지 병통

    선생님께서 말씀하셨다. "옛날 사람들에게 세 가지의 병통이 있었는데, 지금은 어쩌다가 이것마저도 없구나. 옛날에 뜻이 지나치게 큰 사람은 자유분방하기라도 했으나, 오늘날 뜻이 지나치게 큰 사람은 멋대로 행동한다. 옛날에 지나치게 엄숙한 사람은 엄격하기라도 했으나, 오늘날 지나치게 엄숙한 사람은 걸핏하면 사람들과 부딪친다. 옛날에 어리석은 사람은 정직하기라도 했으나, 오늘날 어리석은 사람은 속이기만 할 따름이다."

子曰, "古者民有三疾, 今也或是之亡무也. 古之狂也肆사, 今之狂也蕩탕, 古之矜긍也廉렴, 今之矜也忿분戾려, 古之愚也直, 今之愚也詐사而已矣."

疾은 기질이 조화를 이루지 못하고 한쪽으로 치우쳐 생기는 병통을 말한다. 狂은 실행력이 미치지 못하면서 뜻이 지나치게 큰 것을 말한다. 여기서는 그런 사람. 〈양화〉 17편 8장에서의 狂과는 뜻이 다르다. 肆는 얽매이지 않고 자유분방하다. 矜은 엄숙하다. 廉은 모가 나다, 엄격하다. 忿戾는 화를 내고 틀어지다. 균형과 조화의 미덕을 잃어가는 세태를 안타까워하는 말이다.

양화-17 교언영색

선생님께서 말씀하셨다. "말을 교묘하게 하고 얼굴빛을 곱게 가장하는 사람들 가운데 살맘(仁)을 품은 사람이 드물다."

子曰, "巧言令色, 鮮矣仁."

〈학이〉 1편 3장에 나온 문장이다.

양화-18 공자가 미워하는 바

선생님께서 말씀하셨다. "자주색이 붉은색의 자리를 뺏는 것을 미워하고, 정나라 음악이 아악을 어지럽히는 것을 미워하며, 말재주가 나라를 뒤엎는 것을 미워하노라."

子曰, "惡^오紫^자之奪^탈朱也, 惡鄭聲之亂雅樂也, 惡利口之覆^복邦家者."

紫는 간색(間色)이고, 朱는 정색(正色)이다. 雅는 正의 뜻이니, 아악은 곧 정악(正樂)이다. 바르지 못한 것이 바름을 침해하고, 진실을 가장한 거짓이 나라의 발전을 막는 것을 미워한다는 말이다.

양화-19 말을 하지 않으련다

선생님께서 말씀하셨다. "나는 말을 하지 않으련다." 자공이 말하였다. "선생님께서 말씀을 하지 않으시면 저희가 어떻게 선생님의 뜻을 따르겠습니까?" 선생님께서 말씀하셨다. "하늘이 무슨 말을 하더냐? 사계절이 지나가면서 만물이 자라지만, 하늘이 무슨 말을 하더냐?"

子曰, "予欲無言." 子貢曰, "子如不言, 則小子何述焉?" 子曰, "天何言哉? 四時行焉, 百物生焉, 天何言哉?"

述은 전술(傳述)의 뜻인데, 여기서는 공부하다, 뜻을 잇다의 의미이다. 세상에 뜻을 펴기 위해 동분서주하며 많은 이야기를 한 자신의 삶을 돌아보는 말처럼 들린다. 이제 투철한 사명의식을 가지고 정치에 입문하여 세상을 바꾸어보려던 생각 대신 말없이 만물을 길러내는 하늘처럼 살아가겠다는 뜻이었을까?

양화-20 못마땅하게 여기는 가르침

유비가 공자를 뵙고자 하였다. 공자께서 몸이 편찮다며 만나기를 거절하셨다. 얘기를 전하러 온 사람이 문을 나서자, 큰 거문고를 타면서 노래를 부르시어 그가 듣도록 하셨다.

孺悲欲見현孔子, 孔子辭以疾. 將命者出戶, 取瑟슬而歌, 使之聞之.

유비는 한때 공자에게 예를 배웠으나 불의한 일을 저지른 인물로 알려져 있다. 못마땅하게 여기는 공자의 모습이 선명하다. 달갑지 않게 여김으로써 가르치는 것을 '불설지교(不屑之敎)'라고 한다. 일종의 극약처방인 셈이다.

양화-21 재아에 대하여

재아가 여쭈었다. "(어버이가 돌아가시고) 상중에 세 해나 있는 것은 너무 긴 것 같습니다. 군자가 삼 년 동안 예를 거행하지 않으면 예가 반드시 무너지고, 삼 년 동안 음악을 하지 않으면 음악이 반드시 사라질 것입니다. 묵은 곡식이 다 없어지고 나면 새 곡식이 등장하며, 불씨를 얻는 나무를 다시 바꾸는 데에도 일 년이면 될 것입니다." 선생님께서 말씀하셨다. "(삼년상을 치르는 동안) 쌀밥을 먹고 비단옷을 입어도 편안하더냐?" "편안합니다." "네가 편안하다면 그렇게 하여라. 군자가 상을 치를 때는 맛있는 것을 먹어도 맛있게 느끼지 못하고, 음악을 들어도 즐겁지 않으며, 집에 있어도 편하지 않기 때문에 그렇게 하지 않는 것이다. 지금 네가 편안하다면 그렇게 하여라."

재아가 밖으로 나가자 선생님께서 말씀하셨다. "재아는 살맘(仁)을 품지 못했구나! 자식은 태어나서 삼 년이 지난 뒤에야 어버이의 품에서 벗어난다. 삼년상은 천하에 공통된 상례(喪禮)이다. 재여도 부모에게서 삼 년 동안 사랑을 받았을 터인데."

宰我問, "三年之喪, 期已久矣. 君子三年不爲禮, 禮必壞괴, 三年不爲樂악, 樂必崩. 舊穀곡旣기沒몰, 新穀旣升, 鑽찬燧수改火, 期可已矣." 子曰, "食夫稻도, 衣夫錦금, 於女安乎?" 曰, "安." "女安則爲之. 夫君子之居喪, 食旨지不甘, 聞樂不樂락, 居處不安, 故不爲也. 今女安則爲之."

宰我出. 子曰, "予之不仁也! 子生三年, 然後免면於父母之懷회. 夫三年之喪, 天下之通喪也. 予也有三年之愛於其父母乎."

鑽燧改火의 鑽은 부싯돌과 부딪쳐서 불을 일으키는 쇳조각인데, 여기서는 술어로 쓰였다. 燧는 부싯돌, 여기서는 부싯돌로 쓰는 나무를 말한다. 철이 바뀔 때마다 계절의 나무를 비벼서 새로 불을 얻는 것이다.

재아에 대해 공자가 마음을 거두는 듯하다. 비록 사제지간이지만 관계의 종말이 암시되고 있다. 어버이를 아끼는 마음, 어버이의 사랑을 존중하는 마음을 표현하던 상례를 단순히 일상의 불편함쯤으로 여기는 것을 안타까워하며 한 말이다.

양화-22 허송세월보다는

선생님께서 말씀하셨다. "배부르게 먹고 종일토록 마음 쓰는 데가 없다면 곤란하다. 장기나 바둑이라도 있지 않느냐! 그런 것이라도 하는 것이 아무것도 하지 않는 것보다는 나으니라!"

子曰, "飽食終日, 無所用心, 難矣哉. 不有博^박奕^혁者乎! 爲之猶賢乎已."

博은 장기, 奕은 바둑이다. 장기나 바둑을 두라는 말이 아니라 허송세월하지 말라는 뜻이다. 공자 말년의 제자 중에는 문하에서 의식주를 해결하며 빈둥거리는 자도 있었던 것일까?

양화-23 용기와 의로움

자로가 여쭈었다. "군자는 용기를 숭상합니까?" 선생님께서 말씀하셨다. "군자는 의로움을 으뜸으로 삼는다. 군자가 용감하면서 의롭지 못하면 난을 일으키고, 소인이 용감하면서 의롭지 못하면 도적질을 한다."

子路曰, "君子尙勇乎?" 子曰, "君子義以爲上, 君子有勇而無義, 爲亂, 小人有勇而無義, 爲盜."

무엇을 위한 용감함인지가 중요하다. 사람을 살리는 마음, 곧 살맘(仁)을 펴려는 용감함이어야 가치가 있다. 여기서 군자와 소인은 지위의 유무를 기준으로 말한 것이다.

양화-24 군자가 미워하는 것

자공이 여쭈었다. "군자도 미워하는 게 있습니까?" 선생님께서 말씀하셨다. "미워하는 게 있지. 남의 나쁜 점을 드러내는 것을 미워하고, 지위가 낮으면서 윗사람을 헐뜯는 것을 미워하며, 용감하면서 무례한 것을 미워하고, 과감하기만 하고 꽉 막힌 것을 미워한다." "사(자공)야, 너도 미워하는 게 있느냐?" "남의 생각을 베껴서 아는 체하는 것을 미워하고, 불손한 것을 용기로 여기는 것을 미워하며, 남의 비밀을 들추어내면서 정직으로 여기는 것을 미워합니다."

子貢曰, "君子亦有惡오乎?" 子曰, "有惡, 惡오稱人之惡악者, 惡居下流而訕산上者, 惡勇而無禮者, 惡果敢而窒질者." 曰, "賜也亦有惡乎?" "惡徼요以爲知者, 惡不孫以爲勇者, 惡訐알以爲直者."

稱은 말하여 드러내다. 訕은 헐뜯다. 徼는 훔치다. 여기서는 남의 생각을 베끼는 것. 訐은 남의 개인적인 비밀을 까발리는 것이다.

《논어》 전체로 보면 공자의 균형감각이 잘 드러나지 않는 구절이다. 전반부의 《논어》에서라면 어떻게 말했을까?

양화-25 여자아이와 소인

선생님께서 말씀하셨다. "여자아이와 소인은 가르치기 어렵다. 가까이하면 불손해지고 멀리하면 원망한다."

子曰, "唯女子與小人爲難養也, 近之則不孫, 遠之則怨."

女子는 여성 일반이 아닌 여자아이를 말한다. 養은 성장시키다, 가르치다. 여자아이는 대하기 까다롭기에 소인에 비유한 것이다.

양화-26 마흔이 되어서도

선생님께서 말씀하셨다. "나이 마흔이 되어서도 미움이나 받는다면 끝난 것이다."

子曰, "年四十而見惡오焉, 其終也已."

악인에게 미움받는 것이야 감당해야 할 일이다. 하지만 마흔이 되어 평범한 사람에게 미움을 받는다면 가망이 없다. 이 당시 마흔은 지금보다 더 원숙한 나이다. 또한 마흔의 나이는 행실이 쌓여 자신의 삶의 방향이 사람들에게 오롯이 드러날 수밖에 없는 때다.

미자 18편

누구와 함께할 것인가

이 편은 공자에 대한 부정적인 평가가 여럿 보인다. 마치 장자 계열의 누군가가 쓴 듯한 느낌마저 준다. 어쩌면 《장자》에서 좋은 이미지로 등장하는 안회 계열의 아무개가 공자 사후에 제자의 제자에게 영향을 미치고, 이때의 이야기가 남았는지도 모른다. 《장자》에 비슷한 문장이 나오는 것도 이러한 생각을 가능하게 한다. 아무튼 《논어》 전체를 통틀어 문장의 느낌이 사뭇 다르다.

미자-1 은나라에서 살맘을 품은 세 사람

미자는 떠나고, 기자는 노예가 되었으며, 비간은 간언을 하다가 죽었다. 공자께서 말씀하셨다. "은나라에 살맘(仁)을 품은 사람이 셋 있었다."

微子去之, 箕子爲之奴노, 比干諫간而死. 孔子曰, "殷有三仁焉."

微子는 은나라 마지막 왕인 주(紂)의 배다른 형이다. 미자의 微와 기자의 箕는 각각 나라 이름이기도 하다. 따라서 미자나 기자는 개인의 이름이 아니라 부족을 대표하는 자의 이름일 가능성이 있다. 箕子, 比干

은 둘 다 주임금 아버지의 형제이다. 주임금이 "성인의 가슴에는 구멍이 일곱 개가 있다던데 내가 그것을 보겠노라."라며 비간의 가슴을 갈라서 죽였다는 일화가 전한다.

세 사람은 주임금이 백성의 삶을 죽이는 것을 미워하고 그들의 안녕을 도모하고자 한 인물이라 살맘을 품은 사람(仁人)이라고 지칭한 것이다.

미자-2 유하혜에 대하여

유하혜가 법관 벼슬을 하다가 세 차례나 쫓겨났다. 그러자 어떤 이가 말하였다. "선생은 이런 나라를 떠날 수 있지 않습니까?" 유하혜가 대답하였다. "도(道)를 곧게 지키며 남을 섬기다보면, 어디에 간들 세 차례는 쫓겨나지 않겠습니까? 도를 굽혀 남을 섬기려 한다면, 어째서 부모의 나라를 꼭 떠나야겠습니까?"

柳下惠爲士師, 三黜출. 人曰, "子未可以去乎?" 曰, "直道而事人, 焉往而不三黜? 枉왕道而事人, 何必去父母之邦?"

유하혜는 춘추시대 초기 노나라의 대부이다. '유하'는 식읍(食邑)이고, '혜'는 시호다. 성은 전(展), 이름은 획(獲)이나 흔히 유하혜로 불린다. 동생이 그 유명한 대도(大盜) 도척이다. 일화에 따르면 추운 겨울에 잘 곳이 없던 여인을 재워주면서 한 이불을 덮었으나 아무 일이 없었다고 한다. 《맹자》에서 '聖之和者'로 불리는데, 〈만장〉편에 다음과 같은 구절이 있다.

"유하혜는 더러운 임금 섬기기를 부끄럽게 여기지 않았고, 작은 벼슬도 낮게 여기지 않았다. 벼슬에 나아가서는 능력을 감추지 않았으며, 반드시 올바른 방법을 썼다. 버림받아도 원망하지 않았으며, 곤궁에 빠져도 근심하지 않았다. 아무것도 모르는 시골 사람과 함께 살면서도 너그럽게 대하였고, 차마 그 자리를 떠나지 않았다. '너는 너고 나는 나다. 내 곁에서 벌거벗고 있다 한들 네가 어찌 나를 더럽힐 수가 있겠는가?'라고 생각하였다. 그러므로 유하혜의 기풍을 듣게 되면 너절한 사나이도 너그럽게 되고, 천박한 사나이도 후덕하게 되었던 것이다."

士師는 오늘날의 법관. 直道는 도를 곧게 하다. 곧 도를 곧게 지키다. 뒤의 枉道와 대구가 된다. 공자가 직접 한 말이라는 표시는 따로 없다. 아마도 공자 생전에 제자들에게 유하혜를 칭송한 말이 기록으로 남은 듯하다.

미자-3 제나라를 떠나는 공자

제나라 경공이 공자의 대우에 관하여 말하였다. "계씨처럼 내가 대우할 수는 없고 계씨와 맹씨의 중간 정도로 대우하시오." 그러다가 다시 말하였다. "내가 노쇠해서 등용시킬 수는 없겠소." 공자께서는 제나라를 떠나셨다.

齊景公待孔子曰, "若季氏, 則吾不能, 以季孟之間待之." 曰, "吾老矣, 不能用也." 孔子行.

待는 대우하다. 하은주 삼대 시절에 천자와 제후 아래에 경(卿)이라는 벼슬을 두었는데, 계씨는 상경이고, 맹씨는 하경이었다. 상경과 하경의 중간 정도로 공자를 대우하겠다는 말이다.

제나라 경공이 공자에게 직접 한 말이 아니라 공자를 어떻게 대우할지를 두고 신하에게 한 말이 전해져서 기록된 것 같다. 공자를 직접 앞에 두고 이렇게 말했을 리는 없다. 일설에는 제나라 안영이 반대해서 공자가 등용되지 못했다고 한다. 경공이 뒤에 한 말은 공자에게 한 것인지 신하에게 한 말인지 불분명하다.

미자-4 노나라를 떠나는 공자

제나라 사람이 기녀들을 보내왔다. 계환자가 이를 받았다. 사흘이나 조회를 열지 않자 공자께서 (노나라를) 떠나셨다.

齊人歸女樂악, 季桓子受之, 三日不朝, 孔子行.

歸는 보내다. 일설에 따르면 공자의 나이 오십대 중반의 일이다. 《사기》에는 공자가 노나라 사구(司寇)에 오른 후 노나라가 강성해질까 염려한 제나라가 가무단을 보냈다고 쓰여 있으나 신빙하기는 어렵다. 아무튼 공자는 기미를 보고 계환자에게서 희망을 거둔 것이다.

미자-5 초광접여

초나라의 광자(狂者) 접여가 노래를 부르면서 공자 앞을 지나가며 말하였다. "봉황이여, 봉황이여! 어찌 그리도 덕이 쇠하였는가? 지나간 일은 바로잡을 수 없어도, 앞으로의 일은 좇을 만하도다. 아서라, 아서라! 오늘날 정치에 종사하는 자들이 그대를 위태롭게 하리니." 공자께서 수레에서 내려 그와 더불어 이야기하고자 하셨으나, 빠른 걸음으로 피하였으므로, 그와 더불어 이야기하지 못하셨다.

楚狂接輿歌而過孔子曰, "鳳^봉兮혜鳳兮! 何德之衰^쇠? 往者不可諫^간, 來者猶可追. 已而已而! 今之從政者殆而." 孔子下, 欲與之言. 趨^추而辟^피之, 不得與之言.

狂은 은자를 가리킨다. 접여를 이름으로 보지 않고 초나라 광자가 '수레에 접근하며'로 보기도 한다. 봉황은 길조로서 이 문장에서는 공자를 상징한다. 德은 봉황의 덕을 말한다. 세상에 덕이 있을 때 나오는 새가 봉황인데, 지금 세상에 덕이 없는데도 공자가 여기저기 다니는 것을 비유한 말이다. 今之從政者殆而의 而는 별 뜻이 없는 것으로 보나 이인칭으로 보면 뜻이 분명해진다. 이 장의 일부가 그대로 실려 있는《장자》에서는 而가 이인칭으로 쓰이는 경우를 어렵지 않게 찾을 수 있다. 辟는 避와 같아 피하다의 뜻이다.

　이 장의 분위기는《논어》전체를 놓고 볼 때 다소 이질적이다. 그래서 혹자는《논어》의 문장이 아니라고 보기도 한다. 비슷한 이야기와 문장이《장자》〈인간세〉편에 보인다. 안 되는 일에 애쓰지 말고 지금부터라도 은신하여 살라고 은자가 권유하는 내용이다.

미자-6 나루터를 묻다

　장저와 걸닉이 나란히 밭을 갈고 있었다. 공자께서 지나가시다가 자로에게 나루터가 어디에 있는지 그들에게 묻게 하셨다. 장저가 말하였다. "저 수레에 탄 사람은 뉘신가?" 자로가 말하였다. "공구입니다." "바로 그 노나라의 공구이신가?" "그렇습니다." "그렇다면 나루터를 알 테지." 걸닉에게 물었다. 걸닉이 말하였다. "선생은 뉘시오?" "중유(자로)라고 합니다." "바로 그 노나라 공구의 제자란 말이오?" "그렇습니다" "어지럽게 세상이 걷잡을 수 없이 흘러가는데, 누가 그것을 바꾸겠소? 그리고 당신도 사람을 피해 다니는 사람을 따르기보다 세상을 피해 사는 사람을 따르는 편이 낫지 않겠소?" 그러고는 뿌린 씨를 흙으로 덮으며 일손을 멈추지 않았다.

자로가 가서 그 일을 아뢰자, 공자께서는 허탈해 하며 말씀하셨다. "짐승들과 함께 살 수는 없는 노릇이다. 내가 이 세상 사람들과 함께 하지 않는다면 누구와 함께 하겠느냐? 세상이 제대로 된 길을 가고 있다면, 내가 바꾸려 하지 않을 터인데."

長沮桀溺耦ᵘ而耕, 孔子過之, 使子路問津ᴊⁿᵉ焉. 長沮曰, "夫執輿ᵉ者爲誰ᵘ?" 子路曰, "爲孔丘." 曰, "是魯孔丘與?" 曰, "是也." 曰, "是知津矣." 問於桀溺. 桀溺曰, "子爲誰?" 曰, "爲仲由." 曰, "是魯孔丘之徒與?" 對曰, "然." 曰, "滔ᵈᵒ滔者天下皆是也, 而誰以易ᵉᵏ之? 且而與其從辟ᵖⁱ人之士也, 豈若從辟世之士哉?" 耰ᵘ而不輟ᶜʰᵉᵒˡ.

子路行以告. 夫子憮ᵐᵘ然曰, "鳥獸不可與同群, 吾非斯人之徒與而誰與? 天下有道, 丘不與易也."

장저와 걸닉은 은자이다. 耦는 偶와 통한다. 짝이 되어 가다의 뜻이다. 滔滔는 어지러운 모양으로 보기도 하고, 걷잡을 수 없는 모양으로 보기도 한다. 번역문은 이 두 가지 뜻을 합쳐 의역하였다. 且而의 而는 이인칭이다. 《장자》에서 이러한 이인칭을 곧잘 볼 수 있다. 이 장은 전체적으로 《장자》의 분위기가 물씬 난다. 與其A豈若B哉는 A하는 것이 어찌 B하는 것만 하겠는가? A하기보다는 B하는 것이 낫다는 말이다. 耰는 씨를 뿌리고 흙으로 덮다. 不輟은 멈추지 않다. 憮然은 실망하는 모습이다. 非斯人之徒與는 非與斯人之徒의 도치 형태이다. 與易은 관여하여 바꾸다 또는 바꾸는 데 참여하다. 바꾼다는 말을 겸손하게 표현한 것이다.

나루터를 묻자 강을 건너려는 사람이 공자임을 확인하고 세상을 바꾸어 보겠다고 주유하는 공자라면 당연히 나루터를 알 거라며 은근히 비꼬고 있다. 그러고서는 말한다. 무도한 세상의 거대한 흐름이 도도하게 흘러가고 있어서 몇 사람이 그 흐름을 막을 수는 없다. 시원찮은 정치인을 피하고 좋은 정치인을 찾아다니는 것은 마치 사람을 피해 다니는 것과 같다. 그렇게 사느니 차라리 세상을 피해 조용히 지내는 편이 낫다.

미자-7 은자와 자로

자로가 공자를 따라가다 뒤에 처졌을 때 지팡이로 삼태기를 둘러메고 가는 노인을 만났다. 자로가 물었다. "저희 선생님을 보셨는지요?" 노인이 말하였다. "팔다리를 부지런히 움직이지 않고, 오곡도 분간하지 못하는데, 누가 선생이란 말이오?" 노인은 지팡이를 꽂아 세워 놓고는 김을 맸다. 자로가 두 손을 가지런히 맞잡고 서 있었다. 자로를 머물도록 하여 닭을 잡고 수수밥을 지어 먹이고는 그의 두 자식을 보였다.

다음 날 자로가 가서 그 일을 아뢰었다. 선생님께서 말씀하셨다. "은자로구나." 그러고는 자로를 시켜 돌아가서 그를 만나보도록 하셨다. 자로가 그곳에 이르니 이미 나가버렸다. 자로가 (그 집 사람들에게) 말하였다. "관직에 나가지 않는 것은 의롭지 못하오. 어른과 아이 사이의 예절도 없앨 수 없는데, 임금과 신하 사이의 도리를 어찌 없애버릴 수 있겠소? 자신의 몸을 깨끗이 한답시고 큰 도리를 어지럽히는 것이오. 군자가 벼슬을 하는 것은 대의를 따르는 것이오. 세상이 제대로 된 길을 가고 있지 못함은 이미 알고 있소."

子路從而後, 遇^우丈人以杖荷^하蓧^조. 子路問曰, "子見夫子乎?" 丈人曰, "四體不勤^근, 五穀^곡不分. 孰爲夫子?" 植^치其杖而芸^운. 子路拱^공而立. 止子路宿, 殺雞爲黍^서而食^사之, 見^현其二子焉.

明日, 子路行以告. 子曰, "隱者也." 使子路反見之. 至則行矣. 子路曰, "不仕無義. 長幼之節, 不可廢也, 君臣之義, 如之何其廢之? 欲潔^결其身, 而亂大倫. 君子之仕也, 行其義也. 道之不行, 已知之矣."

丈人은 지팡이를 짚은 사람으로 노인을 이른다. 荷는 술어로 짊어지다. 蓧는 삼태기. 勤은 부지런히 움직이다. 植는 꽂다의 뜻일 때는 '치'로 읽는다. 芸은 김매다. 拱은 손을 겹쳐 잡는 것으로 경의를 표하는 동작이다. 食는 飼와 같아 먹이다. 君臣之義는 임금과 신하 사이의 도리이다. 潔은 깨끗하다. 倫은 법도, 도리를 말한다.

은자는 공자에게 우호적인 비판자다. 이런 자와 얘기를 나누고 싶었을 것이다. 자로는 자신이 만난 두 자식에게 이렇게 말했다. 어른과 아이 사이의 예절을 버릴 수 없듯이 뜻을 세운 선비는 벼슬길에 나아가지 않을 수 없다. 세상이 비록 제 길을 잃어버렸지만, 그렇다고 세상을 완전히 등질 수는 없다. 그러니 비록 부족한 임금이라 하더라도 벼슬을 할 수밖에 없다. 자신의 뜻을 더럽히지 않겠다고 그러한 도리를 저버릴 수는 없는 노릇이다.

미자-8 세상을 피해 숨은 인재

세상을 피해 숨어 지낸 인재로는 백이, 숙제, 우중, 이일, 주장, 유하혜, 소련이 있다. 선생님께서 말씀하셨다. "자신의 뜻을 굽히지 않으면서 그 몸을 욕되게 하지 않은 사람은 백이와 숙제였다. 유하혜와 소련에 대해 말하자면, 뜻을 굽히고 몸을 욕되게 하였다. 하지만 도리에 맞게 말하고 사려 깊게 행동했을 따름이다. 우중과 이일에 대해 말하자면, 숨어 살면서 말을 하지 않았다. 하지만 몸가짐이 깨끗했고 그만둔 것이 시의적절했다. 나는 이와 달라서 반드시 그래야만 한다는 것도 없고, 그래서는 안 된다는 것도 없다."

逸^일民, 伯夷, 叔齊, 虞仲, 夷逸, 朱張, 柳下惠, 少連. 子曰, "不降^강其志, 不辱^욕其身, 伯夷叔齊與. 謂柳下惠少連, 降志辱身矣, 言中倫, 行中慮, 其斯而已矣. 謂虞仲夷逸, 隱居放言, 身中淸, 廢中權. 我則異於是, 無可無不可."

逸民은 벼슬 없이 은거하여 지내는 훌륭한 인물을 말한다. 行中慮는 행동이 사려 깊은 것에 들어맞다. 放言의 해석에 따라 문맥이 달라진다. 放을 방출하다로 보면 '말을 마음대로 하다'이고, 방기하다로 보면 '말을 하지 않다'의 뜻이 된다. 번역문은 후자를 따랐다.

미자-9 노나라 음악의 산일

태사 지는 제나라로 가고, 아반 간은 초나라로 가고, 삼반 료는 채나라로 가고, 사반 결은 진나라로 가고, 북재비 방숙은 황하로 돌아가고, 작은 북을 흔들던 무는 한수로 가고, 소사(少師) 양(陽)과 경쇠를 치던 양(襄)은 바닷가로 갔다.

大^태師摯適齊, 亞飯干適楚, 三飯繚適蔡^채, 四飯缺適秦, 鼓方叔入於河, 播^파鼗^도武入於漢, 少師陽擊^격磬^경襄, 入於海.

고대에 임금은 하루에 네 번 식사하였기에 악사장을 넷 두었다는 설이 있다. 식사의 순서는 아니라고 하더라도 우선순위를 매겨 태사, 아반, 삼반, 사반으로 나눈 것이다. 노나라 음악이 산일되어 가는 과정을 보여주는 구절이다. 문화가 산일되는 것은 이렇듯 사람을 잃는 것에서 시작된다.

미자-10 주공이 노공에게

주공이 노공에게 말하였다. "군자는 친족을 홀대하지 않고, 대신이 (자신의 의견을) 받아주지 않는다고 원망하는 일이 없도록 하며, 오래도록 함께 일해온 사람이 크게 잘못하지 않는 한 버리지 않고, 한 사람에게 모든 것이 갖추어져 있기를 바라지 않는다."

周公謂魯公曰, "君子不施^이其親, 不使大臣怨乎不以. 故舊無大故, 則不棄^기也. 無求備於一人."

施는 不 뒤에 쓰여 술어로 홀대하다, 깔보다. 以는 不 뒤에 쓰여 술어다. 用과 통한다. 以의 의미상의 목적어는 대신의 지위가 아니라 대신의 의견으로 보는 편이 자연스럽다. 대신이라면 지위가 없을 수 없기 때문이다.

공자가 제자들에게 위와 같은 얘기를 한 것이 기록으로 남은 듯한데, '자왈'이나 '공자왈'이 없는 것으로 보아 그조차 불명확하다.

미자-11 주나라의 여덟 선비

주나라에 여덟 선비가 있었다. 백달, 백괄, 중돌, 중홀, 숙야, 숙하, 계수, 계와가 그들이다.

周有八士, 伯達, 伯适, 仲突, 仲忽, 叔夜, 叔夏, 季隨, 季騧.

고대에는 자에 백중숙계(伯仲叔季)를 붙여 형제 관계를 표시하곤 했다. 이 구절은 친형제가 아니라 나이 순으로 정리한 듯하다. 누구인지 고증하기는 어렵다.

자장 19편

어떻게 사귈 것인가

이 편의 전반부는 자하(子夏)의 말이 다수 실려 있다. 공자 사후에 제자들이 제각기 일파를 이루어 공자의 뜻을 이어 갔으므로 《논어》 말미에 첨부한 듯하다.

자장-1 어떠해야 선비인가

자장이 말하였다. "선비가 위태로운 일을 보고서 목숨을 바치고, 이득되는 일을 보고서 의로운지 생각하며, 제사를 지낼 때 공경의 마음으로 그리워하고, 상을 당해서는 슬픔의 마음으로 그리워한다면, 괜찮다고 할 것이다."

子張曰, "士見危致命, 見得思義, 祭思敬, 喪思哀, 其可已矣."

致는 내놓다. 命은 목숨. 思는 깊이 생각하다, 몹시 그리워하다. 思敬은 공경의 마음으로 그리워하다. '其~矣'는 판단, 추측, 희망, 의지 등을 표현하는 형태이다. 可는 괜찮다. 已는 별 뜻이 없는 어조사이다.

공자에게 배운 내용이 자장의 언어로 다시 표현된 구절이라고 할 수 있다. 앞에 공자가 이와 비슷하게 말한 문장이 있다. 그래서 자장의 얘기지만 《논어》에 수록되었을 것이다.

자장-2 있는 것인가, 없는 것인가

자장이 말하였다. "살힘(德)을 지키기는 하되 (그 힘이) 크지 않고, 도를 믿기는 하되 독실하지 못하다면, 어찌 있다고 할 것이며, 어찌 없다고 할 것인가?"

子張曰, "執德不弘, 信道不篤독, 焉能爲有? 焉能爲亡무?"

執은 지키다. 亡는 無와 같다. 살힘(德)은 단순히 지키는 것만이 능사가 아니라 그 힘을 펴야 한다. 또한 살힘을 펴는 길(道)을 믿으면서도 굳세지 못하여 흔들린다면, 그런 사람은 살힘이 있는 것인가, 없는 것인가?

자장-3 교제에 대하여

자하의 문인이 자장에게 교유에 대해서 물었다. 자장이 말하였다. "자하께서는 어떻게 말씀하시던가?" "자하께서는 '괜찮은 사람과는 함께하고, 그렇지 못한 사람은 거리를 두라.'라고 하셨습니다." 자장이 말하였다. "내가 들은 것과는 다르군. 군자는 현명한 사람을 존경하고 사람들을 포용하며, 선한 사람을 칭찬하고 능력이 없는 사람은 긍휼히 여긴다네. 내가 매우 현명하다면 사람들을 어찌 포용하지 못하겠는가? 내가 현명하지 못하다면 남들이 내게 거리를 둘 것이니, 어찌 남에게 거리를 둘 것인가?"

子夏之門人問交於子張. 子張曰, "子夏云何?" 對曰, "子夏曰, '可者

與之, 其不可者拒之.'" 子張曰, "異乎吾所聞. 君子尊賢而容衆, 嘉^가善而矜^긍不能. 我之大賢與, 於人何所不容? 我之不賢與, 人將拒我, 如之何其拒人也?"

拒는 距(상거할 거)와 통한다. 공자는 제자의 자질에 맞추어 얘기해주므로 자장과 자하가 들은 바가 달랐을지도 모른다. 같은 주제라도 제자마다 조금씩 달리 들었을 것이다. 자하는 '不及'으로 평가받은 인물이나 독실하였다. 끊고 맺는 능력이 부족하여 공자가 좋은 사람은 함께하고 좋지 않은 사람은 거부하라고 말했는지도 모를 일이다. 자장은 재주가 많고 '過'로 평가받은 인물이다. 다소 사람을 가리는 성격이라서 공자가 이렇게 얘기해주었을 것이다.

자장-4 군자와 작은 길

자하가 말하였다. "비록 작은 길이라 할지라도 반드시 볼 만한 것이 있지만, 먼 곳에 이르는 데 지체될까 염려하여 군자는 작은 길을 추구하지 않는 것이다."

子夏曰, "雖小道, 必有可觀者焉, 致遠恐泥^니, 是以君子不爲也."

致는 이르다. 遠은 먼 곳. 恐은 걱정하다. 泥는 지체되다. 爲는 學의 의미다.

자장-5 배우기를 좋아하는 것

자하가 말하였다. "날마다 자신이 모르던 것을 알아가고, 달마다 자신이 할 수 있는 것을 잊지 않는다면, 배우기를 좋아한다고 할 수 있다."

子夏曰, "日知其所亡무, 月無忘其所能, 可謂好學也已矣."

날마다 달마다 꾸준히 성장하려면 배우기를 좋아해야 한다. 배우기를 좋아하지 않으면서 성장하기 바란다면 먹지 않고 배부르기를 원하는 것과 같다.

자장-6 박학, 독지, 절문, 근사

자하가 말하였다. "배움을 넓혀가고 뜻을 돈독히 하며, 질문을 절실히 하고 가까운 것부터 생각한다면, 살맘(仁)은 그 가운데 있다."

子夏曰, "博學而篤志, 切問而近思, 仁在其中矣."

배움을 말한 아름다운 구절이다. 배움의 뜻은 매우 넓은데, 仁在其中에 주목하면 어떤 의미인지 가늠할 수 있다. 살맘과 유관한 배움이라는 뜻이다. 박학은 널리 배운다기보다는 '배움을 넓혀나가다'로 보는 게 자연스럽다. 자신이 배운 것을 확산해 나간다는 뜻이다. 博, 篤, 切, 近은 모두 동사다. 배움과 성장에서 방점은 명사가 아니라 동사에 있다. 내가 하느냐 못 하느냐에 달린 것이다. 주희가 여동래와 함께 여러 사람의 글을 발췌하여 편집한 책인《근사록》은 여기서 이름을 땄다.

자장-7 군자는 배워서

자하가 말하였다. "모든 장인(匠人)은 작업장에 있음으로써 자신의 일을 이루고, 군자는 배움으로써 바른길에 이른다."

子夏曰, "百工居肆ᄉ以成其事, 君子學以致其道."

百工은 장인들을 총칭하는 말이다. 肆는 상품을 늘어놓고 파는 가게이자, 작업장이다. 결과를 내기 위해서 무엇에 먼저 집중해야 하는지를 보여주는 비유다.

자장-8 소인은 잘못을 저지르면

자하가 말하였다. "소인은 잘못을 저지르고 나면 반드시 핑계를 댄다."

子夏曰, "小人之過也, 必文."

文은 명사로는 무늬, 여기서는 술어로 꾸미다, 핑계를 대다. 잘못을 하고 나서 핑계를 댄다는 것은 자신의 잘못을 전혀 인정하지 않을 뿐 아니라 자신의 이익만을 위해서 거짓을 행하는 것이다. 그렇게 행동하는 사람이 바로 소인이다.

자장-9 군자에게 있는 세 가지 변화

자하가 말하였다. "군자에게는 세 가지 변화가 있다. 그를 멀리서 바라보면 의젓하고, 가까이에서 대해보면 온화하며, 말을 들어보면 엄정하다."

子夏曰, "君子有三變, 望之儼^엄然, 卽^즉之也溫, 聽其言也厲^려."

儼然은 의젓하다, 조심스럽고 신중하다. 卽은 다가가다. 참고로 卽位는 자리에 나아가다. 厲는 엄정하다. 〈술이〉 7편 37장을 참고할 것.

자장-10 믿음의 중요성

자하가 말하였다. "군자는 백성의 믿음을 얻고 나서 그들에게 수고로운 일을 하게 한다. 믿음을 주지 못하면 자신을 모질게 대한다고 여기기 때문이다. 군자는 믿음을 얻은 후에 간언하는 것이다. 믿음을 얻지 못하면 (윗사람이) 자신을 비방한다고 여기기 때문이다."

子夏曰, "君子信而後勞其民, 未信, 則以爲厲^려己也. 信而後諫^간, 未信, 則以爲謗^방己也."

厲는 모질게 대하다. 謗은 헐뜯다, 나무라다. 믿음이란 함께할 마음이 있음을 믿는 것이다. 위정자는 백성에게 믿음을 주고 나서야 일을 시킬 수 있다. 또 윗사람에게 믿음을 얻는다는 것은 군자가 능력과 도덕성에 기반하여 일할 마음이 있음을 윗사람이 믿게 되는 것이다. 이러한 믿음은 단순한 말이 아니라 실질적인 행동이 쌓여서 생긴다.

자장-11 대덕과 소덕

자하가 말하였다. "큰 덕이 울타리를 넘지 않으면, 작은 덕은 출입해도 괜찮다."

子夏曰, "大德不踰^유閑^한, 小德出入可也."

閑은 울타리, 우리. 大德, 小德의 德은 여기서 행위를 말한다. 중대한 일에서 지켜야 할 선을 넘지 않는다면, 사소한 것에서는 일에 따라 적절히 처리해도 괜찮다는 말이다.

자장-12 소학과 대학의 균형

자유가 말하였다. "자하의 제자들은 물 뿌리고 비질하거나 손님을 응대하거나, 앞으로 나아가고 뒤로 물러나는 예절은 괜찮은 편이다. 그런데 그런 것은 지엽적인 것이다. 근본적인 것을 따져보면 아무것도 없으니 어찌하려는 것인가?"

자하가 이를 듣고서 말하였다. "아! 자유의 말이 지나치구나! 군자의 도(道)에서 어느 것을 먼저 전하고 어느 것을 게을리하겠는가? 이를 풀과 나무에 비유하자면, 종류에 따라 구분하는 것과 같다. 군자의 도에서 어느 것을 소홀히 하겠는가? 처음과 끝을 다 갖추고 있는 분은 오직 성인(聖人)뿐이로다!"

子游曰, "子夏之門人小子, 當洒^쇄掃^소應對進退, 則可矣, 抑末也. 本之則無如之何?"

子夏聞之, 曰, "噫^희! 言游過矣! 君子之道, 孰先傳焉? 孰後倦^권焉? 譬^비諸^저草木, 區以別矣. 君子之道, 焉可誣^무也? 有始有卒者, 其惟

聖人乎!"

洒는 灑(뿌릴 쇄)와 같아 물 뿌리다. 掃는 쓸다. 洒掃는 곧 청소하는 것이다. 灑掃應對進退는 《소학(小學)》의 중요한 내용이다. 어려서는 주변 정리와 사람을 대하는 태도를 배우고 익히는 것이 우선이다. 言游의 言은 자유의 성이다. 區以別矣는 종류에 따라 구분하여 나누다. 곧 사람의 성장과정에 따라 가르치는 내용이 조금씩 달라진다는 말이다. 誣는 소홀히 하다, 깔보다.

군자의 길을 가려면 주변을 정리정돈하고 사람을 응대하는《소학》도 배워야 하고, 근본적인 것을 따져 생각하는《대학》도 공부해야 한다. 이 두 가지 가운데 어느 하나도 소홀히 해서는 안 된다. 성인이란 처음부터 끝까지 둘의 균형을 잃지 않는 사람이다.

자장-13 벼슬살이와 공부

자하가 말하였다. "벼슬하면서 여력이 있으면 공부를 하고, 공부하면서 여력이 있으면 벼슬을 한다."

子夏曰, "仕而優則學, 學而優則仕."

優는 여력이 있다. 공부와 사회 활동은 별개가 아니다.

자장-14 상을 당해서는

자유가 말하였다. "상을 당해서는 슬픔을 다할 따름이다."

子游曰, "喪致乎哀而止."

致는 극진하게 하다. 而止는 而已와 같다. ~뿐이다, ~따름이다.

자장-15 자유의 자장 평가

자유가 말하였다. "나의 벗 자장은 어려운 일을 해내기는 하지만 아직 살맘(仁)을 품고 있다고는 할 수 없다."

子游曰, "吾友張也, 爲難能也, 然而未仁."

재능이 있던 자장이여! 벗에게 살맘(仁)이 있는 자로 인정받지는 못하였구나.

자장-16 증자의 자장 평가

증 선생이 말하였다. "당당하구나, 자장이여! 그러나 함께 살맘(仁)을 펼치기는 어렵겠구나."

曾子曰, "堂堂乎張也, 難與並爲仁矣."

똑똑하여 마음만 먹으면 어떤 분야든 식견을 갖출 수 있었을 테니 당당도 하였겠구나. 하지만 살맘(仁)을 함께 펴나가기는 어렵다는 평을 들었으니 그의 재주가 아깝도다.

자장-17 최선을 다하기 마련인 일

증 선생이 말하였다. "내가 선생님께 들으니 '사람이란 절로 최선을 다하게 되는 것이 없다 하더라도 반드시 부모의 상사(喪事)에는 최선을 다하기 마련이다.'라고 하셨다."

曾子曰, "吾聞諸^저夫子, 人未有自致者也, 必也親喪乎."

自致는 저절로 최선을 다하게 되다. 공자가 인간의 자연적인 감정을 통해 가르침을 주면서 한 말이 아니었을까?

자장-18 아버지의 신하와 정책을 바꾸지 않는 효

증 선생이 말하였다. "나는 선생님께 '맹장자의 효도 중에서 다른 것은 가능할지라도, 아버지의 신하와 정책을 바꾸지 않은 것은 정말로 하기 어려운 일이다.'라고 들었다."

曾子曰, "吾聞諸夫子, 孟莊子之孝也, 其他可能也, 其不改父之臣與父之政, 是難能也."

〈리인〉 4편 20장의 "아버지께서 돌아가신 뒤에 삼 년 동안은 아버지께서 하시던 원칙을 바꾸지 말아야 효성스럽다고 할 수 있다."라는 구절과 연결된다.

자장-19 차원이 다른 법관은

맹씨가 양부를 법관으로 삼았다. 양부가 증 선생께 여쭈었다. 증 선생이 말하였다. "위에서 바른길을 잃어 백성이 흩어진 지 오래되었다. 만일 실정(實情)을 알아냈다 하더라도 슬퍼하고 불쌍히 여겨야지 기뻐해서는 안 된다."

孟氏使陽膚爲士師, 問於曾子. 曾子曰, "上失其道, 民散久矣. 如得其情, 則哀矜ㄱ而勿喜."

양부는 증자의 제자이다. 情은 감정이라는 뜻이 아니라 실정, 사정의 의미이다. 맹씨가 양부를 법관으로 삼자, 양부가 증자에게 자문을 구했다. 증자는 이렇게 얘기해주었다. "위정자가 바른길에서 벗어나 백성의 마음이 흩어진 지가 이미 오래되고 먹고살기도 힘들어졌다. 범죄를 저지른 자를 찾아내었다면 성과를 올렸다고 기뻐할 일이 아니라 그들이 왜 범죄를 저지르게 되었는지 그 사정을 이해하고 불쌍히 여겨야 한다."

우리는 사실을 넘어 진실을 보고, 진실 속에서 사정(事情)을 보아야 할 것이다.

자장-20 악이 모이는 자리에 있지 말아야

자공이 말하였다. "주왕이 선하지 못하다고 하는데 그렇게 심하지는 않다. 그래서 군자는 낮은 곳에 머물기를 싫어한다. 천하의 악이 모두 그에게로 모이기 때문이다."

子貢曰, "紂之不善, 不如是之甚^심也. 是以君子惡^오居下流, 天下之惡^악皆歸焉."

不如是之甚也는 이와 같이 심하지는 않다. 不(如是之)甚, 곧 不~甚 사이에 꾸밈말이 들어온 것으로 이해하면 된다. 낮은 곳이란 자연스럽게 모이는 곳이다. 악이 모이는 자리에 있지 말아야 한다는 뜻이다.

자장-21 군자의 잘못은

자공이 말하였다. "군자의 잘못은 일식이나 월식과 같다. 잘못을 하면 사람들이 모두 그것을 알아본다. 하지만 잘못을 고치고 나면 사람들이 모두 우러러본다."

子貢曰, "君子之過也, 如日月之食焉. 過也, 人皆見之, 更^경也, 人皆仰之."

更은 고치다. 남몰래 행하지 않고 떳떳하게 행동하기에 혹여 잘못을 하더라도 사람들이 쉽게 알아차리는 것이다. 잘못하고 나서 핑계를 대는 소인과 달리, 군자는 자신의 잘못을 인정하고 서둘러 고치기 마련이다. 그러니 사람들이 더욱 존경할 수밖에 없는 것이다.

자장-22 공자는 어디에서 배웠소

위나라의 공손조가 자공에게 물었다. "중니(공자)는 어디에서 배웠소?" 자공이 말하였다. "문왕과 무왕의 바른길이 아직 땅에 떨어지지 않고 사람들에게 남아 있소. 뛰어난 자는 그중에서 큰 것을 기억하고, 뛰어나지 못한 자는 그중 작은 것을 기억하고 있지요. 문왕과 무왕의 도는 없는 데가 없소. 그러니 선생님께서 어디에선들 배우지 못하셨겠소? 그러니 어찌 정해둔 스승만 계셨겠소?"

衛公孫朝問於子貢曰, "仲尼焉學?" 子貢曰, "文武之道, 未墜^추於地, 在人. 賢者識^지其大者, 不賢者識其小者. 莫不有文武之道焉. 夫子焉不學? 而亦何常師之有?"

공손조는 위나라의 대부다. 焉은 문장 앞에서 영어의 'what' 또는 'where'의 뜻으로 쓰인다. 여기서는 후자이다. 常師之有는 有常師의 도치 형태이다.

세상이 혼탁하다 해도 이상적인 옛 성인의 자취가 없어지지 않고 사람들의 마음속에 남아 있으므로 마음만 먹으면 그런 사람들을 통해서 배울 수 있는 것이다. 일정한 스승이 없다고 해도 말이다. 끊임없이 배움을 추구하던 공자라면 더욱 그렇다.

자장-23 자공이 공자를 칭송하기를 (1)

숙손무숙이 조정에서 대부들에게 말하였다. "자공이 중니(공자)보다 뛰어납니다." 자복경백이 이 말을 자공에게 알려주었다. 자공이 말하였다. "집의 담에 비유하자면 나의 담은 어깨쯤 되므로 집안의 좋은 것들을 엿볼 수 있지만, 선생님의 담은 몇 길이나 되어 그 문으로 들어가지 못하면 종묘의 아름다움과 백관(百官)의 풍성함을 볼 수가 없는 꼴이오. 하지만 그 문을 찾아낸 사람은 아마도 적을 것이오. 그러니 그분(숙손무숙)이 그리 말씀하시는 것도 당연하지 않겠소?"

叔孫武叔語大夫於朝曰, "子貢賢於仲尼." 子服景伯以告子貢. 子貢曰, "譬ᵇⁱ之宮牆, 賜之牆也及肩, 窺ᵏʸᵘ見室家之好. 夫子之牆數仞ⁱⁿ, 不得其門而入, 不見宗廟之美, 百官之富. 得其門者或寡矣. 夫子之云, 不亦宜乎!"

숙손무숙과 자복경백은 노나라 대부이다. 숙손무숙은 공자가 죽고 난 뒤에 공자를 비방하였다. 중니는 공자의 자인데, 공자 사후에는 중니로 많이 불린 것 같다. 《장자》에서도 대체로 한대 초기의 글로 추정되는 문장에 중니라는 이름이 곧잘 등장한다. 好는 여기서 명사로 좋은 것이다. 宗廟之美, 百官之富는 종묘의 아름다움과 백관(百官)의 풍성함으로, 고아한 아름다움, 전문지식과 경험을 두루 갖추었다는 말이다. 뒤의 夫子는 공자가 아니라 숙손무숙이다. 숙손무숙이 공자를 헐뜯은 것을 안 자공이 비유를 들어 공자의 위대함을 표현한 구절이다.

자장-24 자공이 공자를 칭송하기를 (2)

숙손무숙이 공자를 헐뜯었다. 자공이 말하였다. "그러지 마시오! 선생님은 헐뜯을 수가 없소. 다른 사람의 현명함은 언덕과 같아서 그래도 넘을 수 있다지만, 선생님은 해와 달 같아서 넘어갈 수 없소. 사람들이 스스로 끊어내고자 해도, 그것이 해와 달에게 무슨 손상이 되겠소? 다만 자신이 헤아리지 못한다는 것을 드러낼 뿐이오."

叔孫武叔毁^훼仲尼. 子貢曰, "無以爲也! 仲尼不可毁也. 他人之賢者, 丘陵也, 猶可踰也, 仲尼, 日月也, 無得而踰焉. 人雖欲自絶, 其何傷於日月乎? 多見^현其不知量也."

無以爲也에서 無는 금지하는 말이다. 多는 다만, 대부분. 量은 헤아리다. 자공의 말에서 스승을 존경하는 마음이 물씬 느껴진다.

자장-25 자공이 공자를 칭송하기를 (3)

진자금이 자공에게 말하였다. "선생께서는 겸손하시군요. 중니가 어찌 선생보다 낫겠습니까?" 자공이 말하였다. "군자는 한마디의 말로 지혜로워지기도 하고 한마디의 말로 지혜롭지 못하게 되기도 하니, 말은 매우 신중하게 해야 합니다. 스승님께 닿을 수 없는 것은 마치 사다리를 놓고서 하늘에 올라갈 수 없는 것과 같습니다. 스승님께서 나라를 다스리는 제후나 경대부가 되셨다면, 이른바 백성들을 일으켜주면 곧 서고, 그들을 이끌어주면 곧 그 길로 가며, 그들을 안정시켜주면 곧 사람들이 먼 곳에서 찾아오고, 그들(의 마음)을 움직이게 하면 곧 화목하게 된다는 말처럼 되었을 것입니다. 그분은 살아서는 영현(榮顯)하시고, 돌아가셔서는 애도를 받으십니다. 어떻게 그분께 미칠 수 있겠습니까?"

陳子禽謂子貢曰, "子爲恭也, 仲尼豈賢於子乎?" 子貢曰, "君子一言

以爲知, 一言以爲不知, 言不可不愼也. 夫子之不可及也, 猶天之不可階^계而升也. 夫子之得邦家者, 所謂立之斯立, 道之斯行, 綏^수之斯來, 動之斯和. 其生也榮^영, 其死也哀, 如之何其可及也?"

이 구절에서 賢은 견주어서 좋은 점이 많다. 夫子之得邦家者는 제후나 경대부가 되는 것을 가정한 말이다. 공자 사후에 한 말이었을 것이다. 道之斯行의 道는 導와 같아 인도하다, 이끌다. 대개 動은 노역을 시키다, 고무하다의 뜻으로 풀이하는데 여기서는 글자 그대로 보아 '마음을 움직이게 하다'로 해석했다. 其死也哀의 哀는 애도를 받다.

요왈 20편

작은 자아를 넘어서

《논어》 중에서 가장 짧은 편이다. 모두 세 장이다. 1장은 《서경》의 여러 문장이 뒤섞여 인용되었다. 문장이 하나로 연결되지 않고 중간중간 끊어진다. 오늘날에는 거의 위작으로 본다. 어떻게 《논어》에 편입되었는지 불분명하다. 요와 순의 선양 과정이 덕에 의한 것이고 이것이 공자의 사상과 맥이 닿아 있다는 취지에서 편집되었을 가능성이 있다. 《논어》에는 이렇듯 출처와 내용이 불분명한 구절이 섞여 있어 주의하여 독해해야 한다.

요왈-1 왕위를 넘기며

요임금께서 말씀하셨다. "아아, 그대 순이여! 하늘의 역수(曆數)가 그대에게 있으니 진실로 중정(中正)의 도를 지키시오. 천하가 곤궁해지면 하늘의 녹은 영원히 끊어질 것이오." 순임금 또한 이 얘기를 우임금에게 명하셨다.

(탕임금이) 말씀하셨다. "소자 리는 감히 검은 소를 바치고 감히 위대하고 거룩하신 하늘님께 밝게 아뢰나이다. 죄 있는 사람은 감히 용서하지 않겠으며, 하늘님의 신하는 가려두지 않겠습니다. 간택하시는 모든 일은 하늘님의 뜻에 달려 있습니다. 제게 죄가 있으

면 그것은 백성 때문이 아니지만, 백성에게 죄가 있다면 그 죄는 제게 있는 것입니다."

(은나라를 정벌한 후) 주나라가 (하늘이 내린) 큰 은혜를 받아 착한 사람이 많아졌다. (무왕이 하늘에 고하며) "비록 지극히 가까운 친척이 있을지라도 살맘(仁)을 품은 사람이 있는 것만은 못합니다." 라고 하였다. 또한 "백성에게 허물이 있다면 그 책임은 저 한 사람에게 있는 것입니다."라고 하였다. 도량형을 바로잡고 법도를 살피고 제대로 운영되지 않던 관직을 정비하여 사방의 정치가 행해지게 되었다. 멸망한 나라를 다시 세우고, 끊어진 집안의 대를 이어주고, 은거하던 인재를 등용하자, 천하의 백성이 진심으로 따르게 되었다. 소중히 여기는 것은 바로 백성과 양식과 상사(喪事)와 제사였다. 관대하게 대하면 많은 사람을 얻고, 미더우면 백성이 기꺼이 일을 맡고, 부지런하면 공적이 쌓이며, 공정하면 사람들이 기뻐한다.

堯曰, "咨자! 爾이舜! 天之曆數在爾躬궁, 允윤執其中. 四海困窮, 天祿永終." 舜亦以命禹.

曰, "予小子履敢用玄牡모, 敢昭소告于皇皇后帝, 有罪不敢赦사. 帝臣不蔽폐, 簡간在帝心. 朕짐躬有罪, 無以萬方, 萬方有罪, 罪在朕躬." 周有大賚뢰, 善人是富. "雖有周親, 不如仁人. 百姓有過, 在予一人." 謹근權量, 審심法度, 修廢官, 四方之政行焉. 興滅國, 繼絶世, 擧逸民, 天下之民歸心焉. 所重, 民食喪祭. 寬則得衆, 信則民任焉, 敏則有功, 公則說열.

曆數는 천체가 돌아가는 순서. 天之曆數在爾躬이라고 하면 '이제 당신이 임금이 될 차례이다'라는 말이다. 允은 信, 誠의 뜻으로 진실로의 의미이다. 執은 지키다. 守와 뜻이 통한다. 中은 중용의 도, 곧 균형의 길을 가리키며 중정(中正)의 줄임말이다. '균형이 잡히고 올바른 길'이라는 뜻이다. 履는 탕임금의 이름이다. 皇은 大, 后는 君의 뜻이다. 后帝는 천제, 상제. 帝臣不蔽는 직역하면 '하늘의 신하를 가려두지 않는다'는 것이니 하늘이 내린 재주 있는 신하를 가려두지 않고 다 등용하겠다는 말이다. 簡은 검열 혹은 간택의 뜻. 萬方은 모든 백성을 말한다. 朕躬有罪, 無以萬方의 以는 때문에, 곧 '내게 죄가 있다면 그것은 백성 때문이 아니라 나 자신이 잘못해서이다'라는 것이다. 賚는 賜의 뜻이다. 주나라가 하늘이 내린 큰 하사품을 받았으니, 곧 착한 사람이 매우 많은 것이 그것이다. 《서경》 '태서'에 같은 문장이 보인다. 雖有周親의 周는 至의 의미로 지극하다. 逸民은 벼슬하지 않고 은거하며 사는 인재를 말한다. 信則民任焉은 〈양화〉 17편 6장에 비슷한 문장(信則人任焉)이 보이지만, 문맥은 조금 다르다. 民(백성)과 人(지위가 있는 사람)의 차이 때문이다.

요임금이 순에게 왕위를 물려주면서 말했다. "아아, 그대 순이여. 이제 하늘이 내린 자리는 당신 차례이니 진실로 균형의 도를 잘 지켜 나가시게. 세상이 곤궁해지면 하늘이 내리는 녹은 영원히 끝나고 말 것이야." 은나라를 세운 탕은 나라를 세우고서 하늘에 이렇게 말했다. "삼가 희생을 바치며 하늘에 고하나니 죄를 지은 사람은 죗값을 받게 하고 백성을 위하던 훌륭한 하나라 신하는 버려두는 일이 없이 등용할 것입니다. 삼가 하늘의 뜻에 따라 일할 것입니다. 백성에게 무한한 책임감을 느끼며 나라의 일에 대한 모든 책임은 제가 지겠습니다." 무왕이 은나라를 정벌하고는 이렇게 말하였다. "비록 친척들의 도움을 받아 나라를 세우기는 했으나 백성이 잘 살도록 하던 사람들을 더욱 중히 여기겠습니다. 백성에게 허물이 있다면 그것은 저의 책임입니다."

나라를 세우고 나서 살맘(仁)을 펴는 정치를 하겠다는 다짐의 글이기에 《논어》 말미에 편집된 듯하지만 공자와는 직접적인 관련이 없는 글이다. 공자가 말하던 살맘을 펴는 정치의 뿌리가 하나라, 은나라와 연결된다는 차원에서 이해할 수 있겠다.

요왈-2 정치에 종사하려면

자장이 공자께 여쭈었다. "어떠해야 정치에 종사할 수 있습니까?" 선생님께서 말씀하셨다. "다섯 가지 미덕을 중히 여기고, 네 가지 악덕을 막아낸다면, 정치에 종사할 수 있다." 자장이 말하였다. "다섯 가지 미덕이란 무엇을 말합니까?" 선생님께서 말씀하셨다. "군자는 은혜를 베풀되 허비하지 않고, 수고롭게 해도 원망을 사지 않으며, 하고자 하되 탐욕을 부리지 않고, 태연하되 교만하지 않으며, 위엄이 있으면서도 사납지 않다."
자장이 말하였다. "은혜를 베풀되 허비하지 않는다는 것은 무엇을 말합니까?" 선생님께서 말씀하셨다. "백성에게 이로운 바를 따르면서 그것을 이롭게 여긴다면, 이것이 곧 은혜를 베풀되 허비하지 않는 것이 아니겠느냐? 잘 가려서 수고롭게 일하게 한다면, 또한 누가 원망을 하겠느냐? 살맘(仁)을 펴고자 하여 살맘을 편다면, 또 어찌 탐욕스럽다 하겠느냐? 군자가 (사람이) 많든 적든 (작록이) 작든 크든 간에 감히 게을리하지 않는다면, 이것이 곧 태연하되 교만하지 않은 것이 아니겠느냐? 군자가 의관을 바르게 하고 시선을 존엄하게 하면, 사람들이 바라보고는 그를 외경할 것이니 이것이 곧 위엄은 있으되 사납지 않은 것이 아니겠느냐?"

자장이 말하였다. "네 가지 악덕은 무엇을 말합니까?" 선생님께서 말씀하셨다. "가르치지도 않고서 잘못했다고 죽이는 것을 학대한다고 하고, 미리 얘기해주지 않으면서 결과만 보는 것을 포악하다고 하며, 명령을 내리기를 게을리하면서 기일만 재촉하는 것을 해친다고 하고, 사람들에게 고루 나누어 주어야 함에도 출납을 인색하게 하는 것을 (옹졸한) 벼슬아치라고 한다."

子張問於孔子曰, "何如斯可以從政矣?" 子曰, "尊五美, 屛^병四惡, 斯可以從政矣." 子張曰, "何謂五美?" 子曰, "君子惠而不費^비, 勞而不怨, 欲而不貪^탐, 泰而不驕^교, 威而不猛^맹."

子張曰, "何謂惠而不費?" 子曰, "因民之所利而利之, 斯不亦惠而不費乎? 擇可勞而勞之, 又誰怨? 欲仁而得仁, 又焉貪? 君子無衆寡, 無小大, 無敢慢^만, 斯不亦泰而不驕乎? 君子正其衣冠, 尊其瞻^첨視, 儼^엄然人望而畏之, 斯不亦威而不猛乎?"

子張曰, "何謂四惡?" 子曰, "不敎而殺謂之虐, 不戒視成謂之暴, 慢令致期謂之賊, 猶之與人也, 出納之吝^린謂之有司."

勞而不怨의 勞는 아래에서 勞之라고 하였으므로 여기서는 타동사로 보아야 한다. 儼然의 주체는 군자를 보는 사람. 뜻은 정중한 모양이다.

《논어》전체를 놓고 보면 이 문장은 공자가 말하는 방식이 아니다. 이런 식의 언변이 상론에는 거의 없다. 공자가 직접 한 말은 아니고 자장에 의해 편집되어 그의 제자에게 전해졌을 가능성이 있다. 하지만 五美의 내용은 공자의 말로 보아도 될 것이다. "사람들에게 고루 나누어 주어야 함에도 출납을 인색하게 하는 것을 (옹졸한) 벼슬아치라고 한다."라는 말은 출납을 인색하게 하는 것이 재정을 맡은 벼슬아치가

할 일이나, 사람들에게 고루 나누어 주는 것이 위정자의 자세라는 말
이다.

요왈-3 명과 예와 말을 알지 못하면

　　공자께서 말씀하셨다. "천명을 알지 못하면 군자가 될 수 없다. 예를 알지 못하면 제대로 설 수 없다. 말을 알지 못하면 사람을 알 수 없다."

　　孔子曰, "不知命, 無以爲君子也. 不知禮, 無以立也. 不知言, 無以知人也."

군자는 하늘이 자신에게 내린 사명(命)을 아는 사람이다. 하늘이 내린 사명은 일개인의 안위를 넘어선다. 군자는 개인의 안위에 국한되지 않는 사람이다. 그러니 하늘이 내린 사명을 모른다면 군자가 되지 못하는 것이다. 예는 사람과 사람 사이를 존중의 관계로 묶어준다. 우뚝 선다는 말은 사람과 사람 사이에서 존중의 관계를 유지할 줄 안다는 뜻이다. 말은 그 사람의 생각을 담는다. 말을 안다는 것은 그 사람이 하는 말의 의도와 내용을 아울러 이해하고 나아가 그가 하는 행동과 부합하는지를 보는 것이다. 그러니 말을 아는 것은 곧 말을 하는 사람을 아는 것이다.

공자의 제자

이름과 자 중에서 《논어》에 자주 나오는 명칭을 표제어로 삼았다.

자로(子路)

이름은 유(由). 《논어》 후반부에서는 계로(季路)로 불렸다. 노나라 출신으로 공자와 나이 차이가 많이 나지 않았던 것 같다. 《논어》의 문장으로 보면 솔직하고 과감하며 다소 거친 성격인 듯하다. 하지만 스승인 공자에 대한 존중감은 잃지 않았다. 제자 가운데 인용된 대화가 가장 많다.

안회(顔回)

자는 자연(子淵). 공자가 가장 아낀 제자다. 아버지는 공자의 제자인 안로(顔路). 어려운 집안 형편에서도 공자의 사상을 가장 잘 이해했다. 〈안연〉편이 따로 있을 만큼 제자들 사이에서도 존경심이 있었던 것 같다. 《논어》 속 그의 문장만 놓고 보면 그런 신임을 받기에 충분해 보인다. 《논어》에는 그의 죽음에 관한 구절이 여럿 보인다. 공자 외가 쪽 사람일 것이라는 추측도 있다.

자공(子貢)

이름은 사(賜). 공자보다 서른 살 정도 어리다. 말을 잘 했고, 공자 말년에 노나라의 외교를 담당했다. 노나라에서 신임을 받은 인물로서 공자의 제자 중에서는 정치적 위상이 가장 높고 부유해 공자를 물심으로 많이 후원했다. 《논어》속 인용된 대화를 보면 공자를 마음 깊이 존경하였던 듯하다. 자공에 대한 공자의 평가는 안회만큼 후하지는 않았으나 어느 정도는 곁을 많이 준 것 같다. 공자가 주유천하를 끝내고 노나라로 돌아올 수 있었던 것도 자공이 노나라에서 입지가 생겼기 때문으로 보기도 한다. 공자가 죽고 나서 상주 노릇을 했다. 제자들의 구심점 역할을 했다.

민자건(閔子騫)

노나라 사람으로 이름은 손(損). 자건은 자다. 덕행이 뛰어나고 재물과 권세에 대한 욕심이 없었으며, 신중하고 겸손한 행동으로 존경받았다. 공자와 정치적으로 대립했던 계손씨(季孫氏: 당시 노나라 제일의 권력 집단) 가문에서 출사를 권유하자 단호하게 거절할 정도로 정의로운 성격이었다. 증삼(曾參)과 함께 효행의 상징으로도 유명하다.

중궁(仲弓)

덕행으로 이름이 났다. 이름은 염옹(冉雍). 〈옹야〉편에 나오는 옹이 바로 그다. 중궁은 자(字). 노나라 출신이다. 공자는 중궁이 군주가 될 만한 그릇이라고 했는데, 당시 군주가 되려면 출신 성분이 중요했다. 즉 세습에 따라 군주가 되었다. 중궁은 출신 성분이 귀족이 아니었던 것 같다. 자상백자에 대한 날카로운 질문으로 공자의 인정을 받았다. 계씨의 가신이 된 후 어떻게 정치를 해야 하는지 공자에게 물었을 정도로 현실에서 공자의 배움을 실천하려는 의지가 있었던 듯하다.

염백우(冉伯牛)

노나라 사람으로 이름은 경(耕), 백우는 자다. 안회, 민자건, 중궁과 함께 덕행으로 존경받았다. 《논어》의 〈옹야〉편 8장에는 공자가 병에 걸린 염백우를 찾아가 슬퍼하는 모습이 나온다. 염옹(중궁)과 같은 집안 사람이라는 설이 있다.

염유(冉有)

자는 자유(子有). 이름은 구(求). 소극적인 성격이고, 재주가 많았다. 공자가 위나라를 갈 때 비서 역할을 했다. 이때까지만 해도 공자에게 배우려는 뜻을 가지고 있었지만 계씨의 가신이 된 후 공자의 배움과 어긋나게 행동한 듯하다. 공자가 노나라로 돌아오는 데 어느 정도 역할을 했다. 그러나 이후 불의한 방법으로 계씨 집안의 재산을 불려주는 역할을 한다. 아마도 재정 관리에 능했던 것 같다.

자유(子游)

문학에 뛰어났다. 이때의 문학이라고 하면 글을 두루 잘 알았다는 뜻이다. 공자의 제자 중에서 유일하게 오나라 사람이며 자하(子夏)와 함께 곧잘 거론된다. 공자 말기의 제자로 공자보다 45세 정도 어리다. 무성의 읍재를 지냈다. 공문십철의 한 사람으로 훗날 고향으로 돌아가 공자의 학문을 강남 지역에 전한다.

자하(子夏)

빈궁한 출신으로 공자보다 44세 어리다. 이름은 상(商). 《논어》에 따르면 문학(학문)에 뛰어났다. 공자 사후에 영향력이 있던 사람이었으나 본인이 직접 나서지 않고 어린 유약(有若)을 공자의 후계자로 세우려고 했다가 증삼의 반대로 무산되었다. 아마도 증삼과의 갈등으로 노나라를 떠나 다른 나라에서 학문을 펼친 듯하다. 증삼과 비슷한 나이이다. 자장과 비교되기도 했는데, 둘은 일종의 라이벌 관계였던 듯하다. '과유불급에서 '불급'으로 평가받은 인물이다. 공자에게 '군자유가 되고, 소인유가 되지 말라'는 말을 들었다. 문학(학문)에 뛰어났던 자하의 학문은 훗날 순자에게 이어졌다.

자장(子張)
성은 전손, 이름은 사(師). 자장은 자다. 진(陳)나라 출신으로 '과유불급'에서 '過'로 평가받은 인물. 불급(不及)으로 평가받은 자하에게 경쟁의식이 있었던 듯하다. 신분이 미천하였으나 정치에 나서지 않고 공자 밑에서 끝까지 공부하여 일가를 이루었다.

재여(宰予)
공자의 제자 가운데 세속의 이익을 가장 추구한 인물이다. 스승에게 배워서 그저 일신의 출세에 전념하자 공자에게 호된 질타를 받는다.

유약(有若)
자는 자유(子有). 노나라 사람이다. 공자가 죽고 나서 자하, 자장, 자유 등이 공자의 후계자로 세우려 했다. 《논어》에서 유자(有子)로 불리는 점, 그가 한 말이 공자의 어투를 닮은 점으로 보아 공자의 제자 사이에서 충분히 후계자로 지목될 만한 사람이었던 듯하다.

증자(曾子)
이름은 삼(參). 공자와 나이 차이가 46세 정도라고 전한다. 아버지 증점도 공자의 제자. 유약과 비슷한 나이다. 효자로 이름이 났다. 공자에게 魯라는 평가를 받았다. 좀 둔한 편이었나본데, 결국에는 공자의 학맥을 잇는 정통으로 인정받았다. 《논어》에서 공자와 직접 나눈 대화가 거의 없고 자신의 제자와 나눈 대화가 많은 것으로 보아, 공자 사후에 영향력이 있었던 듯하다. 공자의 손자인 자사(子思)를 가르쳤고, 이 자사를 통해서 맹자에게 학통이 이어졌다고 한다. 이는 유가의 정통성을 만들어내기 위해서 후대에 그렇게 맞춘 듯한 느낌이 강하다. 하지만 사상적인 측면만이 아니라 유가가 후대에 뿌리를 내리는 과정으로 보면 어느 정도 일리가 있다. 《논어》에 보이는 증자의 말은 정치나 사회의식을 보여주는 대목이 없고, 개인의 인격 수양에 집중하고 있다.

논어사색 어떻게 살 것인가, 마음을 살리는 고전 읽기

초판 1쇄 인쇄 2023년 9월 1일
초판 1쇄 발행 2023년 9월 3일

옮긴이 · 조성진
펴낸이 · 이영아

편　집 · 이선건
디자인 · 땡이네
사　진 · 김주환 kimjuhwan@gmail.com

펴낸곳 · 달팽이서재
등록일자 · 2022년 6월 16일
등록번호 · 제2022-000030호
주소 · 서울 강북구 4.19로 27길 3
이메일 · dahlpingbooks@gmail.com

ISBN · 979-11-984206-0-2 03140

ⓒ 조성진 2023

이 책의 판권은 지은이와 달팽이서재에 있습니다.
파본은 구입처에서 교환하여 드립니다.